西北高教评论

第十三卷

Northwest Higher Education Review

宋觉 主编

中国社会科学出版社

图书在版编目(CIP)数据

西北高教评论. 第十三卷 / 宋觉主编. -- 北京：中国社会科学出版社, 2024.12. -- ISBN 978-7-5227-4933-4

Ⅰ. G64-53

中国国家版本馆 CIP 数据核字第 20258E3N89 号

出 版 人	赵剑英
责任编辑	郭如玥
责任校对	王　龙
责任印制	郝美娜

出　　版	中国社会科学出版社
社　　址	北京鼓楼西大街甲 158 号
邮　　编	100720
网　　址	http://www.csspw.cn
发 行 部	010-84083685
门 市 部	010-84029450
经　　销	新华书店及其他书店

印刷装订	北京君升印刷有限公司
版　　次	2024 年 12 月第 1 版
印　　次	2024 年 12 月第 1 次印刷

开　　本	710×1000　1/16
印　　张	21
插　　页	2
字　　数	343 千字
定　　价	118.00 元

凡购买中国社会科学出版社图书，如有质量问题请与本社营销中心联系调换
电话：010-84083683
版权所有　侵权必究

主 办 单 位：西北政法大学
主　　　编：宋　觉
常务副主编：闫亚林
副　主　编：宋鸿雁　王若梅
编委会委员（按姓氏笔画排列）：

王　涛　　王　瀚　　王志刚　　王洪才　　王若梅
支希哲　　司晓宏　　田建荣　　白　华　　闫亚林
孙　华　　杨　涛　　杨旭东　　张立杰　　张师伟
张晓云　　苏三庆　　宋　觉　　宋鸿雁　　陈　鹏
陈万强　　吴立保　　陆根书　　罗　云　　庞青山
周海涛　　周　倩　　周朝成　　郑庆华　　姚聪莉
胡莉芳　　袁　宁　　郭　捷　　郭立宏　　郭线庐
眭依凡　　崔智林　　阎光才　　蒋　凯　　董小龙

编　辑　部：郭艳利　吕润平

目 录

高教理论

高校毕业生高质量就业创业研究 …………… 陆根书 李珍艳（3）
试析"五性合一"的本科教学质量标准 ………… 王若梅 安玉荣（17）
从行为特征看基础学科拔尖创新人才成长规律 …………… 牛梦虎（28）
胜任素质理论视角的高校教师数字素养四重维度和提升
　　路径探析 ………………………………… 杨晓旭 姚聪莉（47）
和谐导生共同体：影响因素与建构策略 ………… 侯　佳 杨青茹（57）

教学研究

中国式现代化视域下师范院校法治教育人才培养的体系
　　建构与路径探析 ………………………… 程　林 汪红飞（75）
"规范—理论—实践"的融贯式教学模式论
　　——以刑事诉讼法课程为例 …………………………… 步洋洋（86）
金融专业教师课程思政核心素养的五项修炼 ……………… 徐建卫（105）
国际私法学课程思政建设研究 …………………………… 高　媛（113）
当代大学生的"内卷"与"躺平"：形成机制与应对策略
　　——基于深度访谈的调查研究 ………………… 曾欣怡 李　丰（127）

研究生教育

基于实践共同体理论的教育博士群组式学习模式
　　……………………………………………… 赵　英 李萌萌（139）
论法学研究生写作能力的阶梯式培养 …………… 李　艳 张子涵（152）

导师指导对博士生培养成效的影响研究
　　——基于培养过程要素的中介与调节效应分析
　　………………………… 付雪琳　毛伟云　肖　敏（164）

评估专栏

构建新时代高素质复合型人才培养机制
　　………………………… 李岚林　石葛蕾依　李　博（183）
强化"法经结合"特色，构建复合型创新人才培养模式
　　………………………… 徐　梅　王胜利　陈小勇（192）
"知行合一、德法兼修"的公法人才培养路径
　　………………………… 赵玎玎　姬亚平　杜国强（204）
刑事法学院德法兼修的实践性法科人才培养体系 ………… 谭　堃（214）
德法兼修、理实并重，打造民商特色育人模式
　　………………… 凤建军　程淑娟　朱　茂　高　桦（225）
经济法学院"一体多维、双向督导、多元协同"教学质量
　　提升机制研究与实践 ……………… 倪　楠　魏　静（235）
涉外法治人才培养的创新实践研究 ………… 潘俊武　许　珂（247）
面向国家重大战略需求高质量培养安全法治人才
　　………………………………………… 宋海彬　段阳伟（258）
治国理政人才培养的实践探索 ………… 侯学华　龚会莲（268）
传承红色法治基因　多体联动构建大思政育人体系
　　………………………… 鲁　洋　万　芊　刘亚琴（278）
以高质量有特色为目标办好公安本科专业 ………… 李　莉（287）
精英明法承新文科使命　德能并举育复合型人才
　　………………………… 窦　坤　陈　河　孟　超（296）
"学科融合、文理艺交叉、实践贯通"的卓越新闻传播人才
　　培养 …………………… 潘　龙　陈　琦　岳　雯（306）
"法商融合　思政育人"的本科教育教学发展路径及改进
　　策略 …………………… 李晓宁　赵　参　冯　颖（317）
《西北高教评论》稿约 ………………………………（329）

高教理论

한밤낮도

高校毕业生高质量就业创业研究*

陆根书　李珍艳**

摘　要：坚持理论研究与实践探索相结合，针对当前高校深入研究就业质量较低、提升大学生创业意向与行为效果不佳、毕业生就业创业质量动态调节人才培养过程的反馈机制不健全等问题，通过建立陕西高校毕业生就业与创业质量跟踪调查机制，系统探讨毕业生就业与创业质量的内涵、结构及其影响因素，建立以毕业生就业与创业质量动态调节人才培养过程的反馈机制，并据此构建了从"省—校—专业"三个层次提升人才培养质量的有效运行模式，可以为大学生提高就业与创业质量，为学校、教育管理部门和社会制定鼓励和支持大学生就业与创业的政策提供理论依据与实践参考，为省级教育行政部门及高校优化专业结构建立就业创业与招生、培养联动改进机制提供借鉴与指导。

关键词：高校毕业生；就业质量；创业质量；影响因素；人才培养反馈机制

随着我国高等教育普及化发展，高校毕业生就业创业形势日趋严峻，引起了社会广泛关注。党的十九大报告明确提出："就业是最大的民生"，要"实现更高质量和更充分就业"。近年来，在陕西高等教育教学改革研究重点攻关项目等支持下，本研究坚持理论研究与实践探索相结合，对高

---

* 基金项目：2023年度陕西本科和高等继续教育教学改革研究重点攻关项目"高校教师和学生教与学经历调查研究"（项目编号：23ZG006）。相关成果曾获陕西省教学成果二等奖。

** 陆根书，西安交通大学人文学院教授、博导，中国西部高等教育评估中心、陕西（高校）哲学社会科学重要研究基地陕西高等教育评估中心主任，研究方向：高等教育评估、教育政策经济分析、大学生学习、发展与就业创业研究；李珍艳，西安交通大学中国西部高等教育评估中心、陕西（高校）哲学社会科学重要研究基地陕西高等教育评估中心副研究员，马克思主义学院在职博士研究生，研究方向：高等教育评估理论与实践、大学生就业创业研究。

校毕业生高质量就业创业问题进行了研究，在此基础上围绕提高高校毕业生就业创业质量开展了相应的实践。本研究通过建立陕西高校毕业生就业与创业质量跟踪调查机制，系统探讨毕业生就业与创业质量的内涵、结构及其影响因素，建立以毕业生就业与创业质量动态调节人才培养过程的反馈机制，并据此构建了从"省—校—专业"三个层次提升人才培养质量的有效运行模式，为促进毕业生更加充分更高质量就业、以创业带动就业，以及深化高等教育教学改革、提高人才培养质量提供了一定的理论指导与实证依据。

本文简要介绍在高校毕业生高质量就业创业研究与实践过程中形成的成果，以便为高校深入推进毕业生就业创业工作、深化教育教学改革、提升人才培养质量提供借鉴。

一　文献综述

以中国知网（CNKI）为数据来源，在学术期刊数据库中以精准匹配方式检索2000年1月至2023年12月期间发表的、篇名中包含"就业质量"或"高质量就业"的中文文献，共检索到3367篇，其中篇名中同时包含"大学生"或"毕业生"的文献共有1605篇。研究毕业生就业质量（高质量就业）或大学生就业质量（高质量就业）的中文文献占就业质量（或高质量就业）文献的48%。图1列出了2000—2023年我国就业质量研究的发展趋势。从中可见，2000年以来，随着我国逐步由毕业生"统包统分"的就业制度转向"自主择业"，有关就业质量的研究开始零星出现，并有所增长，到2012年党的十八大提出推动实现更高质量就业以来，关于就业质量的研究则开始快速增长，并在2016年出现小高峰，虽然在2017年有所回落，但在党的十九大进一步强调实现更高质量更充分就业之后，研究成果数量又出现新一轮的稳步增长。由此说明，有关就业质量研究，特别是高校毕业生就业质量研究近年来日益受到研究者的高度关注。

（一）高质量就业创业的概念及内涵研究

1. 就业质量概念和内涵的界定。大学生就业质量是一个多维的综合性概念，它既是主客观因素相结合的范畴，也是微观与宏观相统一的反

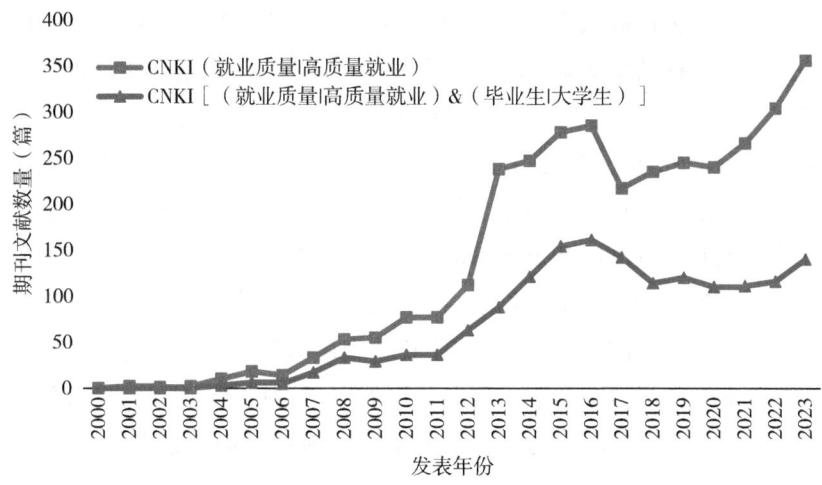

图 1　2000—2023 年我国就业质量研究发展趋势

映。宏观层面，是指毕业生供给与经济社会发展需要实现良好匹配，与经济社会发展产生互动并相互优化发展的程度。微观层面反映大学生获得工作的优劣以及满足毕业生需求的程度。主观上是指个体对就业状况的满意程度，客观上是指个体所获得的工作以及报酬、福利待遇等状况①。对就业质量的测量和评价，不同的研究机构和研究者提出了不同的指标。如国际劳工组织提出了以就业质量为主要内容的"体面劳动"指标②；欧盟委员会提出了"工作质量"指标③；联合国欧洲经济委员会 2012 年构建了"就业质量"指标体系。主观层面就业质量指标包括就业满意度、人职匹配度、感知的职业发展机会和解雇风险等；客观层面指标包括工作收入、工作时长、单位性质、社会保障、工作环境等④。

---

①　刘敏、陆根书：《大学毕业生就业质量差异的比较研究》，《广西社会科学》2015 年第 7 期。

②　International Labour Organization, "Report of the Director General: Decent Work", (1999-06) [2024-07-20], http://www.ilo.org/public/english/standards/relm/ilc/ilc87/rep-i.htm#Global%20adjustment.

③　European Commission, "Taking Stock of Five Years of the European Employment Strategy", Communication, 2002, Vol. 7.

④　刘敏、陆根书、潘炳超等：《陕西高校本科专业毕业生就业质量指数评价研究》，《复旦教育论坛》2018 年第 5 期。

2. 创业质量的概念和内涵的界定。不同学者从不同角度进行过界定。比如，VenKataraman 认为创业质量的高低取决于是否能带来社会整体福利的提升，并推动生活质量的永久改善①。Wall 等认为创业质量可以从企业效率、收入增长率、利润等一系列指标来测度②。国内一些学者也对创业质量进行了研究。例如，齐玮娜等人认为创业质量取决于潜在创业者的数量、高质量创业机会的数量、资源供给以及这三者之间的匹配关系③。程江认为创业质量可用新企业融资、创新水平、成长能力、盈利能力等测量④；何兴邦认为可从创业效益、创业规模和创业技术水平三个方面进行测量⑤。我国对大学生或毕业生创业及其质量的研究起步较晚，多数研究以提高创业意向为研究主题，重点关注如何通过提高高校创业教育质量，提升大学生的创业能力，进而提升大学生创业意向、创业行为和创业质量。

(二) 高质量就业创业的影响因素研究

影响高校毕业生就业、创业质量的因素很多，根据文献梳理，可简单分为个体、家庭、学校、社会四个层面。

1. 个体层面。主要包括性别、知识、技能、经历等方面因素。劳动力市场中的性别歧视和性别差异存在程度较高，不同性别毕业生在就业收入、职业匹配度、工作满意度方面都有显著差异⑥。个人认知和非认知能力能提升个人综合能力，进而影响就业质量⑦。此外，良好的实习经历有

---

① Venkataraman S., "Regional Transformation through Technological Entrepreneurship", *Journal of Business Venturing*, 2004, Vol. 1.

② Wall T. D., et al., "On the Validity of Subjective Measures of Company Performance", *Personnel Psychology*, 2004, Vol. 1.

③ 齐玮娜、张耀辉：《区域环境差异与创业质量的"马太效应"——基于动态面板模型的SYS-GMM 检验》，《经济管理》2015 年第 7 期。

④ 程江：《创业团队异质性对创业绩效的影响研究综述》，《外国经济与管理》2017 年第 10 期。

⑤ 何兴邦：《创业质量与中国经济增长质量——基于省际面板数据的实证分析》，《统计与信息论坛》2019 年第 12 期。

⑥ 彭正霞、陆根书：《大学毕业生就业质量的性别差异：基于多群组结构方程模型的分析》，《复旦教育论坛》2020 年第 1 期。

⑦ 张抗私、史策：《高等教育、个人能力与就业质量》，《中国人口科学》2020 年第 4 期。

助于毕业生从学校到职场的顺利转变。魏丽娜等以工程硕士为对象，实证检验了充分的实习实践、高质量的实践项目对就业质量具有显著的积极影响①。在影响创业方面，个人特质是影响创业意向的重要因素之一。一些研究表明，冒险性、创新性、自我效能感、自主性及成就需求等特质与创办企业或创业成果具有紧密关系②；另外还发现，创业自我效能感是影响个体选择创业及创业成功的关键因素，而且女性的创业意向和自我效能明显低于男性③。

2. 家庭层面。主要包括家庭经济资源、家庭社会网络资源和家庭文化资源等因素。在求职过程中家庭资源丰富的毕业生更容易找到"好工作"。实证研究表明，拥有更多家庭社会网络资源、家庭经济资源的毕业生更容易找到工作，工资收入和职业匹配也更高④。一些研究也发现，家庭创业经验、家庭经济支持对毕业生创业意向具有较强的影响⑤。

3. 学校层面。一些研究基于人力资本理论，发现学校层次、就读专业、学历、学习成绩、获得奖学金、发表论文、技能证书、学校学习经历等都对毕业生就业质量有显著的积极影响。因此，学校教育对毕业生求职和提高就业质量具有重要影响⑥。近年来，国内外研究者对创业教育如何影响大学生的创业意向也进行了比较深入的研究，多数研究也发现创业教

---

① 魏丽娜、沈文钦、陈洪捷：《实习实践经历对工程硕士就业质量的增值研究》，《研究生教育研究》2023年第6期。

② Caird S., "Testing Enterprise Tendency in Occupational Groups", *British Journal of Management*, 1991, Vol. 12.

③ 朱文静、房玉上、刘媛等：《大学生的创业意向及与创业价值观、创业自我效能感的联系：性别的调节效应》，《心理研究》2021年第4期。

④ 刘自团、陆根书：《家庭经济资源对大学毕业生就业质量影响的实证研究——基于陕西高校毕业生就业创业跟踪调查》，《北京工业大学学报》（社会科学版）2021年第3期；刘新华、杨艳：《家庭社会资本与大学生差序就业——关于家庭社会资本对大学生就业质量影响的研究》，《教育学术月刊》2013年第5期。

⑤ 刘敏、陆根书、彭正霞：《大学生创业意向的性别差异及影响因素分析》，《复旦教育论坛》2011年第6期；Tarling C., Jones P., Murphy L., "Influence of Early Exposure to Family Business Experience on Developing Entrepreneurs", *Education + Training*, 2016, Vol. 7.

⑥ 陆根书、王萍：《人力资本与社会资本因素对大学毕业生就业质量的影响》，《教学研究》2022年第4期；邱文琪、岳昌君：《能力增值对本科毕业生就业质量的影响研究——基于全国高校毕业生就业状况抽样调查的实证分析》，《教育发展研究》2024年第7期。

育对大学生创业意向具有显著的积极影响①。

4. 社会层面。有关社会层面的因素主要包括就业政策、宏观就业环境、就业指导服务和培训等。研究表明，经济增长和劳动力市场政策调整都对就业质量变化有较强的影响作用②。拓宽就业渠道和提供就业服务等政策对扩大大学生就业机会具有显著性的积极影响；保护劳动权益、提供就业服务和维护就业公平等政策对提高大学生就业质量具有显著性的积极影响③。国家出台的有关创业政策对毕业生的创业意向和创业行为也具有重要影响④。一些研究也发现，教育与培训环境、社会文化环境中的一些因素对大学毕业生的创业意向具有积极影响⑤，但社会环境中也存在一些阻碍大学毕业生创业的因素⑥。

二 新时代我国就业创业政策的演进

党的十八大以来，面对新形势、新任务、新要求，我国就业创业政策在演进和发展中体现出如下变化趋势，对高校毕业生就业创业工作提出新的要求。

---

① 陆根书、彭正霞、康卉：《大学生创业意向及其影响因素研究——基于西安市九所高校大学生的调查分析》，《西安交通大学学报》（社会科学版）2013年第4期；Nowiński W., Haddoud M. Y., Lančarič D., et al., "The Impact of Entrepreneurship Education, Entrepreneurial Self-efficacy and Gender on Entrepreneurial Intentions of University Students in the Visegrad Countries", *Studies in Higher Education*, 2019, Vol. 2；潘炳超、陆根书：《高校创业教育与大学生创业意向和创业自我效能的关系研究》，《复旦教育论坛》2020年第5期。

② 王阳：《我国就业质量水平评价研究——兼析实现更高质量就业的政策取向》，《经济体制改革》2014年第5期。

③ 王霆、何立丹：《大学生就业质量政策效用评估研究——基于北京市大学生就业的调查分析》，《华南师范大学学报》（社会科学版）2019年第2期。

④ Djankov S., La Porta R., Lopez-de-Silanes F., et al., "The Regulation of Entry", *The Quarterly Journal of Economics*, 2002, Vol. 1.

⑤ 彭正霞、陆根书、康卉：《个体和社会环境因素对大学生创业意向的影响》，《高等工程教育研究》2012年第4期；赵秀丽、马早明：《创业环境与创业意向的关系：一个有调节的中介模型》，《高教探索》2020年第11期。

⑥ Lüthje C., Franke N., "The 'Making' of an Entrepreneur: Testing a Model of Entrepreneurial Intent Among Engineering Students at MIT", *R & D Management*, 2003, Vol. 2.

（一）就业优先上升为国家战略，有力推动毕业生更高质量更加充分就业

党的十八大以来，面对世界百年未有之大变局，我国进入新发展阶段，"就业优先"上升为国家战略。党的十八大报告明确提出，"要实施就业优先战略和更加积极的就业政策，推动实现更高质量就业"。党的十九大报告强调，"就业是最大的民生。要坚持就业优先战略和积极就业政策，实现更高质量和更充分就业"。党的二十大报告进一步强调，"促进高质量充分就业"。这些都表明实现更高质量更加充分就业成为新时代就业政策的核心目标，也是实现中国式现代化和推动高质量发展的内在要求和根本保障。这就要求高校毕业生就业工作不仅要关注高校毕业生是否充分就业，更要关注就业质量高低。

（二）鼓励多样化就业形式，倡导以自主创业带动就业

改革开放以来，国家经济体制经历了由计划经济向市场经济的转型，大学毕业生就业创业政策也经历了由"统包统分"到"自主择业"的转变。近年来，新的就业渠道不断涌现，特别是随着数字化经济、新业态的发展，以灵活就业、自主创业为代表的新就业形态已然成为高校毕业生就业的新选择。2015年国务院下发《关于进一步做好新形势下就业创业工作的意见》，面对就业压力加大的形势，提出以创业创新带动就业，催生经济社会发展新动力，鼓励创业和促进就业相结合。2020年，国务院办公厅下发《关于支持多渠道灵活就业的意见》，提出要创造更多灵活就业机会，激发劳动者创业活力和创新潜能，鼓励自谋职业、自主创业，全力以赴稳定就业大局。教育部持续实施高校毕业生就业创业促进行动，支持和引导毕业生发挥专业所长，在创意经济、数字经济、平台经济等多领域灵活就业；积极鼓励和支持高校毕业生自主创业。在此背景下，高校不断加强创新创业教育，提升毕业生创新创业能力，引导毕业生积极选择自主创业，以创业带动就业。

（三）健全人才培养联动机制，破解结构性就业矛盾

随着我国经济由高速增长转向高质量发展新阶段，以及新一轮科技革命和产业变革的关键时期，传统人才供给与前沿市场人才需求"脱节"

现象越发凸显。我国劳动力市场不仅面临扩大就业岗位总量的压力，结构性就业矛盾更加突出。国务院发布的《"十四五"就业促进规划》提出，要提升劳动者技能素质，缓解结构性就业矛盾。对高校来说，需要通过强化人才培养就业导向，健全人才培养与产业发展联动预警机制，增强人才培养的前瞻性，通过跟踪毕业生就业创业状况进一步反馈和改进人才培养过程，提高人才培养质量，以破解结构性就业矛盾。

三 高校毕业生高质量就业创业面临的主要问题

就应对新时代对高校毕业生就业创业工作提出的新要求而言，我国高校在推进毕业生高质量就业创业工作时还普遍存在如下三个突出问题。

(一) 高校关注毕业生就业率多，深入研究就业质量少

高校毕业生就业问题一直备受关注，但高校关注毕业生就业率多，深入研究就业质量的内涵、结构及其影响因素的少，对高质量就业还没有形成被广泛接受的统一认识，采取的措施也缺乏有效性，亟待加强研究，以便为促进毕业生高质量就业提供有效支持。

(二) 高校提升大学生创业意向与行为的措施针对性差，效果不佳

近年来，国家、地方政府和高校出台了一系列鼓励毕业生创业的政策，各类创业教育活动也如火如荼开展，力图为大学生创业提供支持，但效果不太理想。我们对陕西高校毕业生的跟踪调查显示，陕西高校毕业生的创业率呈持续下降趋势，2017—2019届毕业生的创业率分别为2.0%、1.7%、1.3%[1]。高校创业教育并未有效提升毕业生的创业意向与创业行为，亟待加强对高校学生创业质量内涵、结构及其影响因素的研究，以便采取精准创业教育措施，有效提升学生创业意向、创业能力，助力以创业带动就业。

---

[1] 陆根书主编：《2020年陕西高校毕业生就业创业报告》，北京理工大学出版社2021年版，第86页。

（三）以毕业生就业与创业质量动态调节人才培养过程的反馈机制不健全，有待强化

毕业生就业与创业质量是高校人才培养质量的重要产出指标，基于人才培养输入、过程、产出三个环节各要素之间的关系，建立以毕业生就业与创业质量动态调节人才培养过程的反馈机制及有效运行模式，是亟待解决的一个重要问题。

四 推进高校毕业生高质量就业创业的系统路径探索

为解决上述三个方面的主要问题，本研究坚持理论研究与实践探索相结合，建立了毕业生就业与创业质量跟踪调查机制，系统探讨了毕业生就业与创业质量的内涵、结构及影响因素，基于人才培养输入—过程—产出各要素关系的联动分析，建立了以毕业生就业与创业质量动态调节人才培养过程的反馈机制，并提出了从省、校、专业三个层次提升人才培养质量的有效运行模式。

（一）建立陕西高校毕业生就业与创业质量跟踪调查机制

为全面、准确地了解毕业生就业与创业质量状态、特征及发展趋势，自2016年起，我们接受陕西省教育厅委托，面向陕西省高校全体毕业生开展"陕西高校毕业生就业创业质量跟踪调查"研究（每届调查对象约35万人），通过对跟踪调查数据的深度挖掘与分析，形成陕西高校毕业生就业质量年度报告，并由省教育厅公开发布[①]。

（二）系统探讨毕业生就业与创业质量的内涵、结构及影响因素，为提升毕业生就业与创业质量提供重要的理论与实证支持

在理论研究与实践探索的基础上，本研究将毕业生高质量就业的内涵界定为"大学毕业生在自由、公平条件下获得相对满意、人职匹配度较高的工作，从而与生产资料结合并就此获得较高报酬和较优的发展机会，

[①] 陕西省教育厅：《2021年陕西省高校毕业生就业质量报告》，(2022-03-30) [2023-09-01]，http://jyt.shaanxi.gov.cn/news/ndbg/202203/30/20338.html。

实现就业市场的供求结构平衡",并建构了用就业率、收入水平、专业匹配度、就业满意度、就业保持率五个指标来测量就业质量指数的五要素模型;将毕业生高质量创业的内涵界定为"创业者拥有较高的机会能力、运营管理能力以及积极的创业态度和创业意向,从而触发高创新型、高期望型、高成长型、技术密集型的创业行为,并具有较高的预期创业效益和经济社会发展带动作用",并构建了用创业能力、创业意向、创业行为来测量创业质量的三维模型(见图2)。

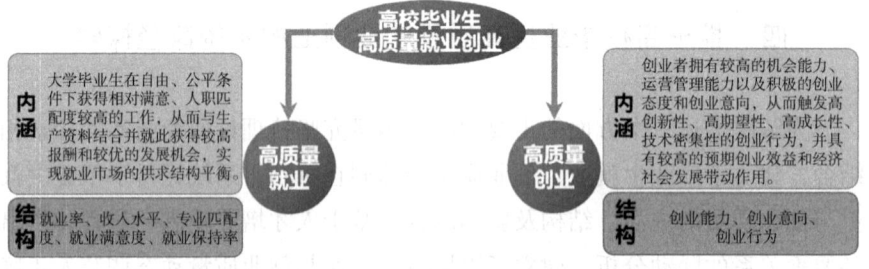

图2 高校毕业生高质量就业创业的内涵与结构

本研究基于 Biggs 提出的经典的教学过程 3P 模型进行了相应分析。Biggs 认为,人才培养可以用输入(presage)、过程(process)和产出(product)三个环节来描述,这三个环节各因素之间相互作用、相互影响,形成一个动态的系统。其中,输入环节包括学生与教师的状况、教学基本条件等;过程环节包括培养方案、培养模式、课程体系、教材体系、教学内容、教学方法、创新创业教育等;产出环节为学生学习的产出与成就,包括毕业生就业与创业质量、认知与情感发展等。通过理论研究,本研究从学生、家庭、学校和社会四个方面建构了毕业生就业与创业质量影响因素结构模型(见图3)。

本研究基于就业质量指数的五要素模型,并应用陕西高校毕业生就业与创业跟踪调查数据,对陕西各高校及专业毕业生就业质量指数进行了评价,为学生合理选择专业、实现更高质量就业提供了有益帮助;为高校合理设置专业,优化专业结构,全面提高人才培养质量提供了重要支持;为教育管理部门建立健全省级专业布局宏观调控机制,引导高校合理布局,办出特色提供了有意义的参考;为社会了解高校及专业毕业生就业质量,促进社会参与提供了咨询服务。本研究还应用结构方程模型等方法,建构了学生、家庭、学校和社会等因素影响大学生就业与创业质量的结构模

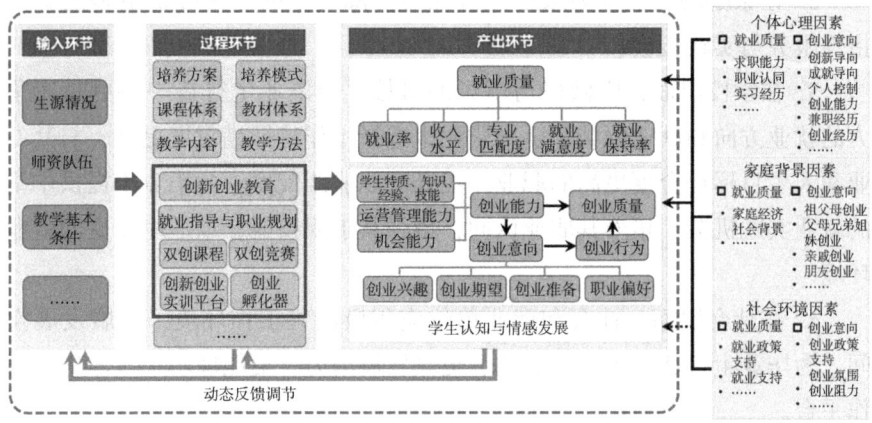

图 3 高校毕业生就业创业质量影响因素模型

型，分析了其影响路径与影响效应，提出了从学生、家庭、学校和社会四个方面协同提升大学生就业与创业质量的系统策略与措施，为大学毕业生提高就业与创业质量，为学校、教育管理部门和社会制定鼓励和支持大学毕业生就业创业政策提供了有力支持（见图4）。

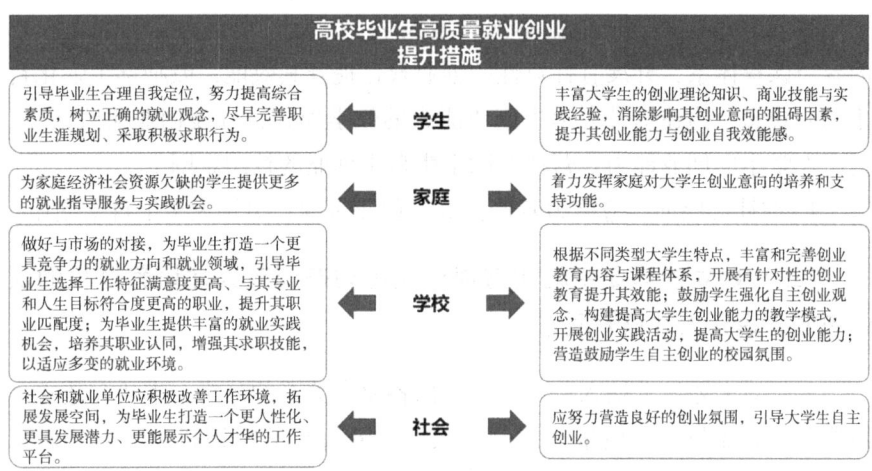

图 4 高校毕业生高质量就业创业的提升策略与措施

在理论导向的实证研究的基础上，本研究提出的提升毕业生就业质量的措施主要有：

1. 在学生层面，应引导毕业生合理自我定位，努力提高综合素质，树立正确的就业观念，尽早完善职业生涯规划，采取积极求职行为。

2. 在家庭层面，应为家庭经济社会资源欠缺的学生提供更多的就业指导服务与实践机会。

3. 在学校层面，应做好与市场的对接，为毕业生打造一个更具竞争力的就业方向和就业领域，引导毕业生选择工作特征满意度更高、与其专业和人生目标符合度更高的职业，提升其职业匹配度；为毕业生提供丰富的就业实践机会，培养其职业认同，增强其求职技能，以适应多变的就业环境。

4. 在社会层面，社会和就业单位应积极改善工作环境，拓展发展空间，为毕业生打造一个更人性化、更具发展潜力、更能展示个人才华的工作平台。

本研究提出的提升毕业生创业质量的措施主要有：

1. 在学生层面，应丰富大学生的创业理论知识、商业技能与实践经验，消除影响其创业意向的阻碍因素，提升其创业能力与创业自我效能感。

2. 在家庭层面，应着力发挥家庭对大学生创业意向的培养和支持功能。

3. 在学校层面，应根据不同类型大学生特点，丰富和完善创业教育内容与课程体系，开展有针对性的创业教育提升其效能；鼓励学生强化自主创业观念，构建提升大学生创业能力的教学模式，开展创业实践活动，提高大学生的创业能力；营造鼓励学生自主创业的校园氛围。

4. 在社会层面，应努力营造良好的创业氛围，引导大学生自主创业。

（三）建立以毕业生就业与创业质量动态调节人才培养过程的反馈机制，提升人才培养质量

基于对人才培养输入—过程—产出各要素关系的分析，本研究建立了以毕业生就业与创业质量动态调节人才培养过程的反馈机制，构建了从"省—校—专业"三个层次提升人才培养质量的有效运行模式，为省教育厅监测、了解全省高校毕业生就业与创业质量及发展趋势，优化全省专业布局，以及通过审核评估提升人才培养质量提供了重要支撑；为高校优化专业结构提供了重要依据；为专业建立就业、创业与招生、培养联动改进机制，提高人才培养质量提供了重要参考。

1. 在省级层面，由教育厅每年发布陕西高校毕业生就业质量报告，

为社会了解陕西高校毕业生就业与创业质量及发展趋势，以及优化全省专业布局提供决策支持。陕西省教育厅依据陕西各高校及各专业毕业生就业质量状况，逐步建立了就业与专业招生计划、人才培养的联动机制。从2016年起，我们接受陕西省教育厅委托，在组织实施陕西省属高校本科教学工作审核评估时，把就业与创业质量作为衡量学生发展的重要指标，为推进学生中心、产出导向、持续改进理念落地，有效地发挥了指导高校加强创新创业教育、优化专业结构、提升人才培养质量的作用。例如，西安工程大学接受评估后，建立了就业与招生、培养联动机制，撤销本科专业2个，停招4个，预警7个。①

2. 在学校层面，我们在专业评估中将就业与创业质量作为评价专业人才培养质量的重要指标，并据此提出了优化专业结构的策略。2018年以来，在对西安交通大学、西安邮电大学、西安科技大学等高校的200多个专业开展评估时，我们应用以毕业生就业与创业质量动态调节人才培养过程的反馈机制，为这些学校调整、优化专业结构，提高人才培养质量提供了实证支撑，并取得了明显效果。例如，西安交通大学通过专业评估对环境设计等多个专业进行了调整。西安邮电大学认为："对我校相关专业生源结构改善、人才培养方案优化、课程体系改革等提出了改进意见和建议，为提高学校相关专业人才培养质量提供了重要支持。"

3. 在专业层面，在西安交通大学、西安科技大学、西安邮电大学等200多个专业评估中，以毕业生就业与创业质量动态反馈调节人才培养过程，推动专业人才培养改革与质量提升，取得明显效果。

结　语

高校毕业生就业关系民生福祉、经济发展和国家未来，促进毕业生高质量就业创业是毕业生、高校、家庭、社会共同的"头等大事"。本研究通过系统梳理文献和理论研究，构建了毕业生高质量就业与创业的内涵、结构及影响因素模型，应用陕西高校毕业生就业与创业质量跟踪调查数据开展理论导向的实证研究，提出了从学生、家庭、学校和社会四个方面协

---

① 刘建林、郑庆华主编：《陕西省普通高校本科教学工作审核评估：实践与经验（2013—2018年）》，北京理工大学出版社2021年版，第103页。

同提升毕业生就业与创业质量的系统策略，可以为大学生提高就业与创业质量，为学校、教育管理部门和社会制定鼓励和支持大学生就业与创业的政策提供理论依据与实践参考。

2023年4月，教育部会同国家发展改革委等五部委印发《普通高等教育学科专业设置调整优化改革方案》，就调整优化高等教育学科专业设置工作做出部署安排。该方案要求，要主动开展"毕业生就业反馈预警及人才使用情况评价""建立健全招生培养就业联动机制"。本研究基于对人才培养输入—过程—产出各要素关系的分析，建立了以毕业生就业与创业质量动态调节人才培养过程的反馈机制，并提出了从省、校、专业三个层次提升人才培养质量的有效运行模式，可以为省级教育行政部门及高校优化专业结构，建立就业创业与招生、培养联动改进机制提供借鉴与指导。

试析"五性合一"的本科教学质量标准[*]

王若梅　安玉荣[**]

摘　要：在新一轮本科教育教学审核评估中，教育教学质量标准虽已引起广泛关注，但仍然是诸多高校实践中的薄弱环节。本研究认为基于本科教育教学质量标准独特的地位与作用，在构建过程中必须坚持价值引领性、学生中心性、科学规范性、校本特色性、动态发展性相统一，以上述"五性合一"原则指导质量标准的构建，方能确保质量标准实至名归，并发挥其应有的价值与作用。

关键词：价值引领性；学生中心性；科学规范性；校本特色性；动态发展性

一　引言

随着我国高等教育进入高质量发展的新阶段，质量保障日益引起广泛关注和重视，质量标准作为质量保障体系的基础和前提，越来越成为研究与实践的重点，对于本科教育具有重要引领意义的新一轮本科教育教学审核评估方案更是将质量标准作为重要的观测点明确设置在指标体系中。

虽然质量标准的重要性已得到彰显，实践中也得到充分落实，但观察发现，质量标准的推进并非一帆风顺，有相当一部分学校的质量标准仍处在起步阶段，所构建的质量标准较为粗浅简单，同时亦不够全面和系统，有的甚至偏离了质量标准应有的轨迹，不能从根本上衡量人才培养规格，无论是认同度还是执行度都不容乐观。为此，有必要围绕质量

---

[*] 基金项目：西北政法大学教学改革研究项目"西北政法大学本科教学质量标准研究"（项目编号：XJYB202201）。

[**] 王若梅，西北政法大学教务处副处长、研究员、硕士生导师，研究方向：高等教育评价、大学教师与教学；安玉荣，西北政法大学2023级教育经济与管理专业硕士研究生。

标准的基本理论架构展开深入细致的探讨，本研究正是在已有研究基础上追本溯源，围绕本科教学质量标准的基本品格抑或关键性遵循展开的研究与思考。

二 本科教学质量标准之价值引领性

（一）价值引领性是质量标准的基本要义

新修订的《中华人民共和国教育法》第五条指出："教育必须为社会主义现代化建设服务、为人民服务，必须与生产劳动和社会实践相结合，培养德智体美劳全面发展的社会主义建设者和接班人。"第六条更明确指出："教育应当坚持立德树人，对受教育者加强社会主义核心价值观教育，增强受教育者的社会责任感、创新精神和实践能力。国家在受教育者中进行爱国主义、集体主义、中国特色社会主义的教育，进行理想、道德、纪律、法治、国防和民族团结的教育。"国家以立法的形式强调了教育的根本任务在于立德树人，品德塑造是人才培养的第一要务，这一基本认识必须贯穿于各级教育教学重要文件中。质量标准作为引领高校人才培养的顶层设计，更需要具有战略思维与认识高度，凸显思想性、价值性。

（二）以往质量标准一定程度存在"强技术性与知识性、弱价值性"的偏差

以往一些高校管理者在构建质量标准时，一方面主要是从"标准"或是"标准化"的技术层面出发的，另一方面主要是从知识获取所涉要素层面出发的，在一定程度上存在"强技术性与知识性、弱价值性"的不足。

首先，着重凸显了标准的理性主义色彩，一定程度忽略了教育语境下其应具有的特殊内涵——价值性。综观对于本科教育教学质量标准的研究与实践，学者们主要借鉴了全面质量管理理论，将工业生产中的标准应用到了人才培养工作中，对标准的解读关注了"质量"与"标准"在不同行业的共性特征，主要侧重于为知识传授设置刚性的底线要求，一定程度上忽视了本科教学树人育人的特殊价值。

其次，有关人员所持有的教学观较为偏狭，由此也导致了标准制定中

弱化价值性的客观现实。第一，关于"本科教学"存在狭义与广义的理解，"狭义的本科教学"主要是指以知识传授和获得为核心活动的工作，涵盖课堂教学、实习实践、考核评价等环节，以往一些质量标准的讨论主要是在这种教学观下展开的。"广义的本科教学"主要是指课内与课外相结合的育人活动，不只有知识性的传授，还有教育性元素；不只有第一课堂，还有第二课堂；不只是关心学生的当下成长，更关心其长远发展，对教师的要求更高，需要其具备启智润心的教育家的精神与情怀。第二，关于"本科教学"还可以有传统与现代的理解，"传统的本科教学"，主要是指以教师为主体的教学活动，强调的是知识的灌输，学生只是被动的知识接收器；"现代的本科教学"主要是贯穿以学生为中心理念，尊重学生的主动性与主体地位，尊重学生对知识的自我选择与自我建构，所秉持的是建构主义的教学观，鼓励师生合作探究，课程教学的深度与广度得以拓展。目前一些学校"质量标准"的构建不自觉中仍沿袭的是狭义的传统的本科教学的认知，显然这在认识基础上就是存在问题的。

（三）价值引领性应充分体现在质量标准体系的多个方面

当代我国的本科教学，应是鼓励学生知识、能力、素质并重的本科教学，应是贯穿"学生中心、产出导向、持续改进"质量保障理念、融教育性与知识性为一体的本科教学，归根结底应是围绕立德树人根本任务，秉承现代教育教学理念的本科教学。2018 年习近平总书记在与北京大学师生座谈时指出，要把立德树人成效作为检验学校一切工作的根本标准，建立健全促进立德树人的教育体系。① 2024 年，习近平总书记在全国教育大会上强调要紧紧围绕立德树人根本任务，朝着建成教育强国战略目标扎实迈进；要坚持不懈用习近平新时代中国特色社会主义思想铸魂育人，实施新时代立德树人工程。② 融"德""识"于一体的质量标准是立德树人教育体系的重要基础，为此，各学校制定的本科人才质量标准必须

---

① 《习近平总书记教育重要论述讲义》编写组编：《习近平总书记教育重要论述讲义》，高等教育出版社 2020 年版，第 48—49 页。

② 新华社：《习近平在全国教育大会上强调：紧紧围绕立德树人根本任务 朝着建成教育强国战略目标扎实迈进》，https：//www.gov.cn/yaowen/liebiao/202409/content_ 6973522.htm，2024 年 9 月 12 日访问。

在衡量知识传授水平的基础上，充分展现教育性、思想性的要求。

三 本科教学质量标准之学生中心性

（一）"学生中心"思想是现代教育理念的精华所在

综观世界教育发展史，以教师为中心的理念长期以来被认为天经地义，并被推行了相当长的时间，直至现代人本思想得到重视后，才受到质疑并开始动摇。20世纪50年代美国人本主义心理学家卡尔·罗杰斯提出了"以学生为中心"的教育理念，他提倡"以学生为中心"的人本主义学习，指出学习是人自我价值实现的需要，有利于个人潜能和人格的充分发展。根据人本主义心理学的理解，教学目标是价值的自我实现，教学过程是自由发展，教学原则是真诚、信任和理解，教学方法则应是非指导性的引导。"以学生为中心"的教育理念符合辩证唯物主义的基本原则，也反映了教育学的内在规律，有利于把学生从被动学习引向主动学习，有利于调动学生的学习潜能进而促进深度学习，有利于构建和谐平等的师生关系，一经问世便被广泛接纳和采用，可以说是现代教育理念的精华所在。

（二）既有标准仍存在明显的"管理者中心""教师中心"的痕迹

当前，虽然构建本科教学质量标准开展得如火如荼，但问题也显而易见，主要就是标准的建构仍存在明显的以管理者为中心、以教师为中心的现象，对学生的学习体验、学习收获等体现不够。

首先，仍有不少标准的构建是以管理者为中心的。这种标准指导下的本科教学，根本上追求的还是从管理者出发，强调的是资源条件建设、硬件条件的改善、师资力量的配备、课程与教材建设等方面，也就是注重体现人才培养的输入环节与部分培养过程环节，一定程度上忽视了输出环节，而教育质量的好坏归根结底应该体现在输出方面，也就是所培养的人是否德才兼备、是否具备适应社会服务社会的各种能力，显然这种标准不利于教育目标的实现。

其次，已有的标准一定程度仍存在以教师为中心的问题。比如某些课堂教学质量标准，不管是专家评价还是同行评价，着重衡量的还是教师的教，而非学生的学，一般从教师的教学设计、教学内容、教学方式、教学手段、教学管理等多个方面都有考量，而对学生学的方式与效果的衡量往往较为简单，忽视学生对课堂教学的参与度、满意度、学习收获等方面的细化评价。教师教得如何归根结底体现为学生学的质量上，从这个角度来说，以教师为中心的课堂教学评价标准必须进行以生为本的改造。

上述凸显管理者与教师群体的质量标准从根本上违背了以学生为中心的基本法则，学生的自主和能动意识被忽视，其创造意识也受到抑制，学生的个性化发展也不能得到有效支撑。

（三）促进学生学会学习、塑造其发展潜质是质量标准的灵魂

目前越来越多的学者对于质量标准应凸显学生中心已形成共识。潘懋元先生曾指出："长期以来人们忽视了对作为教育主体的大学生学习的研究，忽视了从教学的本源上去解决质量问题"，导致教学质量保障成效不显著。[①] 再如美国学者弗雷泽认为：高等教育的质量首先是指学生的发展质量，即学生在整个学习历程中所学的"东西"（所知、所能做的及其态度）。学生在认知、技能、态度等方面的收益是衡量高等教育质量的核心标准。[②] 为此，为促进本科教育高质量发展，当前的本科教学质量标准应该围绕"学生中心"加以改造。

以学生为中心的质量标准涵盖诸多方面，这里仅以人才培养的最基本方面课程标准为例略作说明。课程设计需要关注学生的需求和期望，确保课程内容与学生的职业目标和兴趣相匹配；课程实施应该以提升学生参与的主动性和积极性为出发点，重视学生学习体验，采用研讨式教学、翻转课堂等多样化的教学方法以适应不同学生的学习风格；课程教学成效方面，应以学生为评价主体，注重对学生学习成果的考察。总之，就是要把课堂教学质量的关注点放在学生的成长与发展方面，从理解学生、尊重学生、服务学生、启迪学生和激励学生出发，以促进学生价值塑造、提升其学习参与感与获得感、发展其技能等方面为目的。

---

① 潘懋元：《〈学习风格与大学生自主学习〉书评》，《西安交通大学学报》（社会科学版）2004年第4期。

② 白逸仙：《走向"以学生为中心"的评估模式——以中国〈本科教学质量报告〉与美国NSSE为比较对象》，《中国高教研究》2014年第11期。

此外，在构建以学生为中心的质量标准时，还要注意处理好一系列关系，如有学者指出的学生个性发展需求与学校共性要求的关系、定量与定性指标的关系、阶段性教学质量标准与长期性教学质量标准的关系。①

四　本科教学质量标准之科学规范性

（一）"科学规范性"是质量标准的基本内涵

"质量标准"是用于规范各类活动及活动结果，并促进各方获得共同最佳秩序和利益，经各方协商和公认机构批准的可供共同、重复使用的规范性文件。② 既然是可供重复使用、衡量质量的标尺，科学规范性应是其应有之义。本科教育作为培养高水平专业人才的基础，其优劣直接关系到学生的未来发展和整个社会的人才培养质量。为了确保教育的高效性和针对性，我们必须将"科学规范性"作为构建本科教育教学质量标准的核心原则。

（二）对于科学性与规范性认识不到位，导致标准的制定存在简单、教条的问题

虽然对于质量标准的制定普遍认同需要遵循科学性和规范性原则，但由于对本科教育教学质量标准的定性与定量要求认识不到位，导致目前质量标准的制定表现出简单、教条的倾向。

人才培养质量标准的科学性与规范性，和企业产品的科学性与规范性有明显的差异，主要在于人才培养是传授知识、塑造品格的育人活动，其质量标准应兼顾刚性与柔性要求。而目前各高校具体操作过程中，在制定标准时过于追求刚性要求，质量标准的设计中过于强调量化指标，如开课门数、师资数量、教育资源等，而忽视了教师对于学生的价值塑造、批判思维等的培养，过于量化的标准难以全面、准确地衡量教师的教和学生

---

① 洪艺敏：《构建"以学生为中心"的本科教学质量标准》，《中国大学教学》2017年第10期。

② 许祥云：《高校内部本科教学质量标准：概念界定与体系构建》，《清华大学教育研究》2018年第3期。

的学。

同时，质量标准在定性标准方面还存在数量不够、质量不高的问题。教育部于 2018 年颁布的《普通高等学校本科专业类教学质量国家标准》（以下简称"国标"）从定性和定量两个方面对 92 个本科专业类教学质量标准进行了规定，在强调量化指标的同时，对定性标准也有一定的要求。如此构建的质量标准，方能对人才培养过程进行系统、准确的衡量和判断。所以，缺乏定性要求的质量标准是不完整、不全面的。

（三）须在辩证理解科学与规范的基础上构建尺度与温度并存的质量标准

我们需要在辩证理解科学与规范的基础上构建尺度与温度并存的质量标准，主要应注意以下两点。其一，刚性的质量标准要做到适度、有效。在标准的刚性指标方面，着重应从定位与目标、师资队伍、教学资源、培养过程，到学生发展和质量保障等方面进行合理选择和设计，所构建的刚性指标不应过多、过泛。在关注针对性、有效性的基础上，进行合理设计即可。其二，柔性的质量标准需得到强化。传统的本科教育教学质量标准过于强调量化考核，使得质量标准成了偏重技术主义的为标准而标准的自说自话，质量标准的构建成了缺乏温度的一堆数据。所以，在具体标准的构建过程中，应充分认识到教育教学工作的特殊性、复杂性，对其中影响人才成长又无法量化的重要环节进行深入分析，提炼其中的重要特征并进行定性判断的指标要素构建。正如学者顾永安指出，制定一个良好的教学质量标准应当具备标准化、人本化、个性化、体系化等基本要求。①

五 本科教学质量标准之校本特色性

（一）特色性是成熟质量标准的重要标志

质量标准是一所学校人才培养的基本遵循，而每所学校的育人理念、专业设置、育人模式等各不相同，因此，所构建的质量标准也应具有差异

---

① 顾永安：《试论应用型本科院校教学质量标准制定的依据与要求》，《中国大学教学》2010 年第 6 期。

性和特色性。比如,"国标"对本科教育教学质量标准的规定体现出既有"规矩"又有"空间",即既有规定动作,又有自选动作。所谓"规定动作"就是对各专业类提出统一要求、保障基本质量,"自选动作"形象地说就是"保底不封顶"。① 而"自选动作"就蕴含着学校质量标准特色性的一面。对"自选动作"的选择,应体现出高校根据实际情况,将自身的校本特色融入其中,使质量标准切实适合高校自身发展,做到"量体裁衣"。所以,特色性是完善的质量标准的内在要求。

(二) 目前一些学校质量标准构建尚处在初级阶段,模仿现象较为明显

自 2018 年"国标"施行以来,各高校都积极响应,努力构建本校的本科教育教学质量标准,但由于对质量标准缺乏深入的研究和分析,没有制定质量标准的经验,不少学校对质量标准的构建尚处在探索的初级阶段,因而就出现了较为明显的互相模仿的现象。这一问题也有不少学者指出,如董垌希认为,各学校质量标准还不完善,标准和规格表述非常笼统,细致化和针对性不够,高校之间标准互相模仿和机械照搬照抄的现象时有发生。② 如此的质量标准不能鼓励学校内涵式发展、差异化发展和创新性发展,只能导致学校在同质化发展的道路上渐行渐远。

这种模仿现象的背后,一定程度上反映出部分学校在构建质量标准时急功近利的心态。它们未能从自身的办学定位、学科特色、人才培养目标等核心要素出发,深入挖掘适合本校的衡量质量的维度与评价指标。长此以往,不仅难以彰显各学校的独特魅力与竞争优势,还会使高等教育体系趋于单一化,缺乏多元性与办学活力。学校的同质化发展弊端十分明显,不仅难以满足社会对多样化人才的需求,也不利于我国高等教育整体质量的提升与长远健康发展。

(三) 从高校内部治理的高度构建富有特色的质量标准

当前,强化高校内部治理,促进学校治理体系、治理能力现代化已成

---

① 吴岩:《〈普通高等学校本科专业类教学质量国家标准〉有关情况介绍》,《重庆与世界》2018 年第 4 期。

② 董垌希:《本科教学审核评估对高校内部质量保障体系建设的启示》,《现代教育管理》2019 年第 6 期。

为学校发展的重要任务。质量标准作为治理体系、治理能力的重要一环，必须引起应有的重视。大学治理体系和治理能力现代化是建成高水平大学的必要因素，各高校需要从强化内部治理的高度构建质量标准。正如学者许祥云指出，各高校在建立"内部标准"时，除了要正确认识和理解质量标准的基本内涵和共性要求外，还必须切实把握本校本科教学的个性化特征和差异化要求，紧密结合本校的办学定位、服务定向、人才培养目标、人才培养模式，以及生源总体特征和教学资源状况等，制定出既符合共性要求，又体现本校个性特征的差异化、校本化的质量标准。①

从高校内部治理的高度构建富有特色的质量标准，首先要求高校在制定质量标准时要广泛动员多主体参与，不光有管理人员，还应有教师和学生；不光有校内人员，还应有校外的利益相关方。广泛调动多元主体所构建的质量标准，有助于充分挖掘优势和潜力，有助于从多视角进行分析和判断，由此构建的质量标准才能凸显特色性和创新性。

从高校内部治理的高度构建富有特色的质量标准，还要建立一套全面、系统、科学的规范和流程，要以相应的组织架构为基础，这是确保质量标准特色性的又一主要方面。在这一过程中，应设立质量标准构建的团队，形成多种职能部门协同合作的工作机制，充分发挥多种职能部门的作用，群策群力，由此方能促进质量标准的完整性和特色化。

六 本科教学质量标准之动态发展性

（一）发展性是任何规律性认识的本质属性

马克思主义认识论中，发展性作为规律性认识的本质属性，是指对事物发展规律的深刻理解和认识，它强调事物在时间推移中的连续变化和进步，指在理解和应用任何规律时，必须考虑到时间的维度和变化的可能性。在高等教育领域，这一属性尤为重要，因为教育不仅是一种知识传递的过程，更是一种随着社会变迁、技术进步和文化发展而不断演进的活动。因此，相关的制度建设必须随之发展变化。

---

① 许祥云：《高校内部本科教学质量标准：概念界定与体系构建》，《清华大学教育研究》2018年第3期。

本科教育教学质量标准虽然是对当前教育实践的规范和指导，但不应是一成不变的，它应该随着时代和教育活动的发展而发展。它们更是对教育发展规律深刻理解的体现。质量标准随时代而变，有利于鼓励学校和教师不断探索新的教学方法、课程内容和评价体系等，有利于适应学生多样化的学习需求和社会对人才不断变化的期望。因此，质量标准的发展性也必须引起关注和重视，只有构建与时俱进的质量标准，才能确保教育的高质量发展。

（二）已有实践存在将质量标准固化的不良倾向

当前，相当一部分高校本科教育教学质量标准的制定与实施还处于探索阶段，常常采用的是"拿来主义"，并且在运用过程中不能结合本校实际进行合理的提升和改造，使质量标准常常处于固化不前的状态。

质量标准是人才培养的基本遵循。质量标准的固化意味着教育评价体系长期停留在某一固定状态，不能与时俱进地反映教育领域的最新进展和社会需求的变化。一旦固化不前，这种滞后性就会导致教育内容与现代社会发展的实际需求脱节，导致人才培养的理念、内容、方式大大落后于快速发展的时代要求，学生所学难以直接应用于解决实际问题，降低了他们的就业竞争力和社会适应能力。

长久不变的质量标准，使得教育教学理念不能得到及时、有效的更新，相对传统、落后的教育理念往往难以适应快速变化的社会需求，这会阻碍教育改革和创新的进程；相对固化的教育教学过程的标准不利于鼓励多样化的教育教学方式的实现，不利于鼓励学生更自主、多样性的成长和发展；相对固化的教学手段标准无法满足不同学生的学习风格和需求，降低了教学效果和学生的学习兴趣。因此，缺乏发展性的质量标准对教育教学领域的影响是多方面的，它不仅限制了人才培养理念的创新和发展，也大大阻碍了人才培养的改革和进步。

（三）质量标准应随时代变迁求新求变

从质量标准对人才培养的基础性作用来看，其制定必须随时代变迁求新求变。当前，我国高等教育人才培养的基本要求是立德树人、五育并举，培养德、智、体、美、劳全面发展的社会主义事业的建设者和接班人。这些要求必须体现在质量标准中，具体而言，质量标准关于教学内容方面,除了获取知识的能力、逻辑思维能力等基本能力之外,创新创业能力、劳动教育、美育教育等这些方面也应有所体现;质量标准关于课程建设方面,除了线下课程外,还应考虑线上线下等多样化课程的要求;质量标准关于教育手段方面,除了对传统教学手段有所体现,如板书、ppt外,还要充分考虑教育数字化的要求;质量标准关于资源建设方面,还应强化对数字化资源建设和利用的要求。概言之,各高校必须结合新时期国家政策方向,依据高等教育发展新态势,根据自身发展情况、校本特色、办学特色,明确自身办学定位和培养目标,不断发展、完善本科教育教学质量标准。

总之,本科教育教学质量标准不仅仅是高等教育管理的工具,更是引领高等教育发展方向、促进学生全面发展、保障教育质量稳步提升的基石。只有深刻理解和贯彻上述"五性合一"的原则,高校才能构建既坚守教育的初心与使命,又紧贴时代脉搏与社会需求的质量标准;既关注学生个体成长与需求,又确保教育活动的科学严谨与规范有序的质量标准;既立足自身特色与优势,又保持开放与动态的质量标准。

从行为特征看基础学科拔尖创新人才成长规律*

牛梦虎**

摘　要：基础学科人才的自主培养已经成为当前我国要解决好的重大问题。走好基础学科人才自主培养之路，必须遵循基础学科人才成长规律。然而，当前我国高校关于各类基础学科人才培养和拔尖创新人才培养的改革中，关于人才成长规律的探讨还很不充分，对拔尖创新人才的行为特征分析还很不够。本文以顶尖科学家的成长轨迹为研究对象，从拔尖创新人才的行为特征出发，分析基础学科拔尖创新人才的成长规律，在此基础上提出推动我国拔尖创新人才自主培养的对策建议，为走好基础学科人才自主培养之路提供基础性的理论支撑。

关键词：基础学科；拔尖创新人才；成长规律；行为特征

早在党的十六大报告中，国家就明确提出了"拔尖创新人才"的概念，以拔尖创新人才培养为主题的研究也逐渐成为高等教育研究界关注的热点问题。然而，从基础理论研究层面来看，关于拔尖创新人才成长规律的研究，还比较有限。在知网中以"成长规律"为关键词对标题进行搜索，近二十年来，只有65篇CSSCI收录文献，最多的一年也不超过10篇（见图1）。从研究对象来看，以年轻干部、国外领导、奥运冠军、民营企业、独角兽企业等为分析对象的比较多，聚焦拔尖创新人才、高层次人才、科技人才等研究对象来探讨成长规律的研究文献并不多。总体来看，已有研究对国际上关于创新人才成长规律的系统性研究成果的引进、吸收

---

* 基金项目：2019年度教育部人文社会科学研究一般项目"就业多元化背景下博士生创新能力提升路径研究"（项目编号：19YJC880066）；陕西省社会科学基金项目"陕西高校博士学位论文质量研究"（项目编号：2020P019）。

** 牛梦虎，西安交通大学中国西部高等教育评估中心副研究员，教育学博士，研究方向：拔尖创新人才培养、学位与研究生教育、高等教育质量评估。

与应用仍然很不够,关于人才成长规律的研究和探讨仍然需要引起学界的进一步重视。

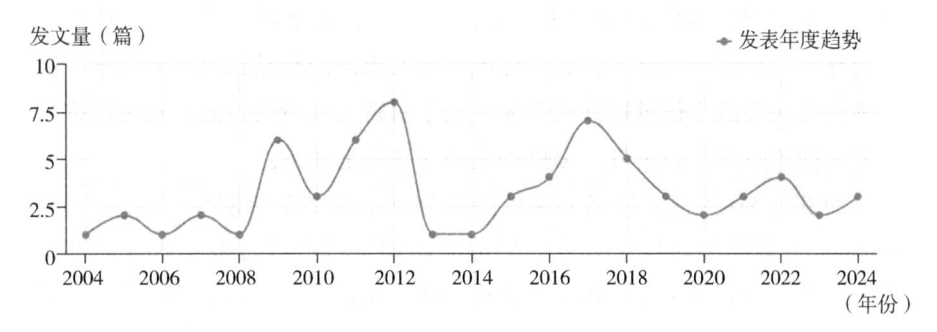

图1 近20年来以成长规律为标题的研究论文趋势

从实践层面来看,当前高校拔尖创新人才培养模式改革往往表现出对人才成长规律的忽视和不尊重。以北大元培计划、清华学堂等为代表的各类拔尖人才培养特区的方式,虽然可能产生一定的短期效果,但从根本上说,只是政治人才培养方式的简单移植。[①] 从已有改革的做法来看,我国高校实施的学分制、导师制、书院制等,原本都是培养优秀人才的成功做法,但有些"做法"表面上是在创新,实际上并没有反映教育教学本身的规律与内在要求。[②] 因此,当前特别需要从人才成长规律的角度,加强对拔尖创新人才培养的认识,推进对拔尖创新人才选拔与培养的基础性研究工作。

一 拔尖创新人才成长规律研究回顾

国内外关于拔尖创新人才成长规律的研究,主要是从成长环境的影响分析、基于传记学的案例比较分析、基于行为特征的成长历程分析等方面开展研究,充分吸纳了来自科学社会学、心理学等学科的理论资源。

(一) 拔尖创新人才的成长环境研究

早在20世纪70年代,哥伦比亚大学朱克曼就以诺贝尔奖获得者为研

---

① 叶赋桂、罗燕:《拔尖创新人才培养的新思维》,《复旦教育论坛》2011年第4期。
② 邬大光、叶美金:《基础学科拔尖人才培养的"道"与"术"》,《中国高等教育》2022年第8期。

究对象，用科学社会学的方法分析了92位科学界精英的成长规律。朱克曼的研究指出，社会选择的过程在很大程度上影响了科学精英的成长轨迹。① 同一时期，阿马比尔从社会心理学角度，提出创造是人格、认知和社会环境三者综合的结果，其中环境所激发出的内在动机是首要因素，高水平的内在动机不仅可以促使个体主动学习特定领域的技能，也可以推动人们承担风险和打破常规，形成创造品质和创造能力。②

20世纪90年代，加州大学戴维斯分校心理学系西蒙顿（Dean Keith Simonton）教授在对科学天才的创造活动发生过程进行多年研究的基础上，提出了创造现象的达尔文主义观。西蒙顿认为，创造活动的发生，需要经过个体认知与社会文化选择的双向互动，这种互动是一个无目的变异和环境选择的过程。③ 在此基础上，西蒙顿提出了人与环境的交互模型理论。④

循着社会环境对拔尖创新人才成长具有深远影响的研究路径，很多研究者开展了较为深入细致的分析。在校园环境层面，戴维斯（Davies）等人将影响创新人才成长的因素归类为科学材料的可获得性、校园外的实习锻炼机会、同龄人的合作机会等8个方面。⑤ 密歇根州立大学教育学院理查德森（Carmen Richardson，2018）等人在其博士学位论文研究的基础上，将影响学生创新的环境因素归结为三个维度：以教室实践机会为代表的学生参与机会、以师生互动为代表的学生学习氛围和以教学资源使用率为代表的物理环境条件。⑥

---

① ［美］哈里特·朱克曼：《科学界的精英——美国的诺贝尔奖金获得者》，周叶谦、冯世则译，商务印书馆1979年版，第7页。

② Amabile, T. M. (1983), "The Social Psychology of Creativity: A Componential Conceptualization", *Journal of Personality and Social Psychology*, 45 (2), 357-376.

③ Simonton, D. K., *Origins of Genius: Darwinian Perspectives on Creativity*, New York: Oxford University Press, 1999: 1-3.

④ Simonton, Keith D., "Creativity, Cognitive, Personal, Developmental, and Social Aspects", *Am Psychol*, 2000, 55 (1): 151-158.

⑤ Davies D., Jindal-Snape D., Collier C., et al., "Creative Learning Environments in Education—A Systematic Literature Review", *Thinking Skills and Creativity*, 2013, 8: 80-91.

⑥ Richardson C., Mishra P., "Learning Environments that Support Student Creativity: Developing the SCALE", *Thinking Skills and Creativity*, 2018, 27: 45-54.

（二）拔尖创新人才的传记学研究

早在 1999 年，西蒙顿就在多年研究的基础上，对拔尖人才的心理学研究传统进行了总结与概括性划分。西蒙顿将拔尖人才研究传统划分为四种：历史学研究、心理测量学研究、心理传记学研究和比较研究。其中，比较研究的传统经常带有传记学研究的特征，往往是基于少数典型案例的间接性评估，在微观层面进行解释性研究，期望从不同的案例中寻找出共同的规律性特征。[①] 本文的旨趣并不在历史学研究和心理测量学研究，而是倾向于传记学研究和比较研究的解释性，期望从物理学领域科学巨匠的案例中，寻找基础学科拔尖创新人才成长的规律性特征，为遵循基础学科拔尖创新人才成长规律，建立拔尖人才脱颖而出的新机制提供一种观察视角。

（三）拔尖创新人才的行为特征研究

韩国学者申元浩（Wonho Shin & Jongwon Park，2020）等人采用关键事件技术（the critical incident technique）的分析方法，对牛顿、爱因斯坦、法拉第、麦克斯韦、海森伯格、费曼六位世界物理学巨匠的成长历程中的关键事件进行了分析，并构建了世界顶尖物理学家行为特征量表，包括 8 类 30 种行为特征（见表 1）。[②]

表 1　　　　　　　　　物理科学巨匠的行为特征量表

分类	行为特征
1. 喜欢制作东西	（1）喜欢制作东西
	（2）利用附近现有的东西制作东西
	（3）习惯使用机器或设备
	（4）有制作新东西或设备的经验
	（5）制作的东西既复杂又精确

[①] Simonton, Keith D., "Significant Samples: The Psychological Study of Eminent Individuals", *Psychological Methods*, 1999, 4 (4): 425-451.

[②] Shin W., Park J., "Developing a List of Behavioral Characteristics of Creative Physicists During Their Growth Period", *International Journal of Science and Mathematics Education*, 2020 (2).

续表

分类	行为特征
2. 喜欢探究/喜欢做实验	（6）喜欢实验/探究，并经常这样做
	（7）有实验环境，有自己的实验室空间
	（8）利用附近现有的东西进行科学探究
	（9）认真仔细地计划和进行科学探究
	（10）不急于进行科学探究
3. 有明显的任务驱动倾向/持久的专注力	（11）喜欢自学
	（12）喜欢解决难题
	（13）有专注力
	（14）有通过长期努力解决问题的经验
	（15）有自己的规则/标准，讨厌失败
4. 具有好奇心/喜欢提问题	（16）对自然现象充满好奇
	（17）喜欢深入思考自然现象
	（18）对宗教或哲学等深奥/基本问题感兴趣
	（19）喜欢提问，总能提出许多问题
5. 喜欢阅读/喜欢归纳总结	（20）经常阅读
	（21）对阅读、探索、学习和思考进行总结
	（22）有在日常生活中做笔记的习惯
6. 喜欢逻辑思维/具有洞察力	（23）喜欢逻辑思维
	（24）具有抓重点的洞察力
	（25）能发展出自己的独特方法
7. 具有艺术兴趣/喜欢表达	（26）对音乐有天赋和兴趣
	（27）喜欢诗歌，擅长诗歌表达
	（28）用直观形象而非语言来理解或表达事物
8. 喜欢沟通与交流	（29）喜欢讨论和辩论
	（30）喜欢与团队分享想法

注：引自 Shin W., Park J., "Developing a List of Behavioral Characteristics of Creative Physicists During Their Growth Period", *International Journal of Science and Mathematics Education*, 2020（2）。

这 8 类 30 种行为特征，不是空洞的概念，而是活生生的外在行为表现。我们完全可以结合科学巨匠成长轨迹中的各类表现，来深化对这些行为特征的认识，以此对当前的拔尖创新人才培养模式改革提供一些基本规律性的支撑和理论启发。

已经有一些研究者开始运用物理学巨匠行为特征量表,开展了进一步的实证调查研究。韩国学者李仁顺（Insun Lee，Jongwon Park，2021）等人以物理学巨匠的行为特征量表为调查工具,对韩国忠北国立大学科学和数学天才研究中心拔尖班的教师、学生和家长进行的调查数据显示,在30项科学巨匠行为特征中,有10项被师生和家长普遍认为,在未来成长为创造性科学家方面具有较高的预测价值。师生和家长一致认为,对科学创造非常重要的特征有4项:常做实验、爱提问题、喜欢通过逻辑思考来解决难题、习惯分享观点。相对而言,师生和家长对一些行为特征的判断也有不一致之处:家长更注重知识学习,教师更看重思维训练,而学生更喜欢实验活动。① 国内也有研究者对诺贝尔奖获得者成长历程的数据分析表明,具有相对广泛的兴趣、敢于冒险、自己动手做实验、好读书以及相当部分人都具有艺术偏好,是大多诺贝尔奖得主所共有的早期性格特征。②

二 拔尖创新人才的三大外在行为特征

从上面的梳理来看,已有研究大多是从社会环境和教育环境的影响、典型案例的角度来分析拔尖创新人才成长与发展规律。关于拔尖创新人才成长中的关键事件和生活逸事等方面的细节性问题关注较少,但这些细节往往对人才成长过程中的兴趣养成、志趣形成和生涯发展轨迹等,有着非常深远的影响。然而,现有研究很少对拔尖人才成长过程的处境有真切的关心,很少对拔尖人才成长过程的内心经验表达出感同身受的体谅与同情。

因此,本研究借鉴上述第三种研究路径中的关键事件研究分析框架,以爱因斯坦、杨振宁等科学巨匠成长过程中的关键事件和生活逸事为案例,从行为特征的角度来分析拔尖创新人才的成长规律。研究的素材主要来自科学巨匠的权威传记。通过比较不同版本的传记写法和传记内容,挑

---

① Lee I., Park J., "Student, Parent and Teacher Perceptions on the Behavioral Characteristics of Scientific Creativity and the Implications to Enhance Students' Scientific Creativity", *Journal of Baltic Science Education*, 2021, 20 (1): 67-79.

② 阎光才:《从成长规律看拔尖创新型学术人才培养》,《中国高等教育》2011年第1期。

选其中最为翔实和最能反映传主接受教育阶段的真实体验的版本，并辅以传主本人的回忆录、演讲集和访谈集等内容作为补充。通过科学巨匠的成长历程分析，本研究将基础学科拔尖创新人才的成长规律归纳为三个方面的特征。

（一）具有强烈的好奇心，喜欢提出问题和讨论问题

第一，强烈的好奇心与对未知事物的热情。爱因斯坦在1950年回顾广义相对论的产生过程时提到，自己追求理解事物现象的热情就像对音乐的热情一样热烈而持久。很多人在儿童时代对生活中的各种现象充满了热情，到了成年时代就逐渐减退，但有些人即使到了70岁的晚年仍然保持着这种热情。[①] 杨振宁在100岁的时候，这种热情仍然没有衰减，仍然能保持年轻人般的探索活力，仍然对一些根本性的问题非常感兴趣。这些吸引他的问题往往是尚无定论的不确定性问题，有较强的复杂性和挑战性，往往没有预定的或典型的解决方案。杨振宁曾经对中美两国做物理学研究的方法做过一个非常清晰的比较：中国人研究物理学的方法通常是演绎法，一般是从定理出发进行演绎，这是典型的应试者的常用方法。相比较而言，美国人研究物理学的方法是归纳法，从现象出发进行归纳，从具体的工作和问题中抽象出定理来，这才是做学问的方法。[②] 海森伯格、牛顿、爱因斯坦都曾在中小学阶段对柏拉图、亚里士多德、康德等人的哲学思想和其中提出的根本性问题很感兴趣，他们喜欢从现象和事实出发，而不是从理论到理论，这种思考方式能够让他们长期保持强烈的好奇心和对未知事物的热情。

第二，对权威人士抱持一种不轻信的怀疑态度。探求真理的道路上，权威人士可能成为真理最强大的敌人，哥白尼、牛顿等人都曾对权威学者提出不同的质疑。中学时期，爱因斯坦沉迷科普书籍，发现很多与宗教教义截然相悖的自然规律，就表现出对一切权威的怀疑，这种怀疑精神和他对强制与压制行为的本能厌恶联系起来，逐渐发展成爱因斯坦的思考原则，他对社会标准强加给他的所有信念一直保持

---

① ［法］安东妮娜·瓦伦坦：《爱因斯坦的私生活》，仲维光、仲昭爱、仲雨村译，中国工人出版社2008年版，第26页。

② 杨振宁：《读书教学四十年》，三联书店香港分店1985年版，第117页。

怀疑态度。① 研究生阶段，因为敢于捍卫自己的观点和不服从权威，爱因斯坦在苏黎世理工学院博士毕业时曾经失去了很好的留校工作机会，他的博士论文中因充满了对普朗克和其他前辈著名科学前辈的尖锐批评而被评审人退回。② 即使在成为教授之后，爱因斯坦也曾因不会投权威之所好而受到同事们的排挤，甚至有人把学院图书馆的门锁上不让他进去。③

第三，表现出较低的社会化水平与较低的宜人性。罗（A. Roe）对杰出心理学家、人类学家、生物学家、物理学家的研究表明，杰出人才往往更加倾向于独处，社会交往非常有限，较少有亲密的朋友，表现出较低的社会化水平。④ 菲斯特（G. J. Feist）的研究发现，相对于一般科学家的勤勉、循规蹈矩和思想封闭，高创造力的科学家的个性特征更为独立和内向，表现出较低的宜人性，经常有意或无意地将自己从社会热闹场中退出，让自己处于远离他人的孤独状态，可以有更多的个人时间与空间进行沉思与冥想。⑤ 爱因斯坦七岁之前一直在家里接受家庭教师的启蒙教育，长期不与外面的小孩子接触，形成了古怪、孤僻、不合群的个性，在小学阶段不像其他同学那样干干脆脆地回答老师的问题，总是支支吾吾的。在小学阶段，爱因斯坦在天主教学校的班上是唯一的犹太人，这让他很早就从众人中孤立出来。这种孤立状态虽然不利于他融入其他同学的圈子，但可以形成一种独立思考的思维方式和不从众的行为习惯，有利于独立观点的形成。⑥ 成为大学教授后，爱因斯坦也曾表示，独处的时候最快乐，他

---

① [法] 安东妮娜·瓦伦坦：《爱因斯坦的私生活》，仲维光、仲昭爱、仲雨村译，中国工人出版社 2008 年版，第 16—17 页。

② [美] 丹尼斯·布莱恩：《爱因斯坦全传》（修订版），杨建邺、李香莲译，高等教育出版社 2013 年版，第 46—70 页。

③ [美] 丹尼斯·布莱恩：《爱因斯坦全传》（修订版），杨建邺、李香莲译，高等教育出版社 2013 年版，第 31 页。

④ Roe A., "A Psychological Study of Eminent Psychologists and Anthropologists, and A Comparison with Biological and Physical Scientists", *Psychological Monographs: General and Applied*, 1953, 67(2): 1-55.

⑤ Feist, G. J., "A Meta-analysis of Personality in Scientific and Artistic Creativity", *Personality and Social Psychology Review*, Vol. 2, 4 (1998): 290-309.

⑥ [美] 丹尼斯·布莱恩：《爱因斯坦全传》（修订版），杨建邺、李香莲译，高等教育出版社 2013 年版，第 12—13 页。

排遣单调生活和忧愁的办法之一,就是躲到自己最为关注的研究问题中去。①独处也是众多物理学家的共同兴趣。

(二) 追求思维的简约性,具有化繁为简的能力

第一,喜欢数学是科学巨匠的一个共同特征。数学是理论物理学的重要工具,也是基础学科拔尖创新人才在求学早期就表现出来的一种共同特征。爱因斯坦小学五年级时从叔叔那里得到一本介绍平面几何的书,被其中"关于三角形的三个高必然交叉于一点"等很多几何学论证和结论的明晰性和可靠性深深吸引,并主动尝试着用一种新的方法来证明毕达哥拉斯定理。他后来回忆说,生活中最开心的事情之一就是接触到了欧几里得几何学。②杨振宁中学阶段就对数学产生了兴趣,他把父亲书架上有关群论的书翻阅了很多遍。大学阶段,杨振宁有机会得到德国汉堡大学归来的陈省身和剑桥大学留学归来的华罗庚等知名青年数学家的悉心指导,数学成绩名列前茅。杨振宁曾在自己的传记中表示,非常欣赏数学中蕴含的价值观。数学思想中既有战术上的机巧与灵活,又有战略上的雄才远虑,其中的一些美妙概念是支持物理世界的基本结构。③

第二,具有化繁为简和透过现象看本质的能力。杨振宁在西南联大读书时最佩服的是三位物理学家:爱因斯坦、狄拉克和费米。三位物理学巨匠身上有一个共同特点,就是善于在复杂现象中抓住本质,并能用深入浅出的方式切中要害地表达出来。尤其是费米,他是一位惯于用最少的数学工具来获得重要结果的大师,再复杂的问题经过他的思考并表达出来,就可以简洁清晰到连中学生都可以明白。④正是因为喜欢和长期追求这种思维品质,杨振宁自己在博士生入学考核的回答问题阶段,表述的内容非常简洁明晰。博士生导师泰勒能看出他对问题理解得非常透彻,当场就决定接收他为博士研究生。后来在做博士论文阶段,杨振宁依然保持着惜墨如

---

① [美] 丹尼斯·布莱恩:《爱因斯坦全传》(修订版),杨建邺、李香莲译,高等教育出版社 2013 年版,第 5—55 页。

② Gardner H., *Creating Minds: An Anatomy of Creativity Seen through the Lives of Freud, Einstein, Picasso, Stravinsky, Eliot, Graham, and Ghandi*, New York: Bisic Books, 2011: 84-87.

③ 杨建邺:《杨振宁传》(增订版),生活·读书·新知三联书店 2016 年第 2 版,第 8 页。

④ 杨建邺:《杨振宁传》(增订版),生活·读书·新知三联书店 2016 年第 2 版,第 115—129 页。

金的简短风格,每一页论文中都浓缩了很多思想。爱因斯坦有句名言:"一件事物只要能够被理解,人们就能够清晰地将其解释清楚。"然而,物理学教育教学中现实情况往往事与愿违。让爱因斯坦深感遗憾的是,教授孩子们物理学的人,常常是那些并不了解宇宙之神奇和令人着迷之处的老师。

第三,喜欢文艺作品并能从中得到放松和快乐。音乐和诗歌不仅是人们表达独特感受和新想法的艺术载体,也是在紧张思考过程中的调节方式。诸如阿基米德原理等很多杰出的创新性发现,都是科学家在放松的过程中自然涌现出来的。爱因斯坦在中学时就把音乐当作学习过程中的一种调节剂,有很多次都是在拉了一会儿小提琴或是弹了一会儿钢琴之后,就解出了一道难题。① 对文学艺术的兴趣具有类似的神奇功效。早在慕尼黑上高中时期,爱因斯坦就痴迷于一切与艺术相关的知识。有位叫吕斯(Ruess)的文学老师燃起了他对歌德、席勒、莎士比亚等古典作家的强烈兴趣。后来,他在成为苏黎世大学的年轻教授的时候,还曾顺路拜访过这位文学老师,尽管老师早已不记得自己还曾教过一个叫作爱因斯坦的学生。② 杨振宁从小就酷爱艺术活动,尤其是音乐艺术。中学阶段,他经常和好朋友邓稼先用手摇式留声机一起听音乐唱片。在贝多芬的《英雄交响曲》中,杨振宁能够体会到使人心灵震撼的心声,以及对人们自我意识的激励。③ 这种激励和放松,也能催发物理学家长期保持学术活力。

(三)具有持久的专注力,有明显的任务驱动倾向

第一,对感兴趣的事情具有持久的专注力。加德纳关于创造性人才的系列研究发现,高创造性人才身上有三个特征值得人们赞叹:一是始终将时间和精力集中在当前要完成的事情上,直到成功或完成为止。二是总能充分利用自身的强项,在自己擅长的领域有所成就。三是总能从跌倒的地

---

① [美]丹尼斯·布莱恩:《爱因斯坦全传》(修订版),杨建邺、李香莲译,高等教育出版社2013年版,第9页。
② [德]菲利普·弗兰克:《爱因斯坦传》,吴碧宇、李梦雷译,长江文艺出版社2016年版,第9—10页。
③ 杨建邺:《杨振宁传》(增订版),生活·读书·新知三联书店2016年第2版,第45页。

方站起来,将每一次失败都看作是一次难得的机遇。① 这种特征在爱因斯坦身上有最为鲜明的表现。爱因斯坦小时候常常沉迷于一个人玩纸牌建造房子的游戏。这种游戏需要充分的耐心和韧性,这些品质为他后来从事科学研究工作打下了良好的基础。② 爱因斯坦总能把精力集中于一点而不是分散开来,在思考问题时丝毫不受外界影响。事实上,具有非凡的专注力,是各行各业所有领域杰出人士的共同特征。有些高创造性人才的神圣、专注的状态甚至会伴随着一些偏常甚至病态的行为模式。考夫曼(J. Kaufman)等人提出了创新的四种模式:微创(micro-c)、小创(little-c)、专创(professional-c)、大创(big-c)。其中,从事科学研究活动所产生的重要创新成果主要表现为后两者,即专创与大创。③ 阿马比尔的研究表明,大创往往与创造者的精神偏常或病态存在关联,受到社会环境的影响要小得多。相对而言,经常脱胎于日常生活中的微创和小创,甚至包括专创,更容易受到社会环境的影响和牵制。④ 从事基础研究的科学家在专注于一个具体的问题时,往往具有不受社会环境影响和牵制的能力。

第二,对研究的科学问题具有非凡的直觉与洞察力。在物理学领域,爱因斯坦经常可以凭直觉深入现象的内核与本质,并明白怎么去做才能解决问题。这种非凡的直觉和洞察力,与他的注意力可以长时间地沉浸在麦克斯韦、法拉第、赫兹等人的著作中密不可分。⑤ 与爱因斯坦类似,杨振宁的理论思维能力也远胜于动手能力。小学时期的杨振宁最不喜欢上的就是手工课,他捏出来的小动物在父母眼里看起来像是一块块莲藕。这个动手能力的短板伴随着杨振宁的求学生涯,始终未能克服。在他跟着主持世

---

① Gardner H., *Creating Minds: An Anatomy of Creativity Seen through the Lives of Freud, Einstein, Picasso, Stravinsky, Eliot, Graham, and Ghandi*, New York: Bisic Books, 2011: xvii.

② Miller A. I., "Scientific Creativity: A Comparative Study of Henri Poincaré and Albert Einstein", *Creativity Research Journal*, 1992, 5 (4): 385-414.

③ Kaufman J. C., Beghetto R. A., "Beyond Big and Little: The Four C Model of Creativity", *Review of General Psychology*, 2009, 13 (1): 1-12.

④ Amabile, Teresa M., "Big C, Little C, Howard, and Me: Approaches to Understanding Creativity", *Harvard Business School Working Paper*, Boston: Harvard Business School, 2012: 1-27.

⑤ [美] 丹尼斯·布莱恩:《爱因斯坦全传》(修订版),杨建邺、李香莲译,高等教育出版社2013年版,第29页。

界上第一个原子反应堆的物理学家费米教授攻读博士学位时，实验操作的动手能力远远不如其他同学，对实验缺乏灵气和敏感性。在他们实验室中流传着一个笑话：哪有杨振宁，哪里就有噼里啪啦声。① 然而，在动手能力和实验物理学领域中的短板，并没有影响杨振宁在理论物理学领域的伟大成就，因为在理论思考方面，杨振宁向来具有不同于常人的非凡直觉与深刻的洞察力。

第三，对自己认准的科学信念和学术观点毫不动摇。很多人的一生中都会有过一些绝妙的念头和别出心裁的想法，但仍然一事无成。只有靠顽强的毅力和不克服困难决不罢休的韧劲，这些别出心裁的想法和绝妙念头才能成为真正的天才思想。② 在15岁时，爱因斯坦就表现出坚毅独断的性格品质。当他独自一人在远离家乡的慕尼黑上中学的时候，因为长期反对和厌恶德国学校强调服从权威的教育理念，所以他没有同任何人商议就独自做出退学和放弃德国国籍的重大决定。③ 爱因斯坦的妹妹玛雅曾经提到，这种独立自主和不屈不挠的性格特质，不仅在他后来的科学工作中发挥了突出的作用，还曾表现在当父母反对他的恋爱对象时，爱因斯坦曾表示，父母全部的犟性也抵不过他的一个小指头所具有的犟性。④ 在总结自己的世界观时，爱因斯坦曾经提到，自己是一个真正的"独行者"。虽然这种独行使自己难以得到他人的理解与支持，但也只有这样，才能真正独立于他人的意见、习惯和判断，避免让内心的独立判断置于一些不稳固的基础之上。⑤ 在信息化和数字化转型的当今社会，高创造性人才会比以往任何时代都更加需要追求与其他人和社会离群索居的生活方式。牛顿当年也正是在躲避瘟疫的特殊时期，在离群索居的生活方式

---

① 杨建邺：《杨振宁传》（增订版），生活·读书·新知三联书店2016年第2版，第26—123页。

② 杨建邺：《万物相对，而我独行——爱因斯坦传》，华中科技大学出版社2020年版，第3—6页。

③ [法] 安东妮娜·瓦伦坦：《爱因斯坦的私生活》，仲维光、仲昭爱、仲雨村译，中国工人出版社2008年版，第20页。

④ [美] 丹尼斯·布莱恩：《爱因斯坦全传》（修订版），杨建邺、李香莲译，高等教育出版社2013年版，第42页。

⑤ [美] 阿尔伯特·爱因斯坦：《我的世界观》，方在庆编译，中信出版集团2018年版，第7页。

中发现了万有引力定律。①

结　语

科学天才是极为稀缺而又需要珍惜的人类共同财富。物理学科学天才在早期受教育阶段所表现出的具有共性的规律性特征，对当前我国高校拔尖创新人才成长，特别是基础学科的拔尖创新人才早选拔、早培养以及相关人才培养模式改革具有一定的启示意义。

（一）营造宽松自由的学术环境和探究氛围

拔尖创新人才并不能按任何人的预先臆想或确定的模式来塑造，而是更多依靠个人智慧和潜能的自由发挥。学界有一种更为通俗的说法，拔尖创新人才并不是"拔"出来的，而是自己"长"出来的②。因此，培养拔尖创新人才，最重要的是如何形成一种有利于激发创造动机和发挥创造潜能的宽松、自由的科学氛围③。一个社会是否包容不同的思想和个人，在很大程度上决定了这个社会的创造力。④ 因此，首先要在尊重、包容和支持人才成长的外部环境上下功夫。

第一，尊重拔尖人才的个人禀赋。很多颠覆性创新，往往依赖于杰出人才的个人禀赋。杰出人才往往在某个方面能力超群，而在其他方面不仅平凡甚至有些无能。⑤ 天才在各个社会和区域中的数量处于一种正态分布。每个国家和社会都有天才，但并不是每个国家都有重大创新，究其原因与社会环境是否给予天才发挥的机会有密切的联系。然而，我们的制度

---

① Gardner H., *Creating Minds: An Anatomy of Creativity Seen through the Lives of Freud, Einstein, Picasso, Stravinsky, Eliot, Graham, and Ghandi*, New York: Bisic Books, 2011: xx.

② 石中英：《坚定文化自信 走好拔尖创新人才自主培养之路》[2023-08-02]，http://www.jyb.cn/rmtzgjyb/202307/t20230718_2111070773.html。

③ 冒荣：《创新和公平：中国式现代化与高等教育的发展重心》，《江苏高教》2023年第6期。

④ 赵勇：《国际拔尖创新人才培养的新理念与新趋势》，《华东师范大学学报》（教育科学版）2023年第5期。

⑤ 阎光才：《科学独创现象及其背后的个体品质与环境关联》，《高等教育研究》2022年第7期。

环境是否有足够的宽容性和包容度，支撑与呵护杰出人才的这种无能和短板。如果学术环境无法包容杰出人才高度个性化的人格特质，乃至有些怪异的行为表现，基础学科人才的创造性就很难被唤醒，一些刚表现出苗头的创造性工作可能就会被扼杀在摇篮中。与爱因斯坦类似，在电磁学领域开创物理学新时代的麦克斯韦小时候也被认为是一个差生，后来著有《经济原理》的马赫年少时也曾经被奥地利的老师看作学习有困难的学生。① 然而，学者的性格一般相对比较内向，表现出沉潜、孤独、内省、冥想、神游等特质，但现在很多高校招生的面试环节往往把善于交际、沟通的人招进来了，真正具有学术潜质的学生反而被淘汰了。② 因此，当前特别需要在人才选拔的关键环节，就能够充分尊重拔尖创新人才成长的早期特征，不拘一格地招收真正具有基础学科创新潜质的人才。

第二，包容拔尖人才的独特行为。一个成熟的社会应该是鼓励特立独行的，让每一种特立独行都能找到存在的价值。当一个社会对特立独行做最大的压抑时，基本的人性都无法彰显，更不用提丰富性、多元化与创新性思想的诞生了。从物理科学巨匠的成长规律来看，有些人早年求学阶段的表现并不特别抢眼。杨振宁5岁的时候就能认识3000多汉字，表现出早慧儿童的征兆。③ 但这种早慧的迹象在爱因斯坦身上很难找到，他在中小学阶段的很长时间都是班级中的默默无闻者，有时也会表现出一些性格孤僻、行为古怪的特征。他很晚才学会说话，从小就习惯孤独，喜欢一个人独自玩耍，几乎从来不加入其他孩子的游戏，上小学之后与同学的交往仍然不多。④ 爱因斯坦的亲友都说他像个智力迟钝的孩子，经常表现出一种前思后想、慢条斯理的作风，为此也给他的父母带来苦恼。⑤ 因此，能够长期容忍甚至高看这些古怪行为，并将其作为科学巨匠的一种潜在性预测指标来看待，应该成为营造基础学科拔尖人才个性化成长环境的普遍

---

① ［美］丹尼斯·布莱恩：《爱因斯坦全传》（修订版），杨建邺、李香莲译，高等教育出版社2013年版，第28—31页。

② 叶赋桂、罗燕：《拔尖创新人才培养的新思维》，《复旦教育论坛》2011年第4期。

③ 杨振宁：《读书教学四十年》，三联书店香港分店1985年版，第111页。

④ 杨建邺：《万物相对，而我独行——爱因斯坦传》，华中科技大学出版社2020年版，第3—6页。

⑤ ［法］安东妮娜·瓦伦坦：《爱因斯坦的私生活》，仲维光、仲昭爱、仲雨村译，中国工人出版社2008年版，第14页。

认识。

第三，支持拔尖人才扬长避短。用人所长，则天下无不可用之人；用人所短，则天下无可用之人。拔尖人才只是在某一知识领域具有特长，绝非全能人才。杨振宁的动手能力比较差，他在芝加哥大学跟着费米教授读研究生期间曾经暗下决心，准备通过撰写一篇实验论文来作为自己的毕业论文。但因费米正在国家实验室从事保密工作而无法进行实验指导，就将杨振宁介绍给在艾里逊实验室工作的"氢弹之父"泰勒教授。后者建议他扬长避短，以理论物理学而不是实验物理学作为博士学位论文的攻读方向。经过深思熟虑后，杨振宁接受了导师的建议，开始正视自己的长处和短处，这才有了他后来以核反应为主题的著名博士论文。① 因此，鼓励拔尖学生扬长避短，不强求全面发展，是对拔尖创新人才培养规律的又一基本认识。

（二）鼓励不从众的独立思考与孤勇者精神

孤独是思考的开始，如果总是深陷在群体中，往往会影响思考的独立性和深度。法国伟大的启蒙思想家、自然主义教育家卢梭曾说："只有在孤独和沉思默想的时刻，我才是真正的我，才是和我的天性相符合的我，我才既无忧烦又无羁绊和束缚。"拔尖创新人才的培养，更加需要这种不受羁绊和束缚的独立思考，为此需要在呵护独立思考精神、畅通交流渠道、发挥群集效应上下功夫。

第一，呵护拔尖人才的独立思考精神。教育应致力于帮助年轻人思考，为年轻人提供教科书上难以提供的训练，而不是去学习完全可以通过读书来掌握的东西。② 在去世前一个月，爱因斯坦还在怀念高中阶段在瑞士读书的学校，因为那里充满自由精神，老师从不用外界权威做幌子来压人，而小学阶段的德国学校强调服从权威，不准学生发表反对意见。③ 然而，现实的情况往往不尽如人意。在毕业论文通过答辩后，爱因斯坦想要

---

① 杨振宁：《曙光集》（十年增订版），翁帆编译，生活•读书•新知三联书店2018年版，第139—146页。

② ［法］安东妮娜•瓦伦坦：《爱因斯坦的私生活》，仲维光、仲昭爱、仲雨村译，中国工人出版社2008年版，第28页。

③ Gardner H., *Creating Minds: An Anatomy of Creativity Seen through the Lives of Freud, Einstein, Picasso, Stravinsky, Eliot, Graham, and Ghandi*, New York: Bisic Books, 2011: 88.

申请瑞士苏黎世理工大学的助理教授的岗位时，没有一个教授认为他有出众的才能，没有人喜欢他的独立精神，甚至在彼此心照不宣地拒绝他的时候都没有说出足够的理由。虽然后来他也得到了该校的荣誉学衔，但当初这种被拒绝的经历确实给爱因斯坦带来了少有的痛苦。① 当前我们的拔尖创新人才培养，依然面临这种不喜欢独立思考精神的现实障碍，需要克服。

第二，畅通拔尖人才讨论交流的渠道。相比于严格的导师监督和一系列科目考试，年轻人会聚在一起相互交流、彼此学习，会是更好的心智训练。爱因斯坦曾说，倘若没有志同道合者的心意相通，倘若不是全神贯注在艺术和科学上，生活就是空虚的。在10—15岁，爱因斯坦家里资助了一位俄裔犹太人——在医科大学读书的贫困生塔尔穆（Max Talmey）。塔尔穆每周四在他家吃一顿免费午餐，这让爱因斯坦对自然科学和社会科学产生了广泛的兴趣，特别是对康德哲学和达尔文的著作比较着迷。② 研究生毕业后在专利局工作时期，爱因斯坦经常跟索洛文等几位志趣相投的朋友在彼此的家里一起讨论问题，并将其聚会场所戏称为"奥林匹亚科学院"，那种只有兄弟和亲密朋友之间才会有的争吵声有时候甚至会引起邻居们的抱怨。③ 早在中学时期，杨振宁就经常与后来成为"两弹元勋"的邓稼先交流和讨论问题。研究生阶段，杨振宁就与后来成为"声子物理学第一人"的黄昆和国际著名电机工程学家张守廉成为室友，三人经常在宿舍、茶馆或路上讨论问题或大声辩论，被当时的同学们称为西南联大的"三剑客"。博士毕业后，杨振宁在普林斯顿高等学术研究所工作和生活，有机会与爱因斯坦、奥本海默等物理学大师进行学术交流，那里还云集了一群学有所成、思想活跃的青年才俊，大家可以经常在一起切磋和辩论，李政道就是其中之一。④ 当前学生之间的竞争意识日趋激烈，拔

---

① ［法］安东妮娜·瓦伦坦：《爱因斯坦的私生活》，仲维光、仲昭爱、仲雨村译，中国工人出版社2008年版，第30页。

② Gardner H., *Creating Minds: An Anatomy of Creativity Seen through the Lives of Freud, Einstein, Picasso, Stravinsky, Eliot, Graham, and Ghandi*, New York: Bisic Books, 2011: 87.

③ ［美］丹尼斯·布莱恩：《爱因斯坦全传》（修订版），杨建邺、李香莲译，高等教育出版社2013年版，第85—88页。

④ 杨建邺：《杨振宁传》（增订版），生活·读书·新知三联书店2016年第2版，第89—93页。

尖学生在一起如果不能激发彼此想象力和创造力，而是陷入"内耗"和"内卷"，将是国家拔尖人才自主培养体系的重大损失。①

第三，发挥拔尖人才成长的群集效应。之所以要注意人才成长的群集效应，是因为科学扎根于讨论，拔尖创新人才的成长从来都离不开学术共同体成员间思想的交流和碰撞。正如贝弗里奇所说，一个人如果被隔绝于世，接触不到与他有同样兴趣的人，他自己是很难有足够的精力和兴趣来长期从事一项研究的②。鼓励不从众的独立思考，与提倡思想交流与碰撞并不矛盾。恰恰相反，很多独立思考出来的观点，往往需要跟学术共同体的成员之间相互分享、相互交流、相互碰撞，才能更加明晰起来，也可以更加坚定地相信和持守自己的学术观点。当前拔尖创新人才培养模式改革中越来越重视学伴制度建设，正是发挥群集效应的重要举措，需要进一步加快推进步伐。

（三）帮助拔尖学生尽早明确终身研究方向

兴趣或激情是维持一个人长期专注于某一问题的核心动力。而兴趣或激情既因个体而异，又与先天的性格有关系，它是在个人成长过程中找到或培养出来的。许多学校和家庭对学生的兴趣尤其是青少年时期的兴趣不是很看重，他们往往以成人的观点和视野去引导或者强迫孩子改变自己的兴趣，致使许多学生成年后不知道自己的兴趣，甚至不知道可以追求自己的兴趣，导致学生缺乏培养创新能力的动力。③ 因此，当前的基础学科拔尖创新人才培养，需要在帮助学生尽早明确感兴趣的研究方向和研究问题上下功夫。

第一，学业早期就明确长期感兴趣的研究问题。物理学等基础学科领域的成果认可周期较长，需要在人才成长的早期就明确发展方向，长期专注在一个研究方向上辛勤耕耘，才能有所收获。爱因斯坦在上小学阶段就已经表现出明显的偏科倾向，在中学阶段就表现出对几何学和物理学的浓

---

① 李曼丽、王金羽、郑泉水等：《新时期本科教育拔尖创新人才培养模式探索——一项关于清华"钱班"12年试点的质性研究》，《华东师范大学学报》（教育科学版）2022年第8期。

② ［英］W. I. B. 贝弗里奇：《发现的种子——〈科学研究的艺术〉续篇》，金吾伦、李亚东译，科学出版社1987年版，第161页。

③ 赵勇：《国际拔尖创新人才培养的新理念与新趋势》，《华东师范大学学报》（教育科学版）2023年第5期。

厚兴趣和特长，这种兴趣一直持续到大学阶段和研究生阶段，即使是到了专利局工作，他也仍然在业余时间钻研自己所感兴趣的物理学问题。小学阶段，爱因斯坦就在有很强逻辑性的数学和拉丁语方面显示出极高的天赋，但在大多数其他科目上却是落后的。高中毕业考取苏黎世理工学院时，他曾经因为化学、生物等考得太差而没有被录取，后来即使在另外一所高中补习之后也没有改变偏科的问题，反倒是因为在数学和物理上的突出表现得到了免试录取资格。① 杨振宁明确物理学的兴趣和方向没有爱因斯坦那么早，但一旦确立之后，就没有再动摇过。他报考大学时最喜欢的是化学，进入西南联大化学系后又被物理学给迷住了，当时科学界正在进入开创核能时代的关键阶段。② 这种兴趣一旦确定就没有再发生改变过，即使在他退休后对核物理学的热情也丝毫不减，乃至成为晚年科学研究的重要支柱和动力源泉。因此，尽早明确感兴趣的研究问题，是基础学科拔尖创新人才培养需要注意解决好的又一基本问题。

第二，本科阶段就能接受国际一流名师指导。杰出科学家的涌现表现出较强的群落效应和明显的师承关系，师承关系是杰出科学家成长的重要因素，师从名家可以有效促进科学家成长。③ 杨振宁大学二年级的电磁学课程老师是实验动手能力超凡的吴有训教授，曾在美国留学时师从芝加哥大学康普顿教授，后者因发现量子力学领域中的康普顿效应获得了诺贝尔物理学奖。大学三年级的物性论课程老师是张文裕教授，曾在英国剑桥大学留学时师从卡文迪什实验室的卢瑟福，后者在其导师汤姆逊发现电子的基础上，进一步发现了原子的核结构，被称为"现代核物理之父"。大学四年级的学士论文指导老师是吴大猷教授，后者将其引入了物理学当时最具前沿性的对称性领域，为后来杨振宁和李政道共同获得1957年的诺贝尔物理学奖奠定了方向性的基础。④ 在本科论文阶段给杨振宁授课的还有周培源、赵忠尧、王竹溪等一批海外留学归来的物理学教授，均站在

---

① ［美］丹尼斯·布莱恩：《爱因斯坦全传》（修订版），杨建邺、李香莲译，高等教育出版社2013年版，第13—17页。

② 杨建邺：《杨振宁传》（增订版），生活·读书·新知三联书店2016年第2版，第63页。

③ 穆荣平、廖原、池康伟：《杰出科学家成长规律研究——以诺贝尔科学奖得主和中国科学院院士为例》，《科研管理》2022年第10期。

④ 杨建邺：《杨振宁传》（增订版），生活·读书·新知三联书店2016年第2版，第68—71页。

了当时国际物理学研究的最前沿。如果在本科阶段无法接触到这些一流名师的指导，很难想象他们能够取得后来的一系列重要成就。

第三，研究生教育转折阶段进行方向性指导。杨振宁在硕士毕业前申请美国留学考试时报考的专业是高电压实验，属于实验物理学，但是从他在学习中的表现来看，更适合学习理论物理学。在这个转型发展的关键阶段，硕士生导师王竹溪教授等人多次与杨振宁商谈，建议他改学理论核物理学。[1] 后来证明这个关键阶段的方向性指导，是极为重要的明智之举。因为杨振宁后来在美国芝加哥大学的物理学研究中，依然表现出动手能力和实验物理学方面的短板，并非常有幸地得到博士论文导师泰勒教授的方向性扭转，放弃了要在美国成为一位实验物理学家的愿望，转而扬长避短，坚定地走上了理论物理学之路。这种方向性的指导，是基础学科拔尖学生成长过程中必不可少的发展保障。

---

[1] 杨建邺：《杨振宁传》（增订版），生活·读书·新知三联书店 2016 年第 2 版，第 98 页。

胜任素质理论视角的高校教师数字素养四重维度和提升路径探析*

杨晓旭　姚聪莉**

摘　要：数字技术与高等教育的深度融合推动了高等教育数字化转型，也对高校教师自身数字素养水平提出了新要求，而构建高校教师数字素养框架维度是提升高校教师数字素养的关键。鉴于当前高校教师数字素养框架研究深度不足、框架内容不够完善等问题，本文以胜任素质理论为分析视角，依据冰山模型，"由浅及深"逐层建构基础知识、专业技能、个体特质、动机态度四个维度，进而提出了要树立数字自觉意识，培育数字社交素养；提供多样化数字技术培训，完善数字素养测评体系；加强高校数字基建，提高教师数字品质；培养教师数字社会责任，提升数字安全保护能力等路径。

关键词：高校教师；数字素养框架；胜任素质理论

一　问题的提出

近年来，以大数据、区块链、人工智能等为代表的新技术的发展驱动高校教育进行数字化变革。在这一过程中大量数据和信息技术不断更新迭代，更加考验高校教师通过自身数字素养引导学生获得知识与技能的能力。在顶层设计方面我国高校教师数字素养受到了更多的重视，教育部于2022年11月3日印发了《教师数字素养》行业标准作为行为指导。目前

---

* 基金项目：2023年度陕西高等教育教学改革研究项目（重点攻关项目）"陕西高校本科数字化课程资源共建共享机制研究"（项目编号：23ZG013）。

** 杨晓旭，西北大学公共管理学院硕士研究生；姚聪莉，教育部人文社会科学重点研究基地——西北大学中国西部经济发展研究院研究员，西北大学高等教育研究中心主任、教授、博士生导师，研究方向：高等教育理论及政策分析。

研究表明，数字素养已经成为高校教师教学中的必备素养，且高校教师数字素养亟待提高①，存在数字知识匮乏、技能短缺等问题。②因此，针对当前高校教师数字素养存在的问题，需要厘清高校教师数字素养框架维度，从而促进高校教师数字素养水平提升，推动高等教育数字化高质量发展。

综观国内外高校教师数字素养已有研究，其是一个动态发展的过程。一是高校教师数字素养框架的内容，分为专业素养、教学素养和促进学习者素养三方面（但武钢等，2022）③；或通过限定研究对象，尝试从"身份"角度界定高校本科教师数字素养框架（王丽娟等，2024）④；注重高校教师素养多元化，将教师、学生和家长确定为未来教师数字素养的关键要素（于浩，2024）⑤。二是国内外高校教师数字素养框架的比较研究，着重强调了"数字化意识"维度（刘宝存等，2024）⑥；将欧盟教师数字素养框架维度进行对比，提出具有中国特色的高校教师数字素养框架（庄浩，2024）⑦。

综上所述，既有研究对高校教师数字素养框架维度构建的分析已经形成了一定的理论成果，缺少基于理论视角分析高校教师数字素养的框架维度，研究深度还有待加强。基于此，本文面对高等教育数字化变革的新要求，以胜任素质理论为分析视角，围绕"高校教师数字素养框架维度构建"这一命题，试图从胜任素质理论视角分析高校教师数字素养框架维度构建，并探索高校教师数字素养的提升路径。

---

① 王婷婷：《数字化时代高校教师数字素养培养策略研究》，《科教导刊》2024年第4期。
② 胡卫卫、张露：《教育数字化转型背景下高校教师数字素养的培育路径研究》，《石家庄铁道大学学报》（社会科学版）2024年第1期。
③ 但武刚、李玉婷、王海福：《高校教师数字素养框架构建与展望》，《教育与教学研究》2022年第9期。
④ 王丽娟、刘斌：《数字化背景下职业本科教育教师数字素养的内涵、框架及提升途径》，《西部素质教育》2024年第1期。
⑤ 于浩：《数字时代下的高校教师素养框架研究》，《教师教育论坛》2024年第1期。
⑥ 刘宝存、易学瑾：《高校教师数字素养框架：全球图景与本土建议》，《国家教育行政学院学报》2024年第1期。
⑦ 庄浩：《数字时代高校教师数字素养框架及培养路径》，《科教文汇》2024年第2期。

二 基于胜任素质理论的高校教师数字素养的胜任力模型构建

胜任素质理论最早由美国心理学家麦克利兰（David C. McClell）系统阐述，并将"知识、技能、能力及其他内容"等个体条件和行为特征界定为"胜任素质"[①]。胜任素质理论将个体的行为和特质进行类型与层次划分，与高校教师数字素养框架多维度构建具有适切性。因此，本文以胜任素质理论为分析视角，并以麦克利兰提出的冰山模型（Iceberg Model）"浅层外显"与"深层内隐"的结构关系为依据，根据习得程度的难易，结合教育部颁布的《教师数字素养》，从基础知识、专业技能、个人特质、动机态度四个方面构建高校教师数字素养胜任力分析模型（见图1）。具体来说，一是"知识维度"，代表数字基础知识素养，主要包括数字获取素养和数字社交素养，这是高校教师数字素养最基本的表现；二是"技能维度"，代表数字专业技能素养，具体包括数字化教学设计、数字化教学实施、数字化协同育人三类素养，是高校教师运用数字信息、技术和资源于实践的映射；三是"特质技能"，代表个体的数字品质素养，侧重强调个体具备的数字的知识水平和创新特质，由数字文化素养与数字创意素养两部分组成，处于深层次且习得难度较大；四是"动机维度"，代表数字素养的动机态度素养，是最为核心的部分，主要包括数字道德伦理和数字安全意识两类素养，对高校教师数字素养提升产生关键影响。

三 高校教师数字素养框架的四重维度分析

高校教师数字素养是指高校教师在教学与科研活动中利用数字技术获取、传递、使用、管理、创造数字信息、知识和资源，并掌握数字素养的技能，最终实现学生与教师数字共同体发展的特质、能力和责任（Kasperski et al., 2022）。其中，基础知识与专业技能，是个人特质、动机态度的基础与外在表现，特质、动机素养为深层次是浅层次的动力与内

[①] McClelland D. C., "Testing for Competence Rather Than for 'Inteligence'", *American Psychologist*, Vol. 1, 1973.

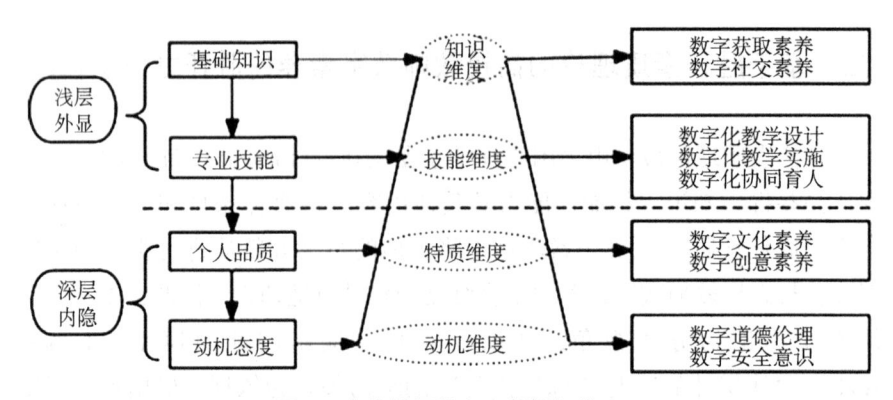

图 1　高校教师数字素养框架维度

在核心。因此，对于高校教师数字素养框架维度需要从知识、技能、特质和动机四个维度进行探析。

（一）知识维度：教师数字专业知识素养

数字技术的发展拓展了教师的专业知识以及适应未来教育的能力。在数字环境下，教师数字基础知识素养是指高校教师能够在数字知识获取的基础上进行数字化交往。

1. 数字获取素养：搜寻、理解与识别

数字化获取素养是指高校教师能够运用数字化工具搜寻、理解常见数字技术的概念、基本原理，体现高校教师获取数字信息的能力。一是搜寻数据和信息。高校教师能够根据教学需要在必要的数据平台上自主查找、浏览、筛选数字资源。二是科学掌握数字工具的运用。高校教师应当了解数字设备的使用方法和基本功能，为教学的顺利开展引进高质量数字资源。三是识别与管理数字信息。高校教师在数字信息收集过程中会获得多样化的信息知识，要能够进行正确的剔除、存储与分类管理。

2. 数字社交素养：交流、传递与共享

高校教师需要具备数字社交素养，即通过有效互动、信息传递和资源分享的方式，运用数字工具和平台，以实现数字信息的传递和表达。具体来说，一是拥有与他人交流合作的意愿。主要体现在高校教师愿意将个人知识通过数字化的方式传递和共享。比如：高校教师通过微信群聊、ZOOM等数字平台加强与同事的交流互动，共同学习前沿的知识经验和教学方法，推动数字素养学习共同体的建立。二是能够选择合适的数字渠道进行信息共享。高校教师通过正规渠道进行信息的传递,扩大数字信息的扩散效应。三是拥有在数字环境中感知和共情的能力。具体来说,高校教师作为传播"高深学问"知识的主体之一,在教学与科研的交流过程中能够求同存异和彼此尊重。

(二) 技能维度:教师数字专业技能

数字专业技能素养是指高校教师在利用数字技术资源进行教育教学活动时所展现的实用技能,涵盖数字化教学设计、实施和协同育人等多方面。

1. 数字化教学设计素养:甄选资源与设计教学

数字化教学设计指的是教师在课堂教学过程中能够科学地选用数字技术资源,开展学习情况分析和设计教学活动。一是应用数据发现教学问题的能力。主要体现高校教师应当合理运用学生学习数据,科学准确地掌握学生学习状态,从而不断地改进教学方法和调整教学内容。二是具备甄选适用的数字教学资源的能力。具体来说,即高校教师能够通过合法渠道,获取符合学生学习状况的数字课程、资料等。三是数字教学设计能力。在数字时代,高校教师需要具备设计数字化教学活动的能力,以确保教学内容、目标、过程和评价的完整性。

2. 数字化教学实施素养:优化流程与实践评估

数字化教学实施素养是指高校教师运用数字技术与数字资源进行教学的能力,涵盖支持课堂组织与管理、优化教学流程,以及进行数字化学业评价等方面。一是优化教学内容、教学活动与教师语言的排列组合。高校教师需具备理解数字教学组织特征、灵活运用多样数字资源,并结合个人教学风格创新教学内容的能力。二是推动课程流程再造。高校教师可依托数字化教学方法,改造教学流程,明确教学目标,优化教学安排,提高教学效率和质量。三是开展教学实践评估。信息时代重视加强教师教育评价能力建设,现有研究提出未来教师素养的培育重心逐渐从数字化向智能化偏移①,教学评价也依托人工智能等技术收集课堂师生的语言、行为、情感等数据,以此为依据来评价课堂教学效果。

---

① 胡小勇、李婉怡、周妍妮:《教师数字素养培养研究:国际政策、焦点问题与发展策略》,《国家教育行政学院学报》2023 年第 4 期。

3. 数字化协同育人：创新德育与多元主体参与

数字化协同育人素养指的是高校教师能够应用数字技术资源突破时空限制，以多种形式联合社会、学校、政府等多元主体共同培育学生的能力。包括学生数字素养培养，开展高质量德育教育，打造家校共育合作平台等方面。一是增强学生数字学习能力。高校教师在数字学习环境的构建、数字资源的供应和数字学习方式的引导方面发挥关键作用，对学生数字学习能力的提升具有重要影响。二是能够创新德育模式。通过拓宽德育途径和方式，进而辅助开展多样化的学生心理健康教育活动。三是积极参与多元主体协同育人。为实现学校与家庭协同育人，高校教师要主动争取社会资源，拓宽多主体参与数字化培育学生的方式。

（三）特质维度：教师个人数字品质

数字个体特质素养是高校教师在高等教育数字化变革过程中的数字知识程度、创新变革等潜在的品格素养。在高校教师数字素养的场域中，主要体现为数字文化素养和数字创意素养。

1. 数字文化素养：知识、品格与能力

数字文化素养主要包含高校教师的数字知识程度和数字品格。一方面，数字知识程度，体现在数字化学习动机、能力和数字化水平这三方面。其中数字化学习动机和学习能力是高校教师数字素养的发展动力，能够推动教师主动获得数字化知识，并应用于教学和科研实践之中；数字化教育水平是高校教师个人数字素养的综合体现，呈现出因人而异的特征。另一方面，品格素质体现高校教师道德修养与习得数字素养。高校教师在数字道德的驱动下能够合理使用数字化产品，维护健康数字网络环境。并在习得数字素养后，高校教师可以正确看待自身的数字公民身份，发挥自身积极的主观能动性，主动融入数字世界。

2. 数字创意素养：创建、表达与传播

数字创意素养是指教师在数字化环境下，运用数字技术和创新思维，设计并实施具有创意性的教学与科研活动。一是掌握数字处理与编写创建。创意素养相比于浅层的知识、技能数字素养，更加注重高校教师在熟练掌握数字工具的基础上，设计出富有创意和启发性的教学内容和活动。二是具备数字创新意识。具体体现在高校教师能够积极探索线上教学资源，将数字创新素养应用到转变学生学习方式和教学模式上，推动高等教育数字化转型。三是对数字内容进行创意化表达、创作和传播。这体现在高校教师可以利用慕课、平台直播等渠道，生动展现教学知识，拓展学术交流和合作的机会，以及进行科研成果的数字化出版和展示。

（四）动机维度：数字化意识态度

数字化意识态度素养是高校教师在数字安全、数字伦理等方面的意识、态度和价值观的总体表现，处于数字素养的核心地位，是高校教师数字素养提升的关键。

1. 数字道德伦理：履责、守法与明礼

数字道德伦理素养是指高校教师在数字环境中进行数字活动时所需承担的数字责任、遵守的数字法规及数字礼仪。具体来说，一是履行数字权利与责任。高校教师在学术传播过程中应提供真实、准确的信息，保持信息的透明度，不隐瞒重要信息。二是遵守数字使用的法律法规。这体现在高校教师作为学术界知识的生产者、传播者，依据规范正确使用数字产品与服务。三是遵守数字礼仪。高校教师在使用数字化平台时能够尊重原作者知识产权，同时保持对传统教学方式的尊重与重视，不滥用或过度依赖数字化工具。

2. 数字安全意识：防范、维护与营造

数字安全即教师做好关于数字资源泄露问题的把控，维护师生的正当权益，防止自己和学生从数字资源中受到伤害，合理健康地使用数字工具。一是具备安全意识，提高保护个人信息和隐私的能力。高校教师在教学与科研过程中要做好个人信息和隐私数据的管理与保护。二是做好数字信息安全维护。这体现高校教师对学生、家长及其他人的数据能够正确处理，注重数据安全。三是注重数字网络安全防范，能够认识到网络安全风险行为带来的危害。换言之，高校教师在网络上获取数字资源时，可以对网络谣言、网络暴力、电信诈骗、信息窃取等行为有正确认知，具备识别网络数字风险的能力，同时引导学生正确使用数字化技术，营造健康、积极的网络环境。

四 高校教师数字素养的提升路径

在胜任素质理论视角下，构建高校教师数字素养框架维度，需要在知识、技能、特质和动机四个维度的基础上，促进高校教师在数字化环境中，树立数字化安全意识，实践数字伦理道德，获取数字资源，学习数字工具应用，接受数字化培训与评估，构建数字化学习共同体，实现数字化交流共享，最终提升高校教师数字化素养。

（一）知识维度：树立数字自觉意识，培育数字社交素养

随着互联网的发展、信息技术不断创新和应用，数字胜任力已经成为新时代高等教育发展的必然要求①。高校教师作为高等教育数字化的主要承担者，首先，要认识到数字素养的重要性，树立自觉培养数字素养意识。通过网络搜索、与同伴沟通等渠道，积极学习有关数字素养的内涵、特征等知识②，如大数据、云计算、人工智能解决问题的程序和方法。其次，科学掌握数字化工具。教师应主动学习前沿数字工具，适应课堂教学数字化的发展趋势，利用数字素养创新研修模式，尝试将数字化工具应用于教学与科研实践中，确保教师能够全面掌握数字技术在课堂教学中的应用技巧，再通过实操将数字化技术和资源运用到自身的科研中，提升自身的教学水平和科研能力③。最后，依托虚拟教研室等数字共享平台，高校教师分享教学经验与教学资源，协商解决数字化学习实践中的难题与挑战，分享自己的科研观点与成果，破除科研"信息茧房"，通过合作学习共同成长。

（二）技能维度：提供多样化数字技术培训，完善数字素养测评体系

随着数字技术的迅猛发展和应用，高校需要因势而变，加强对教师数字化素养培训的广度和深度，推动教师队伍数字化建设，强化数字技术与

---

① 王晓丹、王俊：《高校教师数字胜任力模型构建及应用研究》，《佳木斯大学社会科学学报》2023年第6期。
② 王丽娟、刘斌：《数字化背景下职业本科教育教师数字素养的内涵、框架及提升途径》，《西部素质教育》2024年第1期。
③ 陈琼：《"互联网+"背景下高校外语教师数字素养研修模式的研究与实践》，《科教文汇》2024年第10期。

育人的有机融合①。首先，打造教师数字化培训中心。将教师在数字平台上的活动数据进行收集与整理，为数字时代高校教师队伍提供精准的建设依据，帮助教师提升数字知识、技能、特质与态度等数字素养。其次，打造分层次的多元化培养体系。高校为教师提供常态化的数字化教学能力培训与指导，数字化素养培养体系应包括：基础培训、进阶培训、实践培训和评估培训四个层次②。同时也要注重培训体系应与教师自身发展需求相结合，实行差异化、精准化的分阶段培养。最后，细化数字素养评价标准，建立分层体系。当前的教师素养评价方法无法精准体现高校教师数字素养水平，从而导致评价结果的不准确。③ 因此，对于不同的教育场景和科研活动所体现出的数字素养，要通过步骤清晰、考核完善的测评方式，准确评定教师数字素养的提升程度。

（三）特质维度：加强高校数字基建，提高教师数字品质

培育高校教师数字素养，关键要解决"生产力"问题，即数字化校园建设的问题，只有让教师置身于数字化校园环境中，才能培养教师优秀的数字品质。优质的数字化校园环境需要高质量的数字化基础设施建设作支撑，为高校教师数字素养提升提供物质保障。首先，高等院校要面向不同专业、不同数智技术水平的教师提供精准化、差异化的培训平台④，采用线上线下、实体虚拟相结合的智慧化、多样化的资源渠道为教师提供数字化形式多样、动态更新的数字资源，进而完善数字化基础设施建设。其次，鼓励教师利用教学平台创新教学实践。教师可以利用数字教学平台，学习新的教学知识、改进教学方法和提升数字化科研能力，促进教师个人学术能力和教育教学质量的协同发展。最后，打造数字化文化环境。正所谓"行为理性的建立需要相应的组织文化"。教育环境向数智化转变

---

① 中国教育学报：《直面新挑战提升高校教师数字素养》，http：//www.chinateacher.com.cn/zgjyb/html/2023-07/08/content_626586.htm.

② 杨文阳：《高校数字化转型下教师开展数字化教学活动评价》，《数字教育》2024年第2期。

③ 朱龙、张洁、吴欣熙等：《数字转型视野下教师数字素养测评：发展动向、场景建构与实践建议》，《电化教育研究》2024年第2期。

④ 张瑜、宋永和、李沐瑶：《智慧教育生态视域下高校教师数字素养提升研究》，《对外经贸》2024年第5期。

已成为发展趋势，高校在技术环境基础上，应通过加大宣传数字化教育作为传统教育迭代升级的技术理念，营造技术服务于人的数字素养人文氛围。

（四）动机维度：培养教师数字社会责任，提升数字安全保护能力

高等教育数字化转型背景下，教师数字素养提升最重要的责任之一在于网络安全维护，这便需要高校培养教师数字社会责任，确保教师道德修养、行为规范与数字教育需求匹配[①]。首先，培养教师数字化责任意识，强化数字安全教育。一方面，高校应鼓励教师积极参与教育数字化规划和决策，增强教师对数字化工作的责任感和参与度；另一方面，对网络世界海量信息，要提升高校教师甄别虚假、危险信息的能力，坚守学术诚信与规范。其次，应坚持遵守数字化教育使用原则。教育数字化涉及大量的在线交流和信息传递，应加强教师法治学习与师德师风教育，规范教师合法使用数字化教育资源[②]，要防止数据泄露、滥用和杜绝肆意传播和外泄学生信息，确保数字教育信息安全。最后，搭建数字教育安全防范体系。高校作为教师提升数字素养的重要场域，既要加强对数字化基础设施为主的物理体系防御，也应筑牢高校教师数字安全的知识体系，营造安全、稳健、可持续发展的数字化教学环境。

[①] 张莉娟：《四大策略提升高校教师的数字素养》，《新华日报》2023年8月25日第15版。

[②] 司汶：《教育数字化视角下高校教师队伍建设路径探析》，《公关世界》2024年第9期。

和谐导生共同体：影响因素与建构策略[*]

侯 佳 杨青茹[**]

摘 要：导生共同体是导生双方及其所构成"社会"的基本存在方式，展现了导生关系的整体图景。和谐导生共同体是指导生双方以学术共同体为实践形式，以共同价值遵循为精神内核，在平等、尊重等原则基础上进行共同活动的理想状态。文章运用NVivo12 Plus质性分析工具对21位导师与研究生的访谈资料进行归纳、分析。研究发现，和谐导生共同体的形成和发展受多重因素影响，具体包括国家政策、社会情境与学术生态等宏观情境机制；学校构序、制度规范与学科特点等中观干预条件；以及导生属性、互动方式与期望水平等微观影响因素。和谐导生关系的走向取决于导生双方的价值遵循、共同活动与情感联结。基于此，和谐导生共同体需形成学术与育人相结合的价值遵循，促成共进共识；保证导生共同活动的开展，推动协同共生；关注导生的情感联结，达成共创共赢。

关键词：和谐导生共同体；影响因素；建构策略

导生关系是研究生教育的底色，构筑着研究生教育的微观学术环境。导生共同体是学者们为化解导生矛盾、处理导生关系而形成的普遍共识。已有研究或从单一层面，或从系统治理的视角，对导生共同体进行了探索与解答。结合卡尔·海因里希·马克思（Karl Heinrich Marx）、斐迪南·滕尼斯（Ferdinand Tönnies）等学者的共同体理论可以发现，现有研究忽视了导生共同体存在虚假与真实之分这一客观事实。鉴于此，本研究基于

---

[*] 基金项目：2023年度国家社会科学基金国家一般项目"中国教育学研究方法的百年历程与基本经验研究"（项目编号：BAA230051）。

[**] 侯佳，山西大学教育科学学院副教授、硕士生导师，教育学博士，研究方向：教育原理和高等教育管理；杨青茹，山西大学教育科学学院硕士研究生，研究方向：高等教育管理。

"共同体"理论，对导生共同体的内在规定进行全面论述，并运用质性分析法，剖析和谐导生共同体的影响因素，探寻其建构策略，回应研究生教育过程中的热点与难点问题。

一　和谐导生共同体的内在规定

内在规定意指内涵，在逻辑学上指一个概念所反映的事物本质属性的总和。对导生共同体概念的分析首先应澄清其内在规定。导生共同体作为共同体关系的特定形态，其内在规定的分析既应以一般意义上的共同体关系内涵为基本遵循，又应该彰显其特定主体的独特属性。

"共同体"（koinonia）一词在柏拉图、亚里士多德等学者的思想中多被赋予了政治意涵，即社会成员基于共同的血脉、地域或信仰而形成的城邦。①马克思在其著述中赋予"共同体"更为深刻的内涵，认为"共产主义社会的真正共同体"是"自由人的联合"。从人类社会学的范畴出发，滕尼斯将社会群体区分为"共同体"（gemeinschaft）与"社会"（gesellschaft）两类，"共同体"是基于人类自然意志或自然属性的群体，是人类共同生活中最持久和最真实的形式；"社会"是基于人类选择意志的利益群体或国家等。②与滕尼斯观点不谋而合，齐格蒙特·鲍曼（Zygmunt Bauman）指出"真正共同体"基于人类本体自然而然的共同理解，但在"流动的现代性"下，人类社会关系网络被重组，"流动的共同体"出现。此时，社会成员面临自由和确定性存在的矛盾，"真正的共同体"难以形成。国内学者在批判继承滕尼斯"共同体"思想的基础上，结合现代社会特征，认为共同体基于共同目标和利益而形成，其成员具有精神上的共通性。在此背景下，共同体概念在不同的语境下被重构，延伸出学习共同体、责任共同体、命运共同体等。

导生共同体是"共同体"进入高等教育领域后衍生出来的概念，存在虚假与真实之分。虚假导生共同体是指导生双方因研究生教育这一客观存在而形成的看似和谐的共同体，即研究生获得学位，导师顺利完成培养

---

①　蒲若茜：《文化多元化与构建人类命运共同体》，《广东社会科学》2023年第1期。
②　[德]斐迪南·滕尼斯：《共同体与社会——纯粹社会学的基本概念》，林荣远译，商务印书馆1999年版，第52—57页。

任务；真实导生共同体，即和谐导生共同体，是指导生双方以学术共同体为实践形式，以共同价值遵循为精神内核，在平等、尊重等原则基础上进行共同活动的理想状态。和谐导生共同体是新时代研究生教育背景下导生关系的理想状态。随着时代的快速变迁，社会成员间共存的空间属性被打破，过去所追寻的基于自然意志的共同体已是"消失了的天堂"。在现代高校组织中，组织成员呈现出"原子化"状态，和谐导生共同体建构显得尤为迫切。

二　研究设计

本研究依托导生关系访谈资料与被试认知，通过质性研究法，形成受访者对和谐导生共同体的影响因素和建构策略的认识与理解。

（一）研究方法

借助质性分析软件NVivo12 Plus对访谈资料进行编码分析，提取和谐导生共同体建构的信息点并编码，逐级归纳分类。在此基础上通过不断比较、抽象来建构理论，实现个体经验、原始资料和学界理论的深度融合（见图1）。

（二）研究过程

本研究在样本选取、访谈设计等工作中将严格遵循质性研究的操作规范。首先，确立访谈对象和访谈提纲。访谈对象以全日制硕士研究生为主，硕士生导师为辅。结合已有研究成果拟定访谈提纲，包括三个部分：一是受访对象及其导师基本信息；二是导生关系现状；三是受访者对理想导生关系的认知与思考。其中，第二部分问题设计较为灵活，目的在于考察现代研究生教育过程中导生互动的关系类型，挖掘和谐导生关系的影响因素。

其次，依据随机原则和目的性抽样原则选取具体受访对象。将访谈对象锁定为高年级研究生（研究生二年级及以上）、已毕业研究生以及指导经验丰富的硕士生导师，以保证所获信息和情况的完整性与真实性。在此基础上，结合异质性抽样原则，对受访者性别、就读院校水平、学科类型等情况适当予以平衡，进而保证样本的代表性。访谈工作启动于2023年

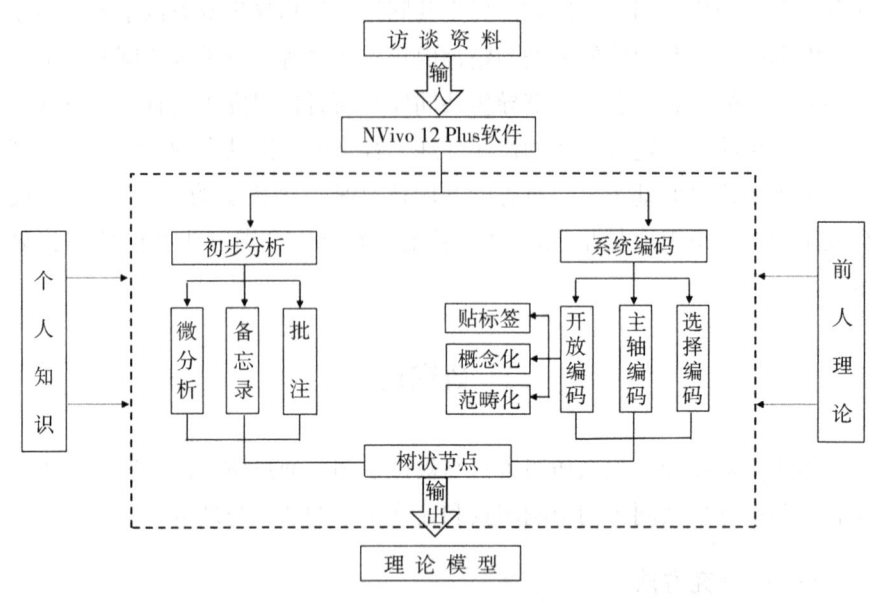

图 1　质性研究方法示意

3月，结束于 2023 年 6 月，共访谈 21 人，其中硕士生导师 8 人、硕士研究生 13 人（见表 1），最终形成约 21 万字的语料库。

表 1　　　　　　　　　　受访者基本信息概览

身份	性别	人数	学科专业	访谈时长
硕士研究生（#）	男	5	职业技术教育、电子信息、教育史、戏剧艺术、机械工程、护理学、物流工程与管理、马克思主义哲学	30—60 分钟
	女	8		
硕士生导师（*）	男	7	科技哲学、中国现当代文学、信息工程、材料学、新闻与传播、机械运载、基础医学	20—40 分钟
	女	1		

再次，开展访谈并收集资料。质性研究以研究者本身为研究工具，研究对象同样涉及人，必须坚持伦理性原则。具体包括对受访者表明研究目的、研究者信息，提前告知受访者录音需求并征得同意，根据受访者意愿隐藏其个人信息等。鉴于此，笔者在资料整理和分析中分别使用编号 *、#代表硕士生导师和硕士研究生，并依据受访顺序从 *1 到 *8、#1 到#13 对其进行编码。

最后，借助 NVivo12 Plus 分析访谈资料。文章基于扎根理论，通过三级编码不断抽象、比较、概括，逐步建构和谐导生共同体的理论框架。

(三) 资料分析

利用 NVivo12 Plus 对文字材料进行编码分析和处理后，提取出 31 个初始范畴、10 个主轴范畴以及 4 个核心范畴。

1. 开放式登录

开放式登录是指在无理论预设的情况下，以一种开放的心态，将所有资料按照其本身呈现的状态进行登录。① 研究人员在尽量保留受访者原始表达的基础上，逐行提取文本资料的意义范畴，挖掘背后的微观事实和模糊意义，进而通过裂解、比较将文本原始语言概念化。② 这一过程即为故事"贴标签"（见表2）。此外，比较、合并相似标签后，概括出 31 个"初始范畴"。

表2　　　　　　　　"贴标签"原始语句示例

编号	原始资料示例	贴标签
1	#1：在学术上非常尊重我们，在生活中也非常尊重我们，就感觉除了学术，我们在人格上也是平等的 #7：我觉得导师和我们之间已经是没有边界了，随时闯入我们的生活 *4：如果导师只考虑自己的利益，完全不站在学生的角度去考虑，这就不太利于导生关系的处理	导师尊重学生、导师侵入学生私生活、导师能否从学生角度考虑

2. 关联式登录

关联式登录是在开放编码表的基础上，对初始范畴再次进行分析，将范式模型与相关范畴联系起来，并发现和建立范畴之间内在联系的过程，其抽象程度更高。文章采用安塞尔姆·施特劳斯（Anselm L. Strauss）的编码典范模型，将研究对象的行为置于真实生活和学习环境中，力求找出影响研究对象想法和行为的因素，最终形成 10 个"主轴范畴"。

3. 核心式登录

核心式登录是指在开放编码和主轴编码所概括的范畴基础上，梳理主

---

① 陈向明：《质的研究方法与社会科学研究》，教育科学出版社 2000 年版，第 332 页。

② Priest H., Roberts P., Woods L., "An Overview of Three Different Approaches to the Interpretation of Qualitative Data", *Nurse Researcher*, No. 1, 2002.

范畴的逻辑、范畴与类属间的关系，挖掘核心类属并形成理论。与其他类属相比，核心类属具有统领性，能够将多数研究结果囊括在一个较为宽泛的理论范畴之内。通过核心式登录，研究人员从主轴范畴中提取出 4 个核心范畴，并依据朱丽叶·科宾（Juliet M. Corbin）和施特劳斯的"条件矩阵"工具理论，将其中 3 个核心范畴划分为"宏观情境机制""中观干预条件""微观影响因素"，三者分别对导生共同体产生由远及近、由浅至深的影响；1 个核心范畴为"关键机制"，其中导师和研究生双方的价值遵循、共同活动、情感联结等主范畴是和谐导生共同体形成与发展的关键，其受个体和环境等多重因素影响。至此，导生共同体理论模型建构完成（见图 2）。

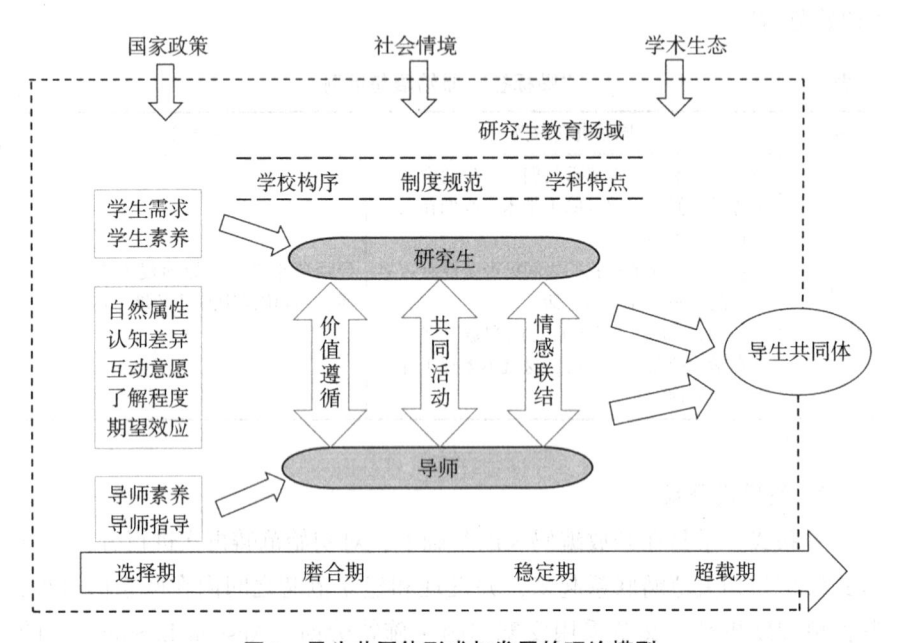

图 2　导生共同体形成与发展的理论模型

三　和谐导生共同体影响因素分析

聚焦和谐导生共同体影响因素这一维度进行编码后，共整理出 536 个参考点，通过"贴标签—概念化—范畴化"过程后，提取出 19 个初始范畴；对初始范畴的层次关系进行类属分析后，形成 7 个主范畴；依据主范畴涉及的范围和性质凝练出3个核心范畴（见表3）。

表3　　　　　　　　　和谐导生共同体影响因素三级编码

核心范畴	主范畴	初始范畴	参考点
B3 宏观情境机制	国家层面	政策颁布	1
		研究生教育扩招	15
	社会层面	社会环境	9
	学术生态	学术环境	36
B4 中观干预条件	学校方面	导生匹配制度	14
		导师指导模式	10
		学习场所和条件	19
		研究生毕业要求	5
	环境氛围	社会比较	44
		学科特点	11
B5 微观影响因素	导师个体	导师素养	115
		导师指导	51
		双方自然属性	23
		双方认知差异	21
	研究生个体	彼此了解程度	33
		双方互动意愿	41
		期望效应	14
		学生需求	17
		学生素养	57

（一）宏观情境机制：国家政策、社会情境与学术生态

研究生教育政策的颁布实施、社会发展状态和学术环境共同构成的宏观情境机制，是和谐导生共同体建构中最外围、程度较浅的影响因素。在国家政策层面，研究生教育扩招政策是"应时"，也为"谋远"，有利于为国家发展释放更大的人才红利，但也使和谐导生关系建构的形势更为复杂：研究生数量增加直接带来导生比协调问题、导师培养精力投入问题等；同时，一系列有关"研究生教育改革""研究生导师立德树人"政策文件的颁布同样对和谐导生关系产生影响，如提高了准研究

生对导师的期望值、促进了导生双方对自身责任与义务的理解、提供了导生关系厘定时的判别依据等，使得导生冲突更加激烈。在社会情境方面，大学外部环境潜移默化地影响导生关系的发展路径。① 市场经济的冲击带来大学师生价值取向的变化。在功利主义价值取向下，社会成员的交往活动充斥着冲突、合作、竞争、利益等要素，共同体精神逐渐缺失，个人主义"盛行"。研究生教育是学术研究和科学创新的殿堂，但导生不可避免地受整体社会环境的影响，成为"精致的利己主义者"。即使导生双方形成共同体，也会缺乏人文精神，即虚假导生共同体。在学术生态层面，大学内部学术生态失衡现象影响着和谐导生共同体的构建。对于研究生导师而言，有限的学术资源、量化的评价机制为导师带来沉重的科研压力，形成"重科研、轻教学"的行为偏好，教师往往花费更少的时间和学生进行沟通；对于研究生而言，完成学业要求和科研任务已需要耗费其全部的认知资源和注意资源，无心经营导生关系，使得双方关系淡薄，和谐导生关系难以形成。

（二）中观干预条件：学校构序、制度规范与学科特点

高校组织结构的稳定性取决于其构序方式，即已经形成的固定的行为准则或机制，进而规范组织成员的关系，调适组织成员的行为。我国传统学校的"师徒制"体现出伦理本位的学校构序方式，导生关系表现为次属关系首属化。此时，导师与研究生之间自然而然形成了以道德规范为核心的行为准则和价值标准，构成了交往的既定秩序。② 伴随着市场经济而来的多元文化对高校既定秩序产生强大冲击，这虽为导生关系的调整提供了发展契机，但也使得导生关系局部混乱。在"变"与"不变"的冲突中，高校内部相关制度规范建设的重要性凸显。访谈显示，导生匹配制度和研究生学位授予制度对和谐导生关系影响较大。目前，多数高校在导生匹配问题上选择双向选择制度，即导生双方在了解对方的基础上基于主体意愿相互选择，匹配成功则结为导生关系。双选

---

① 郭瑞、王梅、马韶君：《专业硕士导生关系的归因分析——基于NVivo11的质性研究》，《高教探索》2018年第9期。

② 马焕灵：《导生关系转型：传统、裂变与重塑》，《国家教育行政学院学报》2019年第9期。

制既给予双方一定的选择权，也能调动导生的积极性，进而推动学术研究的开展。然而，在研究生教育扩招背景下，双向选择制度实施效果并不理想。导师受访者之一表示，"双选制仅限于学院通知层面，如何执行、是否执行我们并不清楚。""高层领导所分配的研究生都十分优秀，但我的学生基本是跨考的，学科跨度十分大。"（*3）可见，学校制度执行力度不够，导生关系在形成之初尚存隐患。关于学位授予制度对导生关系的影响，通过整理访谈文本并对比受访者信息笔者发现，若学校对研究生毕业要求较高，导生关系会更加融洽。学生表示："毕业论文影响自己的学习态度、学习主动性及与导师交流的频次与深度等。""学校对学生发文的重视会影响导师对学生的关注，提高导师对学生的要求。"（#13）此外，研究还发现自然科学和人文社会科学领域中导生关系存在明显区别。一方面，理工科研究生多称呼导师为"老板"，或自嘲为"打工人"，导师则认为自己付出了大量资金、时间和精力，学生应以劳动作为回报，双方形成典型的雇员式导生关系；人文社科类研究生则更亲切地称呼导师为"老师"。另一方面，理工科研究生大多时间沉浸在办公室或实验室，与导师沟通机会较多，导师非权力性影响力对学生作用较大；人文社科类研究生学习方式偏向自主学习，与导师多处于分离状态，和谐导生共同体建构更加困难。

（三）微观影响因素：导生属性、互动方式与期望水平

导生关系是以导师为主导，研究生为主体，二者双向互动形成的关系系统，其走向如何最终取决于导生本身。其一，人的自然属性与社会属性在教育过程中会不可避免地呈现并被他者感知，导生会根据经验检视其所感知的内容，进而改变认知调整行动。可见，导生属性对导生关系产生的影响是深刻直接的。作为研究生培养过程中的直接责任人，导师必须满足三大素质要求：业务水平较高、师德师风高尚、政治素质过硬。"我们老师读过的书非常多，涉猎的内容十分广……上课或组织时，他总会引申很多知识，推荐很多优秀书籍。"（#1）"最有用的指导是老师能够以身作则，我是自愿向老师学习的。"（#13）可以看出，导师良好的专业素养和道德品行对学生的非权力性影响，超过了其身份和地位所赋予的权力性影响。研究生是负责钻研探究的求学之"生"，研究对象是学术问题，显性目的是获取学位，隐性目的在于自我实现。若导生双方未形成正确的价值

取向或行为方式，可能产生冲突。其二，师生互动方式影响导生关系。不可否认的是，导生权力势差普遍存在于研究生教育中。① 导师往往作为权力势差中的优势方享有话语主权；研究生作为权力势差中的劣势方总是抵触回避。权力势差导致师生之间缺少实质性情感交流，即使近些年来高校越来越重视教育过程中情感能量的重要性，但导生之间也仅仅形成了纯粹知识化的情感交流模式，这并不利于导生的深入沟通和理解。② 其三，角色期望在导生关系建构中具有导向功能。研究表明，导师和研究生对彼此的期望与现实之间形成较大落差时，会影响导生关系的和谐。一方面，导师对研究生的高期望水平与研究生自身能力及表现形成落差。"我为学生安排任务时会期待学生付出100%的精力，但往往学生只有80%的意愿去做。"（*6）导师预期未实现会影响其对学生的态度和评价，进而影响导生关系；另一方面，研究生对导师的全方位期望与导师实际能力出现落差。研究生期望导师是传道授业者、生活支持者、问题解决者等，但实际教育过程中教师在多重角色中转身，往往力不从心。正如受访者这样表示："起初，我觉得导师和蔼可亲，专业理论扎实，还幻想三年后可以在这个领域发光发热。但实际相处之后发现，导师并非我所预想的，而是喜怒无常的、有私心的。"（#7）

四 和谐导生共同体的建构策略

对和谐导生共同体建构策略的研究资料进行分析后得到482个参考点，通过开放式登录提取出11个初始范畴，对初始范畴进行类属分析形成3个主范畴（见表4），并通过核心式登录将其概括为关键机制范畴。可知，导生关系的走向取决于双方的价值遵循、共同活动和情感联结。本研究将围绕这一结论提出和谐导生共同体建构策略。

---

① 刘志：《研究生导师和学生关系问题何在——基于深度访谈的分析》，《教育研究》2020年第9期。
② 何晨玥、邹亚新：《交往行为理论视域下导生关系机理、困境与改善》，《黑龙江高教研究》2023年第4期。

表 4　　　　　　　和谐导生共同体建构策略核心编码

核心范畴	主范畴	初始范畴	参考点
关键机制	价值遵循	学术共同体	46
		价值共同体	23
	共同活动	沟通了解	51
		学术交往	89
		非学术交往	59
		交往方式	18
		利益分配	22
	情感联结	情感体验	102
		身份认同	12
		师门氛围	42
		情感维系	5

（一）形成学术与育人相结合的价值遵循，促成共进共识

研究生教育承担着人才升级和创新升级的双重使命，位于推动学术研究与人才培养的金字塔端。导生关系贯穿于研究生教育全过程，必须形成学术与育人相结合的价值遵循，建构导生学术共同体与价值共同体。

1. 建构导生学术共同体的实践基座

导生学术共同体建构需要国家、学校、导生个体的互联互动、共进共识。其一，国家、政府需细化落实相关法律准则和制度规范，明晰导生双方权责关系。社会转型发展背景下，导生关系已发展成为基于法律的权利与义务关系，即法律关系。厘清导生法律关系是和谐导生共同体建构的底线，既有利于导生双方形成权责共担的基本认知，也有利于导生双方在实际教学过程中权责受损时有法可依。目前，相关法律文本就导师的政治素质、师风师德和业务素养、学生的学术创新等都作了规范，但内容过于宏观，边界相对模糊，没有进行量化或程度的细致说明。受导生主观感受的差异，已有规范标准对导生缺乏本质上的约束力。这就要求政策制定者与理论研究者在细化导生关系维度的基础上，制定相应法律文本，出台相关文件并将其落实落细。其二，学校需为导生学术发展和创新做好支持工作，如通过制度建设、环境培育等为研究生学术热情的培养和研究素养的提升

创造氛围。在制度建设层面，学校需以导生匹配制度、研究生毕业制度等为抓手，改善导生关系。导生匹配制度执行过程中，学校负责人应明晰双选会召开目的，规范双选会开展流程，切实尊重导师和研究生的意愿和权利，做到公开透明；研究生毕业制度设计中，学校应依据具体办学实际，结合外部评价标准和内部浸润式支持手段，实现研究生学业水平和能力素养的全面发展。在环境培育层面，导生共存于学校文化之中，其交往生态深受文化氛围影响，学校应积极搭建学术交流平台，营造信任、合作的文化氛围等。[①] 其三，导生双方要以学术研究为根本，提升自身学术素养。研究生教育因其培养目标的高端性、培养过程的探究性等而区别于其他层次教育，学术研究应贯穿于研究生教育全过程。导师作为研究生培养的第一责任人，肩负着知识生产创新和创新人才培养的重要使命；研究生作为国家人才竞争和科技竞争的关键力量，肩负着实现教育高质量发展的时代使命。鉴于此，导师应注重提高自身专业素养，落实教书育人的基本要求、注重培养研究生创新意识与创新能力；研究生要树立正确的角色观念，明晰开展学术研究的基本责任，形成研究意识，改变学习方式，变被动接受为主动创新。导生在对学术的追求中实现互生互长，形成导生学术共同体。

2. 形成导生价值共同体的精神内核

马克思指出，真正的共同体是个人在联合之中并通过联合获得真正的自由和平等，其实质在于解决社会的不平等问题和人的异化状态。不可否认的是，导生共同体就是价值共同体，这是缘于研究生导师与学生不仅拥有过硬的专业能力和探索知识的热情，还拥有正确的价值观、高尚的道德情操和社会责任感，其目的在于实现个体的全面发展。鉴于此，导生价值共同体的建构应致力于解决导生间权力势差与教育理念偏差的问题。其一，形塑导生的主体间性，完善"导师负责制"。主体间性是指导生个体"我"以主动的姿态对他者之"我"形成同情，完成"我"与"他"的融合，使研究生教育不再流于形式，而是行之有效。主体间性意味着导生双方处于平等地位且享有相同的机会，有利于缓解权力势差所带来的导生冲突。[②] 这

---

① 蒋文宁、朱晓琦、陈振中：《走向善治：导生冲突的问题检视与纾解路径》，《学位与研究生教育》2022年第10期。

② 郝文武：《以马克思对象主体论为指导建构师生主体间性》，《教育研究》2020年第7期。

就要求导师转变绝对权威的定位，转变"一言堂"的思想；研究生注重主观能动性的发展。此外，"导师负责制"有利于导师知责于心、履责于行，也利于研究生深耕细作、问道学术，但也存在导师权力过于集中而产生权力势差的问题。导生权力势差天然存在也应该存在，但若导师权力过大，和谐导生关系难以建构。因此，要健全导师的遴选、聘用、考核、退出机制，提高教师的自身素养；要增强导师立德树人的意识，以良好的德性和积极的价值追求影响学生；要健全多元利益表达机制，为导生关系中的弱势群体提供相关平台，满足导生利益诉求。其二，提升个体发展的自我主导力，实现导生人际自主。研究生教育过程中，导生的自我主导力具体表现为独立科研、自主决定、学习创新等，对导生的职业成熟度和学习能力影响十分显著。这就要求改变传统的以论文成果为标准的评价体系，形成关注导生科研成就、创新能力、自我发展水平等的现代评价体系。人际自主对人的发展和自我主导力的展示十分重要，导生人际自主水平的提高有助于推动导生从"依附"走向"自主"。有鉴于此，学校需为导生自主研究提供平台，导师需主动调整教学风格，研究生需增强开展学术研究的主动性和独立性。

（二）保证导生共同活动的开展，推动协同共生

导生共同活动的开展是双方交往互动的现实基础，其形式在于学术活动与非学术活动的相互支持，关键在于导生的积极沟通与对话。

1. 实现学术活动与非学术活动的相互支持

导生交往要有"深度"，也要有"广度"。"深度"是指导生以学术交往为切入点，以人类社会利益实现为根本旨归。学校可以通过打造导生学术交流平台，如导生共同参与的学术竞赛、导生科研成果奖学金机制等，让导生双方在学习交流和科研活动中积极合作，形成学术伦理的共同信念，明确科研活动的价值旨归。学术研究是"利他"属性的社会活动，研究结果致力于为人类社会发展服务。导生需将远大的科研理想、求真的科研精神和正确的科研方法等作为自我发展的内生力量，才能提高自身的思想境界和人生追求，实现导生关系"质的飞跃"。"广度"是指导生交往内容的丰富性。研究表明，在自然科学研究领域和谐导生关系更易形成，其缘由在于导生除学术交往之外，日常生活中的交往更加丰富。"逢年过节都会有活动，比如中秋节一起赏月、吃饭、表演节目之类的，

平时会组织同门一起逛公园，或者赏樱花。"访谈者这样说道。此外，民国时期导生交往形态总被老生常谈，如"竺可桢校长会通过召集谈话、郊游远足等活动使师生关系更加密切""唐悦良先生会带着我们从清华园漫步至三贝子花园"，等等。可以看出，研究生期待与导生的进一步相处，但碍于导师威严、求学节奏等因素影响，现代学校中导生非学术活动少之又少。因此，学院可以举办导生友谊赛、同乐会等相应活动，研究生导师可以在导生交流中采取更积极主动的姿态，形成导生交往共识，推动和谐导生共同体形成。

2. 保障导生沟通对话的积极性与有效性

导生积极主动的沟通对话有利于促进双方的交互感知，减少误会与冲突，拉近双方的心理距离，进而推动和谐导生共同体的建构。在访谈过程中，多数研究生，尤其是人文社科类领域研究生多抱怨道："一方面，我们不敢与导师面对面沟通，我们与导师的年龄、学术能力、生活阅历等都存在一定差距，一些问题会显得我们很无知；另一方面，我们不愿与导师主动交流，总觉得会耽误老师的时间和精力，我们会感到有压力。"此种情况下，导生主动沟通对话就显得尤为迫切。对于导师而言，应主动关心学生，定期与学生会面交谈。研究生面临着多重压力，如学业与科研压力、经济与人际压力以及就业压力等，导师需对研究生给予引导或帮助，鼓励学生表达内心的真实感受，帮助学生正确应对压力与困境。尤其要注重面对面的沟通模式，通过观察学生语言表达、行为方式等获悉学生近期的学习生活状态，进而做到因材施教。对于研究生而言，要充分理解导师所面临的角色压力和职业压力，主动向导师请教，主动寻求学习锻炼的机会，主动表达看法。对于学校而言，可以创造交流平台来保证导生双方的对话交流，如组织学术研讨会或文娱活动；或为其提供专门进行学术指导的研讨室等；或完善和落实导生互动的监督机制，提高导生互动的积极性。

（三）关注导生的情感联结，达成共创共赢

古希腊城邦共同体虽基于地域分属而形成，但也需要精神发酵剂以促进社会成员之间的相互认同。中国传统文化中，成员交往主要依赖于人的心理机制中的"情感"。全球化、数字化时代背景下，流动性已成为现代社会的典型特征，共同体的建立不再限于以血缘、地缘为基础，而是更注

重道德与情感的紧密联结，使组织成员获得归属感的同时实现真正自由。导生共同体内部在逐渐走向规范化、法治化的同时，也应更加重视成员间的情感联结。

1. 真实坦诚，搭建导生信任桥梁

信任是稳定社会关系的基本要素，也是保持教育秩序的重要机制。和谐导生共同体的建构需要导生双方真实坦诚，搭建起信任桥梁。其一，导生双方要处理好利益分配。导生共同体是多元利益交织的综合体，导生双方在履行自己权利与责任的同时，也要处理好利益关系。若利益分配不科学合理，导生之间的信任难以形成。面对合作奉献的知识产出，导生双方要根据各自贡献的精力、成本、工作量等进行利益共享。其二，导生双方应保持信息公开透明。有受访者表示："我们师门比较大，总感觉导生之间、同门之间大家都相互隐瞒，每个人在导师那里所获取的信息都是有限的，我们也会心生不平。"也有受访者表示："我也能理解导师的科研压力，只知道老师很忙，但不知道他在忙什么，反正经常是我承担他的任务和琐事。"信息的不透明使研究生之间充满猜忌，对导师的不信任情感也越发强烈，信任行为难以产生。因此，导生双方要彼此坦诚，表达自己的真实诉求。其三，正如学校信任源于稳定的学校秩序一样，导生信任源于稳定的导生交往秩序，此种秩序包括一系列与导生交往相关的制度、规则与安排。这就需要，国家政府细化研究生教育相关法律政策文本，对导生关系问题予以规范，学校层面贯彻落实相关政策文本，并就学校导生关系展开全面调查，切实了解导生关系的冲突与困境，因地制宜提出解决措施；导生之间要形成不言自明的规则，在稳定的环境中导生的信任行为更易产生，导生关系更加稳定。

2. 彼此友爱，激发导生情感共鸣

亚里士多德指出，"友爱（philia）是联系城邦的纽带，是生活最必需的东西之一"①。我国古代思想家也高度重视友爱思想，孔子以"仁"为最高道德倡导友爱；墨子以"兼爱"为道德旗帜阐述友爱，孟子以"人性善"为道德原理张扬友爱。导生彼此友爱有助于激发双方的情感共鸣，建构起和谐导生共同体。其一，友爱的导生关系的确立有赖于双方的

---

① ［古希腊］亚里士多德：《尼各马可伦理学》，廖申白译注，商务印书馆2003年版，第228—229页。

共同活动，并要求尽力协助对方获取普遍认可的善的事物。在研究生教育过程中，导师应关注学生的志趣、性格与能力，引导学生个性化发展；学生应主动配合导师，帮助导师回归传道、授业、解惑的教育初心，坚守学术本真的理想初心。同样，友爱的导生关系反哺导生的学术研究和成果创新，促进和谐导生共同体目标的实现。其二，友爱的导生关系有助于双方产生认同感和归属感。认同感是自我身份的追问和回答；归属感是个体对群体的认同、满意和依恋程度的情感体验。这就要求导生双方在交往过程中扮演好"自我"角色和"群体"角色。一方面，扮演好"自我"角色，需要导生双方形成自我主导力，即独立学习、主动创新，为自己做决定的能力；另一方面，扮演好"群体"角色需要导生双方在实现自我价值的基础上，致力于共同体目标的实现。唯有如此，导生双方才能形成以知识和情感为纽带的人际关系，才能建立起相互支持的情感能量，进而激发出导生情感共鸣，建构起和谐导生共同体。

教学研究

中国式现代化视域下师范院校法治教育人才培养的体系建构与路径探析[*]

程 林 汪红飞[**]

摘 要：在法治轨道上推进中国式现代化，基本前提是全体公民均具有较高法治素养，而持续提升公民法治素养的有效路径是切实开展全民终身法治教育。但目前发挥最重要作用的国民教育体系中的法治教育，正面临着师资供需严重失衡的现实困境。对此，可以尝试借助师范院校的资源优势，分层次、分步骤地建构专门的法治教育专业高等学历教育体系，并且在此过程中，还可以依托现有的教育硕士专业学位研究生培养体系，从人才培养目标设置、课程体系建立、育人队伍建设、实训平台搭建等层面入手，率先开展中小学法治教育专任教师人才培养的路径探索。

关键词：中国式现代化；公民法治素养；师范院校；法治教育师资

一 法治教育之于中国式现代化的基石作用

（一）中国式现代化的法治道路选择

在庆祝中国共产党成立100周年大会上的讲话和中国共产党第二十次全国代表大会上的报告中，习近平总书记先后提出了"中国式现代化新道路"的重要论断，阐释了中国式现代化的基本内涵、显著特征和本质要求，鲜明指出当前中国共产党的中心任务就是团结带领全国各族人民全面建成社会主义现代化强国、实现第二个百年奋斗目标，以中国式现代化

---

[*] 基金项目：国家社科基金项目"公民法治素养理论建构及其提升路径研究"（项目编号：22VRC110）。

[**] 程林，杭州师范大学沈钧儒法学院副教授，法学博士，研究方向：青少年法治教育、民事诉讼法；汪红飞，杭州师范大学沈钧儒法学院院长、教授，主要研究方向：刑法。

全面推进中华民族伟大复兴。这表明了中国共产党对于如何实现中国式现代化、实现什么样的中国式现代化的基本立场。①

在实现中国式现代化、全面建成社会主义现代化强国的战略步骤和战略布局方面，党的二十大也作出了总体安排，即第一步，到二〇三五年先基本实现社会主义现代化，第二步，到本世纪中叶再把我国建成富强民主文明和谐美丽的社会主义现代化强国。其中特别强调，在此过程中要坚持全面依法治国，更好发挥法治固根本、稳预期、利长远的保障作用，到二〇三五年基本实现国家治理体系和治理能力现代化，基本建成法治国家、法治政府、法治社会。这充分表明，我们党已经深刻认识到，法治化是现代化的关键标识②，法治建设是社会主义现代化国家建设的应有之义，中国式现代化必须在法治轨道上不断推进。

（二）中国式现代化的公民法治素养要求及落实现状

在法治轨道上完成中国式现代化命题，实现法治国家、法治政府、法治社会一体建设目标，基本前提是全体公民均能积极、有效地参与法治实践。因为公民是国家和社会的基本构成单位，是政府管理和服务的重要对象，是宪法和法律规定的权利和义务的主要享有者和承担者。全面依法治国中的科学立法离不开公民的民主参与、积极建言，严格执法需要公民的真诚理解、主动配合，公正司法必须获得公民的普遍认可、有效监督，全民守法更是要求每位公民忠实崇尚、自觉遵守、坚定捍卫宪法法律和社会主义法治。③ 只有全体公民都在法治实践中发挥了应有作用，法治中国建设的根基才能牢固，而这又要求全体公民均具有较高的法治实践参与能力，即具备一定的法治素养。

所谓公民法治素养，通常被认为是一个内涵丰富、立体多维的概念④，是一种综合素质和能力⑤，包含法治认知、法治思维、法治意识、法治信

---

① 姚建龙：《中国式现代化进程中的法治：功能与定位》，《政治与法律》2023 年第 1 期。
② 陈金钊：《中国式现代化缘何需要法理诠释》，《法律科学（西北政法大学学报）》2023 年第 4 期。
③ 任海涛等：《法治教育学导论》，上海人民出版社 2024 年版，第 50—51 页。
④ 米新丽、夏迪旸：《切实提升新时代公民法治素养》，《中国教育报》2019 年 6 月 6 日第 5 版。
⑤ 宋晓明、田童：《公民法治素养培育：时代价值、内涵意蕴、实践理路》，《中共银川市委党校学报》2023 年第 3 期。

仰等多重维度①。虽然目前学术界尚未对公民法治素养的内涵与外延进行系统、深入的研究，也未形成对其的权威阐释，但可以肯定的是，公民法治素养并非简单指向公民对法律规范、法律常识的知晓与掌握，而是至少还囊括公民对既有法律规范所蕴含法治价值的理解与认同，以及据此构筑起的对违法的羞耻与厌恶、对尊法的推崇与向往等法治心理、法治情感，甚至还应延展至公民自觉运用法律手段解决社会生活问题的法治思维、法治行为（倾向）等。简言之，公民法治素养既是公民对法律规范、法律文化、法律价值的知晓、认同与遵循，又是对立法、执法、司法、守法、普法的实践与参与，是集知识、技能、情感乃至价值观、行动力于一体的复杂素质体系。在人口规模巨大、人口发展区域差异明显的当代中国，培育并持续提升公民法治素养，使其满足中国式法治现代化的现实要求，绝非易事。

为解决这一难题，近年来国家已经开始从政策层面有意识地布局全民法治教育的实施。无论是2014年党的十八届四中全会通过的《中共中央关于全面推进依法治国若干重大问题的决定》正式提出"把法治教育纳入国民教育体系"②，还是2016年教育部、司法部、全国普法办联合发布的《青少年法治教育大纲》进一步明确了义务教育阶段到高等教育阶段青少年法治教育的目标与内容③，都凸显了中央层面力图通过制度性、体系性、科学性的法治教化、熏陶和实践安排，不断提升全社会厉行法治主动性的决心。而2021年出台的《中央宣传部、司法部关于开展法治宣传教育的第八个五年规划（2021—2025年）》，更是直接确立了通过全民法治教育显著提升公民法治素养的主要目标，并具体指出要"实行公民终身法治教育制度，把法治教育纳入干部教育体系、国民教育体系、社会教育体系"，使"公民对法律法规的知晓度、法治精神的认同度、法治

---

① 李昌祖、赵玉林：《公民法治素养概念、评估指标体系及特点分析》，《浙江工业大学学报》（社会科学版）2015年第3期。

② 《中共中央关于全面推进依法治国若干重大问题的决定》，http：//www.gov.cn/zhengce/2014-10/28/content_2771946.htm，2024年2月25日访问。

③ 《教育部 司法部 全国普法办印发〈青少年法治教育大纲〉》，https：//www.gov.cn/xinwen/2016-07/18/content_5092493.htm？eqid=f3096adb0000302e00000006645c62ab，2024年2月25日访问。

实践的参与度显著提高，全社会尊法学法守法用法的自觉性和主动性显著增强"①。可见，以制度体系支撑观念性、行动性法治教育向纵深发展，并借此持续提升全体公民的法治素养，已经成为全面依法治国、在法治轨道上推进中国式现代化的基础性工程。

二　法治教育纳入国民教育体系的师资困境

（一）国民教育体系中法治教育的开课情况及师资困境

在国家正着力打造的全民法治教育整体框架中，被纳入国民教育体系的大中小学生法治教育，因面向的群体将在社会主义现代化强国建设中发挥不可替代的重要作用，而受到了有关部门和社会各界的广泛关注，同时也因获得了《青少年法治教育大纲》等政策的大力支持，而率先取得了一定的实际效果。其中，较为显著的成效是法治教育相关课程已经逐渐以思想政治课的形式在大中小学校普遍开设，法治教育相关内容也同步融入了与课程对应的统编教材中。

具体而言，在义务教育阶段，目前小学和初中均已开设了"道德与法治"课程，在六年级秋季学期和八年级春季学期集中向小学高段学生与初中生阐释宪法的地位、公民的基本权利和义务、我国的基本制度和国家机构、法治精神的内涵等法治知识与理念。在高中阶段，普通高中已经设置了思想政治必修 2 "经济与社会"、必修 3 "政治与法治"、选择性必修 2 "法律与生活"等三门法治相关课程，着重向全体高中生传授我国的基本经济制度与经济体制、我国的根本政治制度、全面依法治国的基本要求等法学理论知识，以及向选修了相关课程的高中生进一步传授立约、追责、婚姻家庭、就业创业、纠纷解决等较为实用的法律技能；而中等职业学校也正陆续开设统一的"职业道德与法治"课程，旨在帮助相关学生增强法治意识，养成遵纪守法习惯，提升依法参与社会生活、维护自身合法权益等能力。至高等教育阶段，高等学校已经针对全体大学生开设了

---

①《中共中央 国务院转发〈中央宣传部、司法部关于开展法治宣传教育的第八个五年规划（2021—2025 年）〉》，https：//www.gov.cn/zhengce/2021-06/15/content_5618254.htm，2024 年 2 月 28 日访问。

思想政治理论课必修课程"思想道德与法治",通过"学习法治思想 提升法治素养"等专门模块的教学,促使大学生掌握社会主义法律的本质特征和运行规律、坚定走中国特色社会主义法治道路的信念、主动维护宪法权威、自觉尊法学法守法用法(见图1)。

学段		相关课程	主要内容
义务教育阶段		道德与法治	我国宪法有关宪法地位、公民基本权利义务、国家机构的规定等
高中阶段	普高	思想政治 经济与社会	我国基本经济制度与经济体制等
		政治与法治	我国根本政治制度、全面依法治国基本要求等
		法律与生活	合同订立、违约侵权责任承担与婚姻家庭、就业创业、纠纷解决的法律规定等
	中职	职业道德与法治	建设法治中国、遵守法律规范的要求等
高等教育阶段		思想道德与法治	社会主义法律的特征和运行、坚持全面依法治国与维护宪法权威的要求等

图1 国民教育体系法治教育相关课程设置情况示意

如果这些课程均能真正发挥预期作用,教学内容也都被学生准确理解、扎实掌握并有效转化为参与法治实践的动力和能力,那么全民法治教育无疑将取得重大突破。然而,从现实情况来看,目前国民教育体系中的法治教育在实践层面还存在诸多问题。其中由于任课教师自身法治素养不高、实践经验欠缺、教学手段单一,导致课程教学陷入碎片化知识的呈现,说教式理念的灌输,纸面上技能的传授,学生学习积极性、课堂参与度、目标达成度都不尽如人意等问题,显得尤为普遍和突出。

(二) 法治教育师资困境的成因分析

法治教育教师专业素养和教学能力整体偏低,影响因素固然是多方面的,但根本原因还在于我国尚未形成健全的法治教育师资培养机制,主要体现在:一是法治教育专业高等学历教育体系发展严重滞后,最新发布的《普通高等学校本科专业目录》[①]《研究生教育学科

---

① 《教育部关于公布2022年度普通高等学校本科专业备案和审批结果的通知》,https://www.moe.gov.cn/srcsite/A08/moe_1034/s4930/202304/t20230419_1056224.html,2024年3月2日访问。

专业目录（2022 年）》①均未设置专门的法治教育专业，致使高等学校无法持续输出具备较高法学和教育学专业素养、能够胜任大中小学校法治教育任务的高素质人才；二是针对性强且能充分发挥实效的法治教育教师在职培训体系、有助于个体和群体协同发展的法治教育教师成长平台都没能搭建起来，使得非专业出身但已经在大中小学校供职的法治教育教师无法通过体系性的在职培训弥补"先天不足"，也难以通过同行互助或者借助集体力量有效解决教学过程中遇到的专业难题。②

  对此，近年来一些研究机构的调研成果也予以了有力印证。例如，中国政法大学青少年法治教育中心在 2018 年 4 月发布的《我国青少年法治教育发展报告（2018）》中就曾指出，我国中小学法治教育师资配置和教学能力还明显不足，专职法治教师只供职于少数学校，法学专业背景的专职教师占比仅为 14.39%，在岗专职法治教师培训情况也不理想③，严重影响了青少年法治教育向纵深发展。杭州师范大学青少年法治教育中心于 2021 年 12 月对北京、上海两个直辖市与浙江、黑龙江、海南、安徽等省的 1835 位中小学法治教师进行的调研也显示，受访教师在学历教育阶段所学专业仍以思想政治教育为主，另有汉语言文学、教育学、心理学、历史学等其他专业，法学专业占比很小，其中第一学历专业为法学的仅有 40 名，最高学历专业为法学的也仅有 54 名；有 65.18% 和 52.97% 的受访教师认为目前的在职培训内容与实际教学需求匹配度低、培训安排与教学时间的"工学矛盾"难以协调；另有半数以上的受访教师认为所在学校对法治教育的学科发展还不够重视，没有形成相对固定的、专门的教研团队④，而这些都致使法治教师未能掌握系统的法学知识、养成良好的法治思维习惯，因而也无法高质量地完成法治教育课程教学任务。

  质言之，由法治教育人才培养机制不成熟带来的法治教育专业师资供

---

① 《国务院学位委员会 教育部关于印发〈研究生教育学科专业目录（2022 年）〉〈研究生教育学科专业目录管理办法〉的通知》，https://www.moe.gov.cn/srcsite/A22/moe_833/202209/t20220914_660828.html，2024 年 3 月 2 日访问。

② 杜静、常海洋：《教师专业学习共同体之价值回归》，《教育研究》2020 年第 5 期。

③ 《我国青少年法治教育发展报告（2018）》发布，fzzfyjy.cupl.edu.cn/info/1437/14755.htm，2024 年 3 月 4 日访问。

④ 张应敏、程林：《中小学法治师资发展现状调查及培育策略》，《浙江师范大学学报》（社会科学版）2022 年第 2 期。

需失衡和整体力量薄弱,已经成为制约国民教育体系中法治教育效果进一步显现的瓶颈。而如何突破这一困境,促使实践层面和微观层面的法治教育问题尽快获得根本解决,也成为持续提升公民法治素养、实现中国式现代化进程中无法回避的话题。

三　师范院校法治教育人才培养的体系建构

(一) 师范院校法治教育人才体系化培养的天然优势

教师是教育高质量发展的第一资源①,师范院校是开展师范教育、培养专业师资的主要阵地。针对当前国民教育体系中法治教育专业师资严重不足的困境,可以尝试借助师范院校的资源优势,分层次、分步骤地建构起专门的法治教育专业高等学历教育体系。此处所称师范院校主要是指,已经具有一定师范教育历史、目前还在开展师范教育并且仍以"师范"命名的普通高等学校。根据教育部最新公布的《全国普通高等学校名单》②,截至2023年6月15日,在全国2820所普通高等学校中,师范院校共有241所。其中,6所为教育部直属本科师范院校,分别分布在北京、上海、重庆三个直辖市与湖北、陕西、吉林三个省③;115所为省属本科师范院校,较为均匀地分布在我国境内除西藏自治区以外的其余30个省(自治区、直辖市)。两者共占师范院校总数的一半,其余均为省属专科、民办师范院校等。

总体来看,教育部直属本科师范院校和省属本科师范院校均具有师范生培养的优良传统和丰富经验,能够直接为法治教育师资培养提供教育学基础理论课程、教学实践场地等基础性资源。同时,其中的大多数学校已在近些年的改革中实现了向综合型高等学校的转变,形成了较为齐全的学

---

① 任友群:《学习贯彻党的二十大精神 打造新时代高质量教师队伍》,《汽车维护与修理》2022年第24期。

② 《全国高等学校名单》,http://www.moe.gov.cn/jyb_xxgk/s5743/s5744/A03/202306/t20230619_1064976.html,2024年3月5日访问。

③ 其中,位于重庆市的西南大学是于2005年由原西南师范大学、西南农业大学合并组建的。虽然目前该校已不再以"师范"直接命名,但因其仍属于教育部直属且保留了悠久的师范教育传统、具有雄厚的师范教育力量,故也将其视为教育部直属本科师范院校。

科门类，设立了与法学相关的独立教学科研机构，具备整合法学和教育学资源、开展法治教育师资培养的基本条件。故此，以这两类师范院校为主，合力建构科学的法治教育人才培养体系，具有很强的现实可行性。

（二）师范院校法治教育人才体系化培养的二元模式

具体而言，教育部直属师范院校可以利用自身的政策优势和科研优势，并结合各自的区位特点，尽快开展体制机制层面具有示范意义的探索创新，产出有助于宏观、共性问题解决的代表性成果。在本科教育阶段，可以尝试设置法学和教育学双学士学位，由法学院或教育学院明确制订招生计划、培养方案，并联合设计课程体系、组织师资团队授课，有目的地培养具有法治教师就业意向的本科生。在硕士、博士研究生教育阶段，可以争取统一增设法学二级学科——法治教育学，配备专门师资，带领学生重点开展法治教育的内涵、性质、功能、目标、理论基础、价值取向、实现路径等理论与应用研究，初步形成有关法治教育的学术研究气候，着重培养法治教育理论人才。同时，这6所学校还应积极牵头组织所在区域的师范院校开展经常性的学术研讨交流活动，协作提升区域内的法治教育研究高度。

对于省属本科师范院校来说，则可以将探索重心聚焦省域范围内法治教育应用型人才的培养上。具体路径有二：一是分别在本科和硕士研究生教育阶段培养愿意担任中小学法治教育教师的法学、教育学专业本科生与教育硕士。前者主要通过在法学院或教育学院设置法治教育本科生选修课程模块及学位论文、毕业论文选题目录的方式，引导两个专业的本科生自行弥补教学技能或法治素养方面的短板；后者则直接借助学科教学和小学教育两个专业领域教育硕士的现有培养平台，有意识地培养法治教育专门师资。二是实施高层次复合型硕士层次法治教育教师专项培养计划，按照"法学+课程与教学论/教育技术学"等专业搭配进行本硕衔接师范生培养，学生经面试合格在高考后按普通类提前录取，择优培养复合型卓越法治教育教师。至博士研究生教育阶段，还可以在已经成为教育博士专业学位授权点的师范院校，于学校课程与教学领域，培养一定数量偏重法治教育课程与教学应用研究的专业博士。

由此，以教育部直属本科师范院校着重培养具有较强研究能力的理论型法治教育人才、省属本科师范院校着重培养具有较强综合素质的应用型法治教育人才为导向的法治教育专业高等学历教育体系即可大体形成。

当然，这一处于初创阶段的体系还应保持开放包容的特质，吸引更多师范院校参与开展更为多元的实践探索，如开辟法学专业本科生经由一定的教师资格考核程序担任中小学法治教育教师的就业路径[①]，针对农村一线教师严重短缺的现状，建立农村定向法治教育师范生公费教育制度，专门培养能够扎根一线、服务基层的优秀法治教师等[②]，以逐渐形成更具科学性、适应性和实用性的法治教育人才培养体系。

四 师范院校法治教育人才培养的路径探析
——以教育硕士为例

（一）科学确立法治教育人才培养目标

鉴于当前法治教育专业既未被列入《普通高等学校本科专业目录》，又尚未列入《研究生教育学科专业目录》，突破现有制度约束，直接培养法治教育专业本科生与研究生在短期内实现难度较大，故而在师范院校法治教育人才培养的路径探索上，依托现有的教育硕士专业学位研究生培养体系，由法学院或教育学院牵头整合校内外资源，共同培养中小学法治教育专任教师的人才培养模式，在投入产出比上是最具优势的，因此可以将其作为突破口，率先进行尝试。

在具体实践过程中，各教育硕士培养院校可以结合自身历史传统、学科优势、招生资格等，逐步探索多样化的人才培养举措，但其前提是必须首先科学定位法治教育人才的培养目标。教育硕士专业学位本质上是职业性学位而非学术性学位，设置目的主要是培养具有较高实践能力的高层次应用型教育类专门人才，以重点满足基础教育学校和中等职业学校的高水平教学、管理需求。[③] 在与此对应的研究生培养体系内探索承担法治教育任务的专任教师培养路径，于人才培养目标确立上，也理应同时考虑教育

---

① 李苗苗：《法治教育纳入国民教育体系的实现路径思考》，《中共成都市委党校学报》2016年第3期。

② 袁桂林：《农村学校教师队伍建设需要制度保障和体制创新》，《华东师范大学学报》（教育科学版）2018年第4期。

③ 冯建涛：《推动学术学位与专业学位研究生教育分类发展的三个关键》，《陕西教育》（高教）2024年第3期。

硕士专业学位的性质定位、设置目的等一般性规律与法治教育师资培养的个性化要求。

基于此，相关院校一方面应认真研究《专业学位研究生教育发展方案（2020—2025）》《全日制教育硕士专业学位研究生指导性培养方案（2023年修订版）》①等文件对学科教学等专业领域教育硕士在政治素质、职业道德、教学技能、专业知识、研究能力、学习意识等方面提出的总体要求，另一方面还应充分参考《青少年法治教育大纲》《义务教育课程方案（2022年版）》《普通高中课程方案（2017年版2020年修订）》及其分别对应的相关课程标准②等文件对中小学法治教育在课程性质、理念、内容、教法以及师资需求等方面做出的全新指引，科学设定自身的法治教育人才培养目标。例如，可以确立培养具有过硬的政治素质和职业操守、掌握现代教育理论和法学专业知识、具有良好知识结构和扎实专业基础、掌握纯熟的现代教育技术和学科教学方法、具有较强教育实践和法学思维能力、能够开展具有一定创造性的教育教学和研究工作，并且能够胜任基础教育学校和中等职业技术学校法治教育任务的高素质专任教师的总体目标，并以此统筹法治教育人才培养的各项具体工作。

（二）持续夯实法治教育人才培养基础

人才培养目标的实现，需要以坚实的课程、师资、平台等基础作为支撑。故此，各教育硕士培养院校还应从课程体系搭建、导师队伍建设、实训基地拓展等多个方面，着力进行系统、深入的探索和创新。

首先，需建立健全课程体系。为帮助未来的法治教育教师构筑良好的知识结构和扎实的专业基础，同时提升法治素养和教学技能，应首先系统搭建由学位基础课、专业必修课、专业选修课、实践教学课四大类课程组成的完整课程体系。其中专业必修课和专业选修课的设置，均应特别强调满足法治教育人才的教学实践需求。例如，开设法治教育课程与教材研

---

① 具体可参见《国务院学位委员会 教育部关于印发〈专业学位研究生教育发展方案（2020—2025）〉的通知》《关于公布〈全日制教育硕士专业学位研究生指导性培养方案（2023年修订版）〉的通知》。

② 具体可参见《教育部、司法部、全国普法办关于印发〈青少年法治教育大纲〉的通知》《教育部关于印发普通高中课程方案和语文等学科课程标准（2017年版2020年修订）的通知》《教育部关于印发义务教育课程方案和课程标准（2022年版）的通知》。

究、法治教育教学设计与实施等专业必修课，带领学生系统研究法治教育教材体例与内容、体验不同教学方法优劣；开设教育政策与法律制度、未成年人权益保护、青少年违法犯罪预防等专业选修课，引导学生关注法治教育领域的重难点问题和发展动态等。

其次，要配齐配强育人队伍。为应对法治教育人才培养过程中专业导师数量不足、不同学科师资整合力度不够等困境，可在研究生院的协调配合下，由牵头学院组织遴选一批法学或教育学专业功底深厚、教学理念前沿且对法治教育较为关注的教师承担专业课研发、授课任务并担任校内学术导师，鼓励其结合学科特点设定个性化教学内容，采取主题研讨法、案例分析法、现场观摩法等新型教学方法开展教学活动，组成相对固定的指导组定期参与学生读书会、论文写作交流会等活动，带领学生有计划地开展法治教育理论与应用研究以及相关学科竞赛备赛，形成教学研一体化发展的良好氛围。

再次，可分步搭建实训平台。为给学生完成实践教学任务、掌握法治教育教学技能提供充分保障，应积极拓展附属学校以及对应辖区内有强化法治教育意愿的初中、普通高中、中等职业学校等校外资源，逐步共建各类法治教育实训基地，同时采取学院推荐、学生自主选择、共建方择优接收的方式，组织学生到实训基地开展至少一学期的集中实习。实习期间，应督促共建方选派骨干教师等经验丰富的一线任课教师担任校外实训导师，精心指导学生的实习活动，还可邀请省、市、区教研员及相关学科教学名师等组成实力雄厚的专家团队，定期为学生开设讲座、指导实训，帮助他们亲身体会教学规律、迅速提升教学能力。

最后，在法治教育人才培养模式建构的初期阶段，相关院校还应对各自所进行的探索及其反思、调整过程和效果及时进行总结，以便尽快形成既具有一定辨识度又具有较大借鉴价值的多元化人才培养经验，供教育行政部门进行学科发展决策与其他相关院校研究学习。在经验总结时，可先聚焦人才培养的过程性做法、周期性育人手段、多方协作配合机制等有利于人才培养模式建构的普遍性、典型性问题加强研讨交流，力争尽快突破制约学科发展的瓶颈。

"规范—理论—实践"的融贯式教学模式论*
——以刑事诉讼法课程为例

步洋洋**

摘　要：基于传统刑事诉讼法学课程教学所呈现的"学不透""用不明""思不深"等现实问题，立足新文科建设的时代语境，刑事诉讼法学的课程教学应当有针对性地从问题本身和问题成因入手，适时确立"规范—理论—实践"的融贯式教学模式，即在将教义学方法、比较分析方法以及案例研判方法融贯性适用于规范、理论和实践教学的各个环节的同时，采用"故事—问题—道理—规范"四阶递进教学法、"共同体式"教—学—用机制消解传统课程教学中的"学""用"割裂问题，并以拓宽思政育人阵地、深化思政育人方法等方式，强化课程育人功能，多措并举助力传统刑事诉讼法学课程教学之范式转型，实现课程本身所承载的知识传授、能力培养、价值塑造的"三位一体"式课程目标，进而反哺西部法治实践。

关键词：融贯式教学模式；新文科；理实融合；思政育人

一　引言

近年来，伴随着现代信息技术于哲学、文学、语言、法学等传统型哲学社会科学领域的渐进式融入，以学科需求为导向，专业融合为内容，既体现人文社会科学本身具有的特征，又兼具战略性、创新性、发展性、融合性等多元特征的"新文科"应运而生。① "新文科"的诞生标志着现

---

* 基金项目：陕西本科教育教学改革研究项目"'规范—理论—实践'的融贯式教学模式创新与实践——'以刑事诉讼法'课程为例"（项目编号：23ZZ040）。
** 步洋洋，西北政法大学刑事法学院教授，研究方向：刑事诉讼法学、证据法学。
① 步洋洋：《新文科背景下证据法学课程的范式革新》，《法学教育研究》2023年第2期。

代信息技术与人文社会科学的深度融合，这一新兴学科模式突破了传统学术领域的壁垒，推动了跨学科之间的交流与整合，致力于培育具有全面视野和深厚人文素养的新时代高素质人才。此种交叉融合不仅引领了哲学社会科学在研究方法上的革新，而且为剖析错综复杂的社会问题提供了新的理论框架。现代信息技术在此一进程之价值功用，在赋予研究者深入探索人文社会科学数据的能力，从而提升了研究的深度的同时，为哲学社会科学研究构筑了更为宽广的学术空间和多元的研究视角。"新文科"作为哲学社会科学与现代信息技术的交融成果，不仅昭示了人文社会科学发展的新趋势，更预示着未来哲学社会科学研究将越发侧重于跨学科的综合性和创新性探索。

作为传统型哲学社会科学的关键一环，中国法学教育历来强调适应司法改革之需要，将提供严格的一体化的法律职业教育，培训终身化的法律继续教育，努力为立法、司法、法律服务、法律监督等法律职业部门培养出掌握法律知识，具有家国情怀、国际视野的高素质法律人才，发挥哲学社会科学之应有作用作为其学科项下的时代使命之一。[①] 然而，我国法学人才培养如今正面临诸多挑战。传统法学教育偏重理论传授，致使实践结合不够紧密，且外语及跨境实务知识储备不足，难以满足全球化背景下的法律服务需求。同时，由于实习机会相对匮乏，加之高水平教师数量紧缺，多元因素综合制约了法学生法律实践能力的提升。立足"新文科"改革的时代背景和我国法学教育的现实语境，法学教育具备因势而为、因时而变的应然性，亟须对法学教育进行全面而深入的改革，聚焦"跨学科、应用型、国际化"的法律复合型人才培养，以推进学科交叉融合，进而建设交叉学科的新文科为突破口，为更好地培养法律复合型人才提供助力。这不仅彰显了对教育本身所系属的时代性、全局性、前瞻性的战略要求，更是实现 21 世纪中国法学教育现实使命之依托。[②]

作为高等院校法学核心必修课程之一，刑事诉讼法学承载着形塑法学本科生之程序思维、证据理念，弥合知识学习与法律职业需求之实然差距，进而助推法治现代化发展的时代使命。同时，《刑事诉讼法学》兼具典型的知识性、方法性、开放性与跨学科性特征，此课程不仅在课程目标

---

① 步洋洋：《新文科背景下证据法学课程的范式革新》，《法学教育研究》2023 年第 2 期。
② 参见杨学科《数字时代的"新法学"建设研究》，《法学教育研究》2021 年第 2 期。

方面与"新文科"内涵下的"实践""认知"逻辑相因应,而且在学科属性方面同"新文科"内涵下的"交叉""融合"要义相契合。有鉴于此,本文立足"新文科"改革的时代背景与法学教育亟待改革的现实语境,基于"新文科"内涵与刑事诉讼法学课程的因应关系,以及此一课程本身的学科定位、学科特征等多重考量,从消解此一课程本身所外化出的"学不透""用不明""思不深"等现实问题出发,提倡适时确立"规范—理论—实践"的融贯式教学模式,通过革新课程教学模式,注重学科交叉融合;学用结合、以用促学,培养学生综合能力;落实全过程思政,强化课程育人功能等具体融贯路径,以期打破既有理论教学与实践教学的体系壁垒,统筹以"传承""创新"为核心的知识逻辑与以"实践""认知"为核心的社会逻辑,打造既有深度又有温度的刑事诉讼法学课程。

二 传统刑事诉讼法课程教学的问题透视

作为法学专业国标课程分类模式下的核心课程之一,刑事诉讼法学的教学活动不仅承载着法学教育所应然涵摄的知识传递、能力培养与价值塑造的三重课程目标,同时需以适时外化出时代语境下法学学科之特定部门法于教学内容和教学理念层面上的融合、创新、发展及跨学科特征。然而,颇为遗憾的是,反观我国当下刑事诉讼法学课程的教学现状却实然存在"学不透""用不明""思不深"等现实问题。具体而言,传统《刑事诉讼法学》课程教学实践制约性问题所呈现出的"学不透",即学生对于刑事诉讼法的深层次原理难以完全内化于己身;"用不明"即既有理论教学与实践教学泾渭分明、教学壁垒明显,学生在面对实际案例时,往往难以将所学知识有效运用,理论与实践之间实然存在不容忽视的鸿沟;"思不深"则体现在学生对于刑事诉讼法背后的法理和社会价值等内容的思考不够深入。

其一,刑事诉讼法学本身的课程属性使得学生往往"学不透"。不同于民事诉讼法学的常见性,学生对于刑事诉讼法学的规范、理论和实践往往较为陌生,课程本身的客观属性带来情境性和亲历性不足,加之刑事诉讼法学课程理论知识庞杂、"规范—理论—实践"的学科知识体系交错,由此导致学生对于课程知识体系中的流程性与诉讼差异性认识不够透彻。

一方面，由于刑事诉讼法学本身实然系属的客观课程属性，此一课程所蕴含的情境性和亲历性相对不足。具体而言，刑事诉讼法学的知识点难以通过学生的日常生活经验或直观感知来直接领会。这与民事诉讼法学的境况有显著区别，后者因涉及的民事纠纷与日常生活紧密相连，因而学生能够通过日常生活中的实际案例和具体情境来增进对该学科知识的理解。因此，在刑事诉讼法学的课程教学中，需要探索更为有效的教学方法，以帮助学生克服这种由学科特性所带来的认知障碍，从而更好地理解和掌握此一课程的核心知识和实践技能。另一方面，刑事诉讼法学的课程知识体系极为庞杂，涵盖了从基础理论到具体实践操作的多个方面。尤其是该学科的"规范—理论—实践"知识体系呈现出错综复杂的交织状态，这使得学生在学习进程中需要不断在理论知识和实践操作之间进行思维的切换与整合。刑事诉讼法学中的流程性涉及刑事诉讼的各个环节、步骤及其内在逻辑关系，不同案件类型和具体情境下的刑事诉讼程序与规则相异，学生必须准确把握不同程序和规则之间细微的差异，以确保在未来的法律实践中能够准确应用。基于此种学科特性，不仅对学生的理论基础有着严苛的要求，同时亦强调他们必须具备一定的实践操作技巧以及对法律规范的深刻洞悉。换言之，此一课程重视对于学生的理论素养培养，更着眼于提升他们的实践应用能力及对法律条文的深入解读能力。然而，由于学生对于刑事诉讼法学的陌生感，加之其知识体系本身的复杂性，他们往往难以充分认识课程知识的流程性和诉讼差异性，在一定程度上加剧了此一课程属性所带来的学生"学不透"的尴尬境遇。

其二，传统的刑事诉讼法学课程教学忽视学与用之间的内在关联，实践教学往往处于规范和理论教学的边缘地位，由此导致学生"用不明"的现实问题。现有的刑事诉讼法学课程教学普遍更为重视理论教学，有意无意地忽视了此一学科的实践性特征。以案例为代表的实践教学在刑事诉讼法学课堂教学中的比重和形式全看教师兴趣，未能在理念上、制度上、方案上形成一种长效的、规范化的运作机制。[①] 伴随着大数据侦查、区块链取证等新兴司法实务问题的层出不穷，传统刑事诉讼法学的课程教学因忽视交叉学科知识的实践补齐，有意无意地制约了学生解决跨学科实践问

[①] 参见黄锡生、王中政《新文科与法学教育的现代化转型》，《法学教育研究》2022 年第 1 期。

题的基本能力。一方面，现有的《刑事诉讼法学》课程教学普遍存在重视理论教学、忽视实践教学的倾向，实践性教学内容显得相对匮乏。基于此种教学理念，实践教学往往被视为理论教学的补充或延伸，而非法学教育的重要组成部分。这种偏见不仅限制了实践教学的发展空间，也阻碍了对于学生实践能力的培养。尽管理论教学在法学教育中占据举足轻重的地位，并以此为基础构建了整个学科知识体系，但鉴于刑事诉讼法学的强实践性和可操作性特点，单纯依赖理论教学显然无法使学生深刻理解并熟练运用这一学科的知识。实践性教学内容的不足，不仅阻碍了学生将理论知识转化为实践能力，也限制了他们对刑事诉讼法学深层次原理的掌握。另一方面，当前实践教学的实施方式也显得单一且缺乏创新性，通常以案例教学为主，且其在课堂教学中的比重和形式完全取决于教师的兴趣和偏好，这种情况进一步削弱了实践教学的效果，限制了学生实践能力的提升。此外，现阶段的刑事诉讼法学课程教学之实践教学，尚缺乏一种长效且规范化的运作机制。归因于统一标准与明确指导方针的缺失，实践教学的设计、实施和评价通常呈现出显著的随意性与不确定性。当下的刑事诉讼法学课程教学亟待构建一套系统化、标准化的实践教学体系，由此确保实践教学的有序、高效进行，进而有效提升学生的实践能力。更为严重的是，随着大数据侦查、区块链取证等新兴司法实务问题的不断涌现，传统刑事诉讼法学课程教学的局限性越发凸显。刑事诉讼法学本身所内生的跨学科特征在我国当下的刑事诉讼法学课程中已然被有意无意地忽略，外化呈现出明显的阙如特征。源于忽视交叉学科知识的实践补齐，学生在面对跨学科实践问题时往往束手无策。因此，囿于实践中规范、理论和实践教学模块的人为割裂，实践教学处于规范和理论教学边缘地位的现状下，难以帮助学生更深入地理解刑事诉讼法学的相关知识，更遑论"学透""用明"之培养目标。

其三，课程内容的"思政话语亲和力"不足，对于本土制度与本土实践的关注有限，由此导致学生对于课程内容的内化与价值形塑"思不深"。"思政话语亲和力"并非单纯代指课程内容与思政元素的结合程度，更涵摄了课程内容能否真正触动学生的内心，进而引导他们塑造正确的价值观和职业伦理。刑事诉讼法学作为一门重要的法学核心课程，其课程内容理应传递出这样的一种价值理念，即法科学生必须合理而正当地求真，实现求真与求善的辩证统一，这不仅是对法律职业者的基本要求，也是培养高素质法律人才的必由之路。众所周知，习近平法治思想是习近平新时代中国特色社会主义思想的重要组成部分，是全面依法治国的根本遵循和行动指南。将其置于法学教育之现实语境下，更应当将其融入授课全过程。在将社会主义核心价值观与习近平法治思想贯穿于授课全程的同时，充分挖掘课程教学中的思政元素，引导学生关注中国本土，特别是西部法治实践的现实情况。然而，既有的刑事诉讼法学课程教学中思政内容的吸引力不足、话语语境的创设尚未实现"润物无声"的客观效果。这主要体现在思政内容与课程内容的结合不够紧密，甚至出现"两张皮"的现象。部分教师在授课过程中，往往只是简单地堆砌一些思政词汇，而没有真正将其与课程内容相结合，导致学生难以产生共鸣，更无法深入理解思政内容的真谛。同时，话语语境的创设也是提升思政话语亲和力的重要手段。生动、具体的话语语境，能够帮助学生更好地理解和接受思政内容，从而产生共鸣和认同感。然则，部分教师在授课时往往呈现出过于注重理论知识而忽视话语语境的营造之特征，进而导致学生无法真正融入课程学习。此外，鉴于中国拥有别具一格的法律体系和法治实践，其本土制度与本土实践在法学教育中占据举足轻重的地位。中国的法律体系是在长期的历史发展和实践中逐步形成的，它融合了传统法律文化和现代法律理念。本土实践作为评估法律制度效用之关键，借助本土实践之透镜，能够洞察法律制度在具体操作中的实际成效，进而揭示其潜在缺陷，为法律制度的持续优化提供坚实依据。通过结合具体案例，可以帮助学生了解中国法治建设的实际问题，从而培养他们对于中国法治实践的敏感性和洞察力。这将有助于学生对于课程内容的内化与价值形塑"思之深"，形成更加全面、深入的法学素养和职业能力。但遗憾的是，在现今的课程教学中，对本土制度与本土实践的关注显得较为匮乏。这种阙如不仅阻碍了学生对课程内容的深刻领悟，而且削弱了他们对中国法治实践进行全面性认识与批判性思考的能力。

三 传统刑事诉讼法课程教学问题的成因分析

在笔者看来，传统刑事诉讼法学课程教学之所以会长期存在前文所述的"学不透""用不明""思不深"的制约性问题，其受制因由具有多重性。其中既有课堂教学所需的几何倍工作投入的现实，亦有课堂中"共同体"教学理念的阙如,以及课程属性本身所带来的"知识"外化呈现的难度较高。

(一) 课堂教学所需的几何倍工作投入的现实

基于刑事诉讼法学课堂对授课教师几何倍工作投入的应然要求以及"五唯"教育评价制度下教师实然面临的科研、教学双重压力的现实语境,"学不透""用不明""思不深"三大问题不可避免地会表露于实际。诚然,自"破五唯"成为深化教育领域改革的指导性原则以来,教育评价贯彻"坚决克服唯分数、唯升学、唯文凭、唯论文、唯帽子的顽瘴痼疾",为系统性彰显我国教育人才领域对从"破三唯"到"破五唯"此一反"唯"过程的高度关注和破局决心,教育领域亦相应出台了一系列承接"破五唯"总体方案的政策。然而,囿于"五唯"之下顽瘴痼疾长期以来的客观存在,对我国大学教育以及新文科发展的负效影响可见一斑。不可否认,在某种程度上,"五唯"所带来的这些影响和后果已对"新文科"背景之下人才培养的初衷构成了明显的阻滞和妨碍。[1]

具体到《刑事诉讼法学》课程教学场域,立足现今"五唯"教育评估体系仍然占据主导地位的现实语境,部分教师在科研与教学的双重重压下已显得力不从心。一方面,传统的教学模式下刑事诉讼法学课堂的教学活动未曾脱离课前备课、课中授课、课后答疑等多个维度,无疑需要教师于课前、课中、课后都投入大量的精力,课前备课和课中授课环节更是教学精力投入的教学重心落脚点。换言之,纵使是传统教学模式下的刑事诉讼法学课堂教学,仍然强调授课教师在具备扎实理论知识基础的同时,通过细致备课,在教学内容的深入研究、精细化的教学设计以及多样化教学材料的制作等多方面投入数倍时间。然而,"五唯"教育评估体系下,教师受科研任务及论文发表等量化指标驱动,往往难以对刑事诉讼法学的理论知识进行深入挖掘与传授,进而导致教师过分重视科研工作而应付教学活动,这无疑是对教育本源的背离。另一方面,囿于"五唯"教育评价体系的刚性、"一刀切"的特征,传统刑事诉讼法学课程教学并未充分考虑教育的多元化特性和教师之间的个性化差异,从而导致教师

---

[1] 参见林丹、王澍《五唯之"破"与文科之"新"——兼论发展新文科的逻辑前提》,《四川师范大学学报》(社会科学版) 2023 年第 1 期。

与学生之间的互动关系变得单调且刻板。单一的讲授式教学或提问式教学是传统刑事诉讼法学课堂教学通常采取的授课方法，在此一授课模式下，师生之间的互动仅限于单纯的"讲与听"关系，教师对学生的了解常处于"三不"（即不认识、不了解、不知情）状态，进而引发部分教师过于专注自我提升，漠视学生教育的重要性。毋庸讳言，囿于单一讲授式教学或提问式教学，传统刑事诉讼法学课堂重在对规范与理论知识的阐述，实践性教学缺位也在所难免。任何一种教学活动的展开、教学方法的适用，无论是以教师为中心还是以学生为中心，都离不开授课教师与授课对象之两重主体要素。传统教学模式下的刑事诉讼法学课堂同样需要在授课教师与授课对象的双重努力下方能造就出色的教学成果。目前我国部分高校仍然面临师资力量不足的问题，"一师多职"的现象屡见不鲜。部分授课教师不仅需承担多项本科生教学任务，还同时担任研究生教学，其授课负担之沉重可想而知。一言以蔽之，在当前各种职称评定过分倚重科研成果、片面忽视教学成效的现实语境下，[①] 授课教师出于自身科研任务的考量，加之刑事诉讼法学课堂教学需以几何倍工作投入的刚性需求同教师稀缺这一现实之间实然存在的矛盾镜像，难免偏离培养学生"学透""用明""思深"的教育教学目标。

（二）传统课程教学中"共同体"教学理念的阙如

德国社会学家滕尼斯在其著作《共同体与社会》一书中首次提出了"共同体"一词，他将人类集体生活的基本组织形式归结为共同体和社会两大类。其中，共同体被视为一种基于人们协作关系的有机组织，它不仅是人们共同价值观的凝聚，也是人们理想追求的联合体。[②] 随着共同体理论的诞生与演进，"共同体"一词的语义内涵也在不同话语体系下的多元化阐释中兼具复杂性和丰富性特征，并深入影响到教育学领域，为世界教育的改革与发展提供了宝贵的思想支撑和分析工具，[③] 不断助推教育共同

[①] 步洋洋：《论文研习于研究生教学中的范式倡导及逻辑策略——以刑事诉讼法课程为例》，《法学教育研究》2020 年第 3 期。

[②] 参见余华等《新时代高校师生共同体的重构与实践》，《中国大学教学》2021 年第 12 期。

[③] 参见房广顺、赵楷夫、刘振宇《共同体视域下本科生导师制实施困境探赜与应对》，《天津师范大学学报》（社会科学版）2023 年第 4 期。

体理念的革新。因应信息技术、认知科学的进步，教学领域中的学习共同体理念在学习型组织理论的影响下于实践中得到极大拓展。无论是基于以课程为导向还是以项目为导向的师生学习共同体，其核心都在于促进知识的意义建构和学生的身份认同，指向新时代对大学生学习能力的新期待——不再满足于对知识的机械记忆和简单应用，而是追求基于深度理解和有效对话的学习体验。①

诚如德国哲学家雅斯贝尔斯所言："大学是一个由学者与学生组成的、致力于寻求真理之事业的共同体。"② 伴随共同体思想在我国教育政策与教育改革的方方面面的思想引领，教学共同体思想也从理论研究走向政策耦合。具体到法学本科教育中，刑事诉讼法学契合新时代法学教育政策要求，本身承载着形塑法学生之程序思维、证据理念，融贯知识传授、能力培养与价值引领三者之间的联结关系要义。然而，传统刑事诉讼法学课堂中却实然存在习惯于单向的知识传授和通过独立探究以获取认知能力的浅层学习的"共同体"教学理念阙如的镜像，制约着刑事诉讼法学对于知识传授、能力培养与价值引领三者的融贯。

一方面，传统刑事诉讼法学课堂教师"一言堂"、学生"低头族"的形式化教学现象普遍。即在刑事诉讼法学授课过程中采用单一的照本宣科式的讲授方式，即使进行额外的知识扩展，绝大多数情况下也是由授课教师率先抛出一个问题，再组织学生进行形式化的课堂讨论，并通过点名提问的方式让学生发表观点。这种课堂讨论、点名提问的授课逻辑看似迎合了"共同式"教学的形式要求，但实质上并未体现学生的主体性，学生仍属课堂中被动的"听众"而非积极参与者。此一过程中学生始终未成为问题的发现者，因问题意识的缺乏，教学过程实然异化为"表演化教学"。

另一方面，立足新时代法学教育的语义要求，在刑事诉讼法学课程的教学过程中知识传递不再是就事论事般的平面、单一讲授，而应基于知识与知识之间的多维关系谱系，通过群概念与总结回溯式的讲授，以历史分

---

① 参见董庆华、郭广生《走向深度学习的师生学习共同体建构研究——以北京市某高校创立跨学科生学习共同体为例》，《清华大学教育研究》2024年第2期。

② ［德］卡尔·雅斯贝尔斯：《大学之理念》，邱立波译，上海人民出版社2007年版，第19页。

析、比较分析、价值分析、模式分析以及实证分析的特定主线将多元的刑事诉讼法学理论知识立体化串联起来，以将特定选题所映射的基础理论、所涉规范及域外智识较为完整地呈现在学生面前，最大限度地拓宽学生在基础知识、基础理论层面的深度和广度，以形成立体式、群概念的讲授。① 同时，法学本科生培养目标下的教学活动亦不再是单纯的知识讲授与知识传递，而是建立在基础知识与学科理论得以夯实的基础上，形成理论与实务的"双师""多师"同堂，旨在基于实务问题解决意识的实际理据，拓宽学生的理论层次和实践视野，培养其法律问题的综合研究能力及批判性思维，进而融贯式培养学生的"法律知识"与"实务技能"，以期有效应对"新文科"改革时代语境下对于培养出掌握法律知识，具有家国情怀、国际视野的高素质法律人才，发挥哲学社会科学之应有作用，作为其学科项下的时代使命之一的"能力形塑"过程。此外，应当在保证课堂专业教学水准的前提下，追寻刑事诉讼法学思政元素的恰当浸入，于师生交互过程中使价值塑造内生为课程教学中有机的、不可或缺的组成部分。质言之，不论是知识传递中的立体式、群概念的讲授，还是能力培养理论与实务的"双师""多师"同堂，抑或价值引领下的交互式思政育人，传统的刑事诉讼法学课程的教学因"共同体"教学理念缺失而实然存在不足。

（三）课程属性本身所带来的"知识"外化呈现的难度较高

作为法学十四门核心课程之一，刑事诉讼法学具有理论难度之深、知识结构复杂的现实特征，此一课程属性项下蕴含的"知识体系"与其外化呈现之间实然存在较大难度。刑事诉讼法学以研究常人较少触及的刑事诉讼制度与程序为核心，同时研判证析刑事诉讼背后蕴含的原理与独特性规律。在刑事诉讼法知识体系下，有关程序制度与原理规律的排列分布涵摄为"规范"、"理论"与"实践"三个维度。其中，"规范"主要涉及刑事诉讼法本身、程序法与实体法两者间的关系问题；"理论"主要涉及刑事诉讼法固有的知识谱系以及程序背后的原理规律；"实践"主要涉及刑事诉讼程序的司法实践案例。一方面，不同于民事诉讼法学的常见

---

① 参见步洋洋《论文研习于研究生教学中的范式倡导及逻辑策略——以刑事诉讼法课程为例》，《法学教育研究》2020年第3期。

性，学生对于刑事诉讼法学的规范、理论和实践往往较为陌生，课程本身的客观属性带来情境性和亲历性不足，由此导致学生对于刑事诉讼制度与原理的理解较为浅显。基于刑事诉讼法学自身的实践性较强属性，此一课程体系项下的知识需要立足本土司法实践，从实践中总结、提炼，并于实践中得到校验，进而上升为原理规律。由于我国秉持大陆法系强调实定法的正式渊源，缺少英美法系判例法传统下对案例、裁判的关注土壤，[①] 我国的司法机关多以发布指导案例的形式突出判例的重要性，但是就刑事诉讼法教学而言仍然缺少兼具"教学"和"科研"双重功能的教科书，仅存在寥寥数本质量达标的案例评注书籍。加之学生远离刑事诉讼的适用场域，对相关制度与程序于实践的适用样态缺少情境性和亲历性，由此导致学生对于刑事诉讼制度与原理的理解较为浅显。另一方面，刑事诉讼法学课程知识庞杂、"规范—理论—实践"的学科知识体系交错，由此导致学生对于课程知识体系中的流程性与诉讼差异性认识不够透彻。作为从现实司法世界中抽象出来的共识与规律、"外在实践活动"向"内在理性结构"转化的媒介与途径，刑事诉讼法学基础理论的掌握需要注重"法律伦理"的植入与"法律思维"的养成，从而得以从根本上深化学生对于刑事诉讼法学知识的体悟与理解，激发其作为"法律学人"乃至"法律人"的使命感与责任感，促使其进行真正有生命力的学习与研讨。[②] 然而，囿于学生自身对刑事诉讼法学的理解匮乏，其往往缺少对刑事诉讼法学规范与理论间的应然走向与实然样态差异化的直观感受，并时常对理论研究的价值怀有疑义，加之受长期以来理论与实践教学状态割裂，"规范—理论—实践"的学科知识体系的纵横交错，我国当下兼具规范、理论及实践三重知识谱系的授课教师普遍阙如的现实制约，我国刑事诉讼法学课程知识的外化呈现常常受到掣肘，在缺少具象化呈现方式的语义下，学生往往会对课程知识体系中的流程性与诉讼差异性认识不够透彻。

---

① 郭烁主编：《刑事诉讼法案例进阶》，法律出版社2023年版，序一。
② 参见王春芳《刑事诉讼法学"治本"教学模式探索》，《六盘水师范学院学报》2020年第1期。

四 "规范—理论—实践"的融贯式教学模式的适时确立

作为高等院校法学核心必修课程之一,刑事诉讼法学承载着形塑法学本科生之程序思维、证据理念,弥合知识学习与法律职业需求之实然差距,进而助推法治现代化发展的时代使命。然而,诚如前文所述,我国当下刑事诉讼法学课程教学中实然存在"学不透""用不明""思不深"的制约性问题。基于应然与实然之间的现实差距,笔者认为,应当从问题意识出发,立足刑事诉讼法学课程本身所具有的知识性、方法性、开放性与跨学科性特征,适时确立"规范—理论—实践"的融贯式教学模式,借由理论教学体系和实践教学体系的划分,以其理论知识与实践技能的培养,为复合型、应用型、创新型本科法学专业人才的培养目标作出支撑性贡献,以发挥出刑事诉讼法学课程教学模式改革创新在"新文科"背景下的价值所在。

所谓"规范—理论—实践"的融贯式教学模式,用以指代在法学教育具体教学活动过程中,通过教学方法论体系的创新发展,将"规范讲述""法理凝练""实践教学"三个层面有机结合起来,以实现理论教学与实践教学深度融合的一种课程教学创新方案。此一教学模式的基本要义有三:其一,以"规范"为起点:"故事—问题—道理—规范"四阶递进教学法。诚如前文所述,不同于民事诉讼法学的常见性,学生对于《刑事诉讼法学》的规范、理论和实践往往较为陌生,课程本身的客观属性带来情境性和亲历性不足,加之刑事诉讼法学课程知识庞杂、"规范—理论—实践"的学科知识体系交错,由此导致学生对于课程知识体系中的流程性与诉讼差异性认识不够透彻。"故事—问题—道理—规范"四阶递进教学法是针对传统法学课堂规范讲述缺乏情境性与本土性而提出的教学方案,核心要义在于强调从"本土故事"出发,详细描述法律规范的适用场景,并从实际案例场景中推导出法规范旨在解决的"本土问题",阐明"本土道理",确保学生能够准确且体系性地理解特定课程内容之下的诉讼法律规范。其二,从"规范"到"理论":基于知识图谱的法理教学。针对传统法学课堂教学学生"法理悟不透"的现状,笔者倡导"基于知识图谱的法理教学"的模式,即从法律规范的变迁出发,详述规范背后的法理知识背景演进,通过知识图谱的方式将复杂规范背后蕴含的法理知识系统化、可视化地呈现出来，以创新理论层面的课堂教学，确保学生以实在规范为起点深入理解规范背后的法理基础，在知识内化的同时构建起自身的法律知识体系，形成独立的法律思维和判断能力。其三，从"理论"到"实践"："共同体式"教—学—用机制。此一机制着力解决传统法学课堂教学"学""用"割裂问题，即在教师层面，通过组织相邻学科的教师形成跨学科教师之间的"教学共同体"，实现刑事诉讼法学理论与实践教学之学科融通的目标。在学生层面，通过组织学生课前分享、课上分组研讨、课下读书研讨会，以及特定案例中法官、检察官、辩护律师、证人、被告人等角色扮演的情境创设形成"学生学习共同体"，借由共同主体之牵引，在阅读、讨论、探讨、分享和展示的过程中增进学生彼此之间的交流、沟通。此外，在传统的模拟法庭、模拟调解之外，教学团队在实践教学环节积极组织学生参与到法院、检察院、律师事务所等实务部门典型案件的旁听学习之中，并将具备丰富实践经验的法官、检察官、律师引入授课师资队伍之中，形成理论与实务的"双师""多师"同堂。① 最后，回归"规范"这一核心，引导学生统筹规范理论的知识逻辑和实践认知的社会逻辑，实现知识的内化、迁移和理实融贯。

"规范—理论—实践"的融贯式教学模式旨在解决传统法学教育中理论教学与实践教学泾渭分明、教学壁垒明显的现实问题。此外，为有效因应"新文科"背景下本科教学的范式转型，本文所提倡的"规范—理论—实践"的融贯式教学模式不仅需要适时突破知识和空间的边界，用以纵深理论知识体系的深度、广度，而且需要强调走进现实世界，凸显实践情境的学习，聚焦走入人际的深度交流，凸显"意义交互"的共同学习，以提升学与教之间的实践情境性与交互性，保障此一课程能够切实有效地塑造学生的程序思维、证据思维和法治思维，用以在打破既有理论教学与实践教学的体系壁垒的同时，统筹"传承""创新"的知识逻辑和"实践""认知"的社会逻辑。有鉴于此，笔者认为，"规范—理论—实践"的融贯式教学模式应当沿着以下具体融贯路径展开。

---

① 步洋洋：《新文科背景下证据法学课程的范式革新》，《法学教育研究》2023年第2期。

（一）革新课程教学模式，注重学科交叉融合

第一，基于既有法学教育中理论教学与实践教学泾渭分明、教学壁垒明显的现状，法学教育应积极调整现行刑事诉讼法学课程教学的内容体系，在坚持理论教学体系与实践教学体系相结合的双重授课模式的基础上，于总体上形成"规范—理论—实践"的融贯式教学模式，避免既有将理论与实践教学割裂开来，造成单一讲授规范、理论或课外实践所伴随的"学不透""用不明"问题。"规范—理论—实践"的融贯式教学模式强调以创新融贯"规范讲述""法理凝练""实践教学"层面的教学方法，突破传统法学课堂"规范—教义学法"、"理论—比较分析法"以及"实践—案例教学法"单一的、泾渭分明的方法论体系壁垒，从而推动案例教学融入课堂各阶段。例如，在讲授刑事缺席审判程序时，首先从教义学的角度对刑事缺席审判的情形作出类型化界分，进而通过我国刑事缺席审判制度适用第一案——"程三昌"案件的案情分析，引发学生对于刑事缺席审判制度可能存在的理论疑义和程序保障不足的深入思考。再如，在讲授辩护与代理一章时，依托一流课程项下的刑事案例库，从"杭州保姆放火案"入手，引导学生关注本案中存在的三种辩护类型，进而剖析自行辩护、委托辩护与法律援助辩护的各自适用情境及利弊。

第二，注重学科交叉融合，运用多元并举的教学方法。刑事诉讼法学本身系跨学科研究的天然领域，这既是由刑事诉讼法本身的学科特性所决定，也是大数据侦查、区块链取证等新兴司法实务问题层出不穷，法学课程教学之交叉学科知识亟待补齐的时代要求。按照"新文科"背景下"学科交叉、协同创新""学科交叉、跨界培养"的学科建设要求，基于不同学科在原理和方法上的相通性，或曰不同学科之间的"逻辑同型性"，在"规范讲述""法理凝练""实践育人"的不同教学阶段，有针对性地进行不同学科之间的交叉融合，即在传统刑事诉讼法学课程教学之教义学方法、案例讲授方法的基础上，可适度借鉴统计学、社会心理学、经济学、概率学等专业的基础研究方法，将科学技术、证据分析、社会伦理与刑事诉讼法学教学内容有机融合。此一多元并举的教学方法在增强课程挑战度的同时，有助于训练学生按照逻辑规则梳理思想、论证观点、推理案情，引导学生关注前沿动态，在知识迭代中激发学生的创新动力。譬

如，从社会心理学的视角出发，基于"虎毒不食子"和"无毒不丈夫"的两种不同认知心理或曰认知逻辑，引导学生展开在同一案件事实的前提下何以形成与作出两种不同裁判结果的深度讨论，进而引申学生思考在刑事司法实践中可能作为事实裁判者的个体应当树立何种认知与裁判逻辑，两种不同的认知逻辑所带来的司法效果究竟有何不同。不仅如此，为激发学生对于刑事诉讼法学之法治思维、法治逻辑的兴趣，授课教师在课程伊始可以适时引入"蓝色汽车难题"，引导学生围绕使用标准概率逻辑认定案件事实、作出事实裁断的合理性与可行性展开讨论。

（二）学用结合、以用促学，培养学生综合能力

在当今快速发展的社会背景下，法学教育不仅要求学生掌握扎实的理论知识，更需培养其将所学应用于实际、解决实际问题的能力。学与用之间的融贯，本来就是一个从抽象到具体的过程。换言之，实际问题中的情境设定是理论具体化的一种途径。因此，基于"规范—理论—实践"的融贯式教学模式语义要求，笔者认为，应当坚持"学用结合、以用促学"的教育理念，并通过确立"共同体式"教—学—用机制，以信息技术手段赋能实践教学体系的措施深度融贯"学与用""理与实"，全面培养学生的综合能力。

其一，确立"共同体式"教—学—用机制，整合高阶化立体教学资源。诚如前文所述，"共同体式"教—学—用机制旨在解决传统法学课堂教学"学""用"割裂问题，即通过组织相邻学科的教师形成跨学科教师之间的"教学共同体"，实现《刑事诉讼法学》理论与实践教学之学科融通的目标；通过组织学生课前分享、课上分组研讨、课下读书研讨会，以及特定案例中法官、检察官、辩护律师、证人、被告人等角色扮演的情境创设形成"学生学习共同体"，借由共同主体之牵引，在阅读、讨论、探讨、分享和展示的过程中增进学生彼此之间的交流、沟通。此外，还应当适时延展教师主体的外延，在传统的模拟法庭、模拟调解之外，教学团队在实践教学环节积极组织学生参与到法院、检察院、律师事务所等实务部门典型案件的旁听学习之中，并贯彻"走出去、请进来"策略，将具备丰富实践经验的法官、检察官、律师引入授课师资队伍之中，形成理论与实务的"双师""多师"同堂，在实务专家与专业教师对话"零距离"

的同时①，实现从传统的教师主导型向新型教育互动方式的法学教育模式转变，以深化法学教育内涵。

其二，强化理实融合，以信息技术手段赋能实践教学体系。当前，法学教育的教学模式因应互联网、人工智能和大数据等前沿信息技术与教育教学紧密融合的趋势而发生深刻变革，法学学习范式也相应呈现出教师非必要情境下的个性化学习、教室非必要空间下的网络化学习、教材非必要载体下的跨界学习等新特点。② 在智能化技术应用与普及的时代背景下，学习已然超越了对知识点表面的简单理解，深层次探究其内涵、构建全面而完善的思维方式就显得至关重要。传统的讲授式教学和单一化的学习方式已经难以适应法学知识、技能及经验等资源共享的新教育形态，更难以满足学习者个性化教育需求的追求。③ 因此，可以参考的一种路径是，以信息技术手段克服形式主义，从而赋能实践教学体系，实现理论与实践的深度融合。具体而言，可以研发并运用集合课堂互动系统、刑事案件仿真系统、电子案卷阅卷系统、作业提交与考试等功能的刑事诉讼法学课程教学实践平台，创设刑事诉讼法学课程项下之规范、理论的具体情境，模拟刑事案件的复杂性，使学生能够在仿真实训中学习现场勘验、刑事讯问、痕迹鉴定、证据推演与非法证据排除规则等内容，掌握假设推理、选言推理、归纳推理等逻辑分析方法，掌握阅览刑事案卷和撰写各类司法文书的基本技巧和方法，训练学生在事实与法律之间理性分析、审慎整合与全面判断的综合能力。

(三) 落实全过程思政，强化课程育人功能

"课程思政"是育人的一种教育方法，更是育人的一种教育体系。在当前的高等教育体系中，落实全过程思政，强化课程育人功能，业已成为提升教育质量和培养时代新人的重要途径，具体到法学专业教育中，这一理念就显得更为重要。如果说课程建设是落实"课程思政"的"主战

---

① 参见付子堂《构建法律人才培养共同体 推动法学教育模式与机制创新》，《法学教育研究》2014年第1期。

② 参见王保民、姚志奋《智能化时代的法学教育革新：需求、困境及路径》，《法学教育研究》2023年第1期。

③ 参见舒瑶芝、胡菲《法学教育的数字化变革：逻辑、范式及路径》，《法学教育研究》2023年第3期。

场",那么课堂教学则是"课程思政"的"主渠道"。在"规范—理论—实践"的融贯式教学模式的语义要求下,这就要求深刻理解和把握课程思政的"隐性"教育属性,在保证专业教学水准的前提下,自然融入思政元素,使价值塑造内生为课程教学中有机的、不可或缺的组成部分。质言之,追寻思政元素的恰当浸入,这是"课程思政"建构的重点。[①]

一方面,拓宽思政育人阵地,将思政育人延伸至"应用课堂"。落实立德树人根本任务,必须将价值塑造、知识传授和能力培养三者融为一体、不可割裂。[②] 刑事诉讼法学作为法学专业核心课程,所包含的司法公正、程序法治、人权保障等专业知识以及中国刑事诉讼制度改革与发展的丰富实践,本身蕴含着极为丰富的思政教育元素,在教学、考核等环节之外,还应当将"课程思政"元素体现延伸至实践应用的课堂之上,以实现知识传授与价值引领有机融合的"课程思政"育人根本。具体而言,法学专业本科必修课程的讲授不仅需要实现知识传递的任务,而且需要实现问题解决能力提升的现实目标。为助力刑事诉讼法学课程教学走出传统教学方式下的单一知识传授模式,最大限度地弥合传统课程教学与新时期法治实践需求间的实然隔阂,积极践行全过程思政,应当借由"规范—理论—实践"融贯式教学模式的创新与实践,从"规范讲述"出发,将课程教学的落脚点聚焦"实践育人"之上,通过拓宽课程育人阵地,将育人目标由传统的"教—学课堂"延伸至法律服务中心、法律诊所、司法社工中心等"应用课堂",引导学生深度参与到以法律援助为核心的活动中,将课程所学反哺社会公益服务,助推法治实践,实现学术内涵与育人元素相结合、历史脉络与现实担当相结合、中国立场与国际视野相结合、理论知识与社会实践相结合。

另一方面,深化思政育人方法,推动法治思维与思政育人深度融合。基于刑事诉讼法学的课程特点,应当充分挖掘在此一课程教学过程中的思政元素,通过整合和创新多样话语资源、借鉴和融通多元话语风格、创设蕴含丰富的话语语境、构建科学的话语评价机制,努力提升课程思政话语

---

① 周晔、陈茜:《建构"课程思政"育人体系》,《北京教育》(高教)2022年第1期。
② 蔡昆:《基于产教融合的高职在线开放课程建设路径研究》,《贵州师范学院学报》2020年第7期。

的亲和力。通过"规范—理论—实践"的融贯式教学模式，培养学生形成一种更为审慎、合理、客观的思维方式与行为方式，并引导学生关注刑事诉讼法学的前沿问题和我国本土的刑事司法实践，形成制度自信、本土自信。以如何防范刑事错案形成的讲授内容为例，授课教师需要格外注重培养和提升学生脑海中的证据思维，强调并训练在案件待证事实的审查和认定过程中的结构主义"解构"或者"质疑"思维，树立和强化学生对于防止刑讯逼供和冤假错案发生的理念和意识。引导学生在"错罚"与"错放"之两难选择下能够作出正确的价值选择，深刻感受冤案平反进程中的中国努力。通过"融情于法"，将法律信仰、法律职业伦理贯穿于刑事诉讼法基本概念、原则、程序等法学基础理论学习的始终，将法学特色融入思政教育大格局，形成知识传授、能力培养与价值引领深度统一的良好育人格局。

五　结语

基于"新文科"语义背景下对法学教育专业的时代需求，立足传统刑事诉讼法学课堂教学实践中实然存在的"学不透""用不明""思不深"的现实痛点问题，本文提倡因应"新文科"内涵与刑事诉讼法学课程二者之间的关系，在考量课堂教学所需的几何倍工作投入的现实，传统课程教学中"共同体"教学理念的阙如，以及此一课程属性本身所带来的"知识"外化呈现的难度较高的三重制约性因由基础之上，适时确立将"规范讲述""法理凝练""实践教学"三个层面有机结合起来的"规范—理论—实践"的融贯式教学模式，并建构以革新课程教学模式，注重学科交叉融合；学用结合、以用促学，培养学生综合能力；落实全过程思政，强化课程育人功能为具体的融贯路径。围绕课程评价与反馈，此一融贯式教学模式积极探索"过程评价"与"结果评价"、"客观评价"与"主观评价"、"课内评价"与"课外奖励"相结合的"多元"评价指标体系，以优化完善"学—用—思"的一体化学业评价体系，打造既有深度又有温度的刑事诉讼法学课程。同时，在教学模式创新和实践之下，"规范—理论—实践"的融贯式教学模式在与刑事诉讼法学具有逻辑延伸、延展、延续关系的法庭论辩、法律文书、刑事辩护实务、刑事检察实务选修课程或民事诉讼法学与行政诉讼法学等其他类似部门法课程中的运用成效显著，展现出极高的校内推广价值和校际辐射效应。展望未来，笔者期冀此一教学模式能够在更广泛的范围内得到推广与应用，推动理论研究成果向课程体系、学科体系、教学体系转化，助力中国式法治教育现代化的范式转型。

金融专业教师课程思政核心素养的五项修炼*

徐建卫**

摘　要：专业教师是课程思政建设的主体，在课程思政教学改革中肩负重要责任和使命，其核心能力建设是课程思政取得成效的关键。金融专业的学科特点决定了专业教师需要不断修炼讲好课程思政的核心素养，具有做好课程思政的政治自觉、精神自觉和行动自觉。不断锤炼过硬的政治品格、涵养深厚的教育情怀、筑牢扎实的专业功底，提高思政教育能力，保持高尚的人格魅力，主动承担起在专业教育中融入思政教育的重大使命和责任，并将其内化为教书育人的具体行动。

关键词：课程思政；金融专业；核心素养；立德树人

课程思政是近年来高等教育教学领域的一项重大变革，自2019年在全国推广以来受到广泛关注。课程思政要求课堂教学在传播知识和传播真理的同时，对大学生进行思想政治教育和价值观引领，这对新时代高等教育提出了新要求。课程思政取得成效有赖于诸多因素的协同，但授课教师无疑起着关键作用。习近平总书记指出，教师做的是传播知识、传播思想、传播真理的工作，是塑造灵魂、塑造生命、塑造人的工作。好的教师不能只是传授书本知识的教书匠，更要成为塑造学生品格的"大先生"。习近平总书记对教师的殷切期望，为高校教师如何提高自身本领、开展好课程思政教学提供了指引。目前课程思政教育教学改革已在全国高校开展实施五年。笔者2019年以来在所授多门金融专业课程中开展课程思政

---

* 基金项目：2024年西北政法大学本科教育教学改革研究项目"习近平文化思想引领下金融学课程中的文化育人资源挖掘与运用研究"（项目编号：XJYB202403）；西北政法大学本科教育教学改革研究专项项目"'习近平法治思想融入金融'子课程思政教学研究"（项目编号：XJYBZ202412）。

** 徐建卫，西北政法大学经济学院副教授，经济学博士，研究方向：货币经济学、金融风险管理。

教学改革，其间承担多项课程思政建设项目，带领课改团队先后主持完成了院、校、省三级课程思政教学改革研究课题。五年来的教学改革实践使我们深刻意识到，专业教师只有从政治品格、教育情怀、专业功底、教学能力和人格魅力五个方面不断修炼自身素养，才能够切实开展好课程思政教学，才能够真正适应高等教育的这一重大变革。

一 锤炼过硬的政治品格

政治坚定是思政引领的前提，对正处于政治理念形成期的青年大学生进行政治引领关乎高等教育的人才培养方向。2019年3月习近平总书记在主持召开学校思政课教师座谈会时，对新时代思政课教师提出了"政治要强、情怀要深、思维要新、视野要广、自律要严、人格要正"的总要求。[①] 其中，政治立场是首位要求。习近平总书记对高校思政课教师的要求也为专业课教师的课程思政教学提供了遵循。将正确的政治理念传导给学生，教师首先要具有坚定的政治立场。育人者必先育己，立己者方能立人。站不稳政治立场，立德树人就会失去方向。遗憾的是，在高教实践中，尽管对政治品格的要求已成为师德师风考察的重要内容，但由于观察难度和考核软化，政治引领并没有引起足够重视。高校专业课教师因不当言论而受到处分的报道屡见不鲜，且多发生在法学、政治、经济、管理、哲学等人文社会科学领域。这反映了部分专业课教师政治立场不坚定、意识形态工作松懈的严重问题，对"培养什么样的人，为谁培养人"这一高等教育的根本问题缺乏清醒认识。

金融是国之重器，也是大国经济博弈的重要平台。与西方金融相比，中国金融在具有工具理性和专业共性的同时，还具有鲜明的"政治性"和"人民性"。金融工作的政治性要求金融工作要受党中央集中统一领导，以确保金融发展的正确方向；金融工作的人民性要求金融发展坚持以人民为中心的价值取向。政治性是引领，人民性是立场。这两个属性决定了我国社会主义金融既要服务于增长效率，也要兼顾社会公平，要在服务实体经济、增进人民福祉、促进共同富裕中体现其政治属性和价值取向。

---

① 《习近平总书记教育重要论述讲义》编写组编：《习近平总书记教育重要论述讲义》，高等教育出版社2020年版，第33页。

因此，高校金融教师做好课程思政，除需要具备金融专业水准外，还需要锤炼过硬的政治品格，心怀国之大者，站稳人民立场。首先，在思想上有坚定的政治立场，真心认同中国特色社会主义发展道路，对于重大政治问题、方向问题和原则问题，要同党中央保持高度一致。做习近平新时代中国特色社会主义经济思想的坚定信仰者和忠实实践者。牢记高等金融教育为党育人为国育才，为社会主义培养金融事业合格建设者和接班人的重大责任和神圣使命。唯有如此，才能确保立德树人不偏离正确方向。其次，在教育教学实践中，要通过课程教学赓续中国金融红色基因，讲好中国金融发展的道路自信、理论自信、制度自信、文化自信。用金融学术话语阐释好中国金融发展的政治智慧，用金融经典案例剖析阐释马克思主义中国化的深刻道理，用精彩的金融故事解读好中国改革开放波澜壮阔的奋斗征程。最后，专业教师要坚守高等教育意识形态主阵地，积极宣传主流意识形态。针对评论金融敏感事件、唱空中国的言论要保持必要的政治警觉性和政治鉴别力。当众表达重要观点时要严谨求证，确保经得起推敲和检验。主动抵制各种错误思潮和观点，向正处于"拔节育穗期"的大学生传递正确的价值观，实现专业课程铸魂育人。

二 涵养深厚的教育情怀

情怀是对向往精神境界的追求，是我们常说的"诗与远方"。有情怀者常以心灵的满足而不是功利得失作为行为初衷。课程思政的性质和金融学科的特点决定了专业教师的教育情怀对于有效开展课程思政教学至关重要。这源于两方面的影响。一是评价常缺位。一方面，思政教育重在价值引领和人格塑造，而学生的成长是一个漫长过程，难以在短期内定量评价；另一方面，与专业知识讲授的"硬考核"相比，课程思政具有明显的"软约束"特点，对学生来说学习效果难以检验，对于教师来说工作量难以体现。这导致高校课程思政时常"强调得很重要，但考核得很轻巧"。二是重心易偏移。与其他人文社科类专业相比，金融类专业与实践联系紧密，致用属性强，容易实现"知识变现"。这使得金融专业教师在科学研究和社会服务上容易有物质考量。在经济利益面前，少数教师热衷于搞培训、开公司、做兼职，将教书育人当成了副业，这必然降低学生以及社会公众对高校教师职业的价值期待。金融专业教师如果没有深厚的教育情怀，不能从教书育人中体会到价值实现带来的快乐，就很难持续开展课程思政教学。目前高校专业教师普遍存在的重科研、轻教学，重教书、轻育人现象也是上述问题的折射。

如何涵养这种情怀呢？笔者认为至少涉及四方面内容。首先，涵养深厚的家国情怀。金融是国之大者，金融专业教师为国育才，心里要装着国家和民族，不断从国家金融发展进步的伟大实践中汲取养分、丰富思想、回馈课堂。主动研究金融教育和实践规律，将"冰冷的美丽"转变为"火热的思考"。没有真情，就没有好课。家国情怀是金融教师所必备的核心素养之一，也是搞好金融学课程思政教学的基础。其次，从慢生活中体会育人之乐。十年树木，百年树人。与金融实践工作的快节奏不同，课程教学服务于人才培养，课程思政要在学生心中播撒下真善美的种子，但是能否生根发芽，短期内难以见到成效。这就需要教师具有长期主义的生活和工作态度。从这个意义上讲，能够在慢生活中体会育人之乐才能讲好课程思政，追求"快节奏"的"急性子"讲不好课程思政，甚至也不适合从事高等教育工作。再次，塑造学习型人格，做学习型教师。金融行业发展迅速，金融信息时效性强，金融业务和产品更新迭代快。要做到知识传授上的"持续输出"，教师本身要做到"持续输入"。只有保持终身学习习惯，持续更新知识储备，完善知识结构，才能够做到持续提高课程思政教育教学水平。最后，淡泊名利，潜心育人。做好金融专业的课程思政需要专业教师主动摒弃物质主义和世俗的价值观，坚守选择教育工作的初心。在传授金融知识的同时，给学生传人生之道、授学术之业、解成长之惑，能够从学生成长中感受到教育工作的真正价值。

三　筑牢扎实的专业功底

课程思政是立足课程来讲思政，专业功底扎实，才能站得住讲台，才有可能讲好课程思政。授课教师的专业功底直接关系到课程思政的实施效果。遗憾的是，由于各种原因，不少专业课教师在专业功底上还不同程度地存在欠缺，主要表现在专业精度不够和知识面窄，无法做到博专结合。一方面，现代经济形态下金融与经济的关系已经由简单的依附演进为相互依存和促进，金融以其杠杆化的功能推动着实体经济的结构性调整、重组和成长，成为"现代经济的核心"，并形成了内涵丰富、逻辑严密的理论体系。专业课教师只有具备扎实的金融理论功底，对所在学科内涵有深入研究和透彻理解，能够把握学科特点和发展规律，在课程教学中做到深入浅出，才有可能实现学理性与思想性相融合，实现思政的有机导入。另一方面，近年来国家虽然对学生的通识教育越来越重视，但对教师如何拓展知识宽度却缺乏应有关注。大学学科和专业设置的精细化也在一定程度上形成了学科、专业和课程之间的壁垒。不同学科、专业以及课程之间的教学交流少。由于教学科研任务繁重，专业教师对于教学研究和知识扩充等问题也缺乏系统考虑。这导致不少教师仅能做一个"对专业内的东西知道较多，而对专业外的东西知道很少"的"专家"；仅能做传播现有知识的"教书匠"，无法做传承创新、立德树人的"大先生"。

几年来的课程思政教学实践也使笔者深有体会，对于大多数金融专业课教师，特别是跨专业教师和青年教师，要讲好课程思政仍需要在筑牢专业功底上下功夫。首先，努力构建"中西融合"的知识体系。要讲好金融课，专业教师不仅要具有系统的现代经济金融知识，掌握西方金融的理论基础、思想沿革和知识体系，还需要熟悉中国金融的个性和特色发展道路。中国金融不是西方金融理论的简单演绎，在助力全面建成社会主义现代化强国的伟大历史进程中，中国金融走出了一条特色发展之路，金融的外延不断拓展，内涵不断延伸。构建"中西融合"的金融知识体系，有助于专业教师在讲清金融工具理性、技术理性的同时，讲好社会主义金融的国家属性、价值属性和人文属性。其次，熟悉专业前沿和发展趋势。如从功能观角度看，金融功能中资源配置是基础，风险配置是趋势。金融的历史起点是融资，发展动力是投资，未来方向是基于财富管理的风险配置。金融人才培养也要顺应这种变革和趋势。专业教师对前沿和趋势性问题的专业探讨，更能够引起学生产生联系实践的思考和共鸣，更容易用学理分析回应学生，用理论力量感召学生的教学效果，寓思政引导于知识传授之中。再次，注重拓宽知识领域，完善知识结构。相对于经济增长、社会进步和人的发展而言，金融也只是工具性存在。只有将金融学置于经济学大类中来讲授，才能更好地理解金融的本质；只有将金融置于国民经济和社会发展中来思考，才能更好地理解金融的作用，才能够给学生讲好金融。这就需要金融专业教师能够按照课程—专业—学科—门类的大致顺序，不断丰富相关知识储备，通过"广泛涉猎"做到"信手拈来"。最后，能够精准挖掘专业课程中蕴含的思政元素。能够从金融学的知识逻辑、学科逻辑、历史逻辑、理论逻辑、实践逻辑等多角度挖掘相关课程中蕴含的思政元素，找准课程思政的投射点。通过思政元素的挖掘和导入搭建起知识讲解和价值引领之间的桥梁。

四 提高思政教学能力

课程思政的关键在于在讲授专业知识的同时，巧妙融入思政教育和价值观引领。这要求专业教师除具备扎实的专业功底外，还要具备课程思政的教学本领，两者结合才能够实现"如盐化水"和"润物无声"。在人文社科类专业中金融虽较为注重实证分析，重视技术分析和数据利用，但金融本身也蕴含着丰富的德育资源。金融学的课程思政就是要将这些资源挖掘出来，并有机融入课程教学。这一过程的关键在于三个结合，即学理性与政治性结合、知识性与价值性结合、理论性和实践性结合。虽然课程思政教学已在全国推广五年有余，但专业课教师仍普遍缺乏上述课程思政的教学能力。这突出表现在两个方面，一是教师自身的马克思主义理论素养不高，对马克思主义理论特别是习近平新时代中国特色社会主义思想不能够结合专业做到学深悟透和知行合一，难以将马克思主义的立场、观点和方法运用到教学科研工作中；二是思政导入的教学艺术不够，对课程思政教学目标、教学过程的把控力不强。部分教师虽然具备良好的专业素养，但由于教学方式方法单一，导致金融学课程思政教学效果欠佳。

如何提升上述两方面的能力呢？对于上述第一方面需要专业课教师持续提升德育意识与育德能力，能够自觉地在专业教学中隐性植入马克思主义的立场、观点和方法，这是一个需要长期修炼的功夫。短期内可重点做好第二点，即提升思政导入的教学艺术。首先，注意教学方式方法选择。尽量避免灌输式教学，努力通过学生喜闻乐见的方式实现"润物细无声"。比如教师可以通过讲故事的方式寻找学生习以为常的概念与教师宏大叙事话语之间的转换点。以事载道、以事明理。将故事中隐含的价值观念和思维方式"植入"学生的认知结构，激发学生的认知和情感共鸣。其次，注重有机导入和激发升华。如果以烹饪比喻，课程思政的导入就像是"炒菜放盐"，盐自然溶解吸收到食材中，为学生成长提供营养；课程思政对知识的提升就像是"油泼辣子的最后一浇"，激发整个菜品的灵魂，实现对知识掌握的升华。讲好课程思政就要在"放盐"和"放辣子"

的技术上多琢磨，把程序化的事做得有意思，让课程思政"有知有味"。再次，注意详略得当和取舍有度。课程思政教学并不是要求每一节课、每个环节都要"思政"，而是在整体课程建设中有思政的价值取向。思政点的选取要恰如其分，每节内容的思政元素只取几个点。不能为了思政而思政，给学生留下生搬硬套、牵强附会的坏印象，破坏课程原有的知识结构。最后，注重授课对象差异。如果说知识具有同质性，知识讲授要注重标准化和规范性，那么课程思政育人则要多关注授课对象的差异性，同一门课，授课对象不同，讲授方法和重点也会不同。如给金融科学学位学生授课要走"求真"之路，注重理论逻辑和知识体系，重在探索金融的逻辑过程及问题背后的客观规律；给金融专业学位学生授课要走"求解"之道，注重前述逻辑和体系中的重要节点，重在拿出方案，解决问题。此外，做好课程思政要及时关注学生的思想和行为动态，以学生的获得感和接受度作为课程效果的检验标准。

五　保持高尚的人格魅力

课程思政需要专业教师不仅要传播思想、传播真理、传播知识，更要塑造灵魂、塑造品行、塑造人格。而相对于知识的传授，品行和人格的塑造要复杂得多。课程思政要在这两者之间找到平衡，取得实效，既取决于教师是不是"讲得好"，也取决于学生能不能"信其道"。亲吾师才能信其道。教师在学生面前呈现的是其完整形态，而不只是所教授的专业知识。教师的一言一行都在向学生呈现"你是谁"，学生也在判断"你是谁"。学生对教师的接纳和喜欢不仅仅是因为专业，而是因为其全部人格[1]。优秀的课程思政教师在学生眼中会具有鲜明的智慧和人格象征。如果教师在个人的品行修养和精神气质上受到学生喜爱，那么他的理论水平、专业功底和科学精神会更容易获得学生认同，从而对知识传授和价值引领起到助力作用。从这个意义上讲，教师的个人修养和人格魅力也构成思政育人的重要组成部分。

如何涵养高尚的人格魅力呢？这需要专业教师除了做"经师"、精

---

[1] 叶澜：《教师在学生面前呈现的是其全部的人格》，http：//shidao.shnu.edu.cn/00/ab/c22840a721067/page.htm。

研学问、教授知识以外,更要做"人师",立德传道,塑造品格。首先,要立德修身以身示范。习近平总书记指出,合格的老师首先应该是道德上的合格者。开展课程思政更需要专业教师涵养高尚的道德情操,以德立身、以德立学、以德施教。用高尚的道德情操感染学生,用知识的力量吸引学生,用真理的力量感召学生。其次,要言行雅正表里如一。教师高尚的人格魅力、阳光的生活态度和高雅的文明举止,会带给学生积极的正能量,潜移默化地修正学生思想品行,提升学生对课程思政教育的接受度。陶行知先生说教育是"千教万教,教人求真;千学万学,学做真人",道出了教育的本质,也给我们开展课程思政教学提供了启示。无论在课堂内外还是网上网下,教师都要言行一致、表里如一,教学生求真知识、养真道德、学真本领。最后,努力打造与学科特质相符的人格气质。这可能是较为高阶的要求。就课程学习而言,专业形象可能是教师留给学生的第一印象。授课教师的形象、气质、知识以及能力等都会无形中向学生展示其所授学科的气质。金融专业本身具有很强的学科特质和鲜明的职业指向,金融学课程思政教师要用好这一学科特点,努力塑造严谨、专业、高效、务实的金融人格气质并将其传递给学生,这也是高校金融人才培养的一项重要内容。教学实践中,有些金融专业教师多年来坚持着正装给学生授课,从学科气质塑造上讲是值得鼓励的。

结 语

为党育人、为国育才是高校立德树人的根本任务。高等教育不仅要传播知识、传播思想、传播真理,更要塑造灵魂、塑造品行、塑造人格。课程思政为这一伟大任务提供了有效载体。课堂教学是课程思政的"主渠道",课程建设是课程思政的"主战场",而专业教师则是课程思政的"主力军"。专业课教师要增强课程育人的积极性、主动性和创造性,既做学问之师,更要做品行之师。金融专业的学科特点对授课教师课程思政教学本领提出了更高的要求,专业教师要不断锤炼过硬的政治品格,涵养深厚的教育情怀,筑牢扎实的专业功底,提高专业教学能力,保持高尚的人格魅力;不断修炼课程思政教学的核心素养,提升立德树人的综合能力;努力成为政治素质过硬、业务能力精湛、思政育人水平高超的新时代"好老师",努力成为既能教书又会育人的"大先生"。

国际私法学课程思政建设研究[*]

高 媛[**]

摘 要： 国际私法学作为大学法学专业本科生的必修课以及涉外法律人才培养的核心课，课程思政建设的重要性不言而喻。但是现阶段仍然存在重视程度不足、系统性不够、过于宏观等困境，其根源在于国际私法学授课教师内驱力不足、课程思政外激励欠缺、与当代大学生的实际情况无法匹配等原因。要走出困境，必须紧紧围绕切合性、心理排斥感化解、组织与落实协调性这三个国际私法学课程思政建设的目标要素，通过思政元素挖掘、师资培训、资源供给、制度完善等，多措并举推动国际私法学课程思政的长远发展。

关键词： 国际私法学；课程思政；建设路径

涉外法治是中国特色社会主义法治体系的重要组成部分，涉外法治人才必须政治立场坚定，要坚持立德树人、德法兼修，深入推进专业课程思政建设，实现思政教育与专业教育相贯通。国际私法学作为大学法学专业本科生的必修课以及涉外法治人才培养的核心课，应该承担起相应的育人职能。

一 国际私法学课程思政困境分析

国际私法学课程思政建设是国际私法学课程改革的重要命题。当前国际私法课程思政建设还存在诸多困境，需要对其进行认真剖析，以便在问题认定的基础上深化改革。

---

[*] 基金项目：西北政法大学本科教育教学改革研究项目"国际私法学课程思政教学改革研究"（项目编号：XJYZ202209）。

[**] 高媛，西北政法大学国际法学院讲师，法学博士，主要研究方向：国际私法学。

(一) 国际私法学课程思政困境

1. 国际私法学课程思政重视程度有待提高。虽然 CNKI 文献检索无法反映国际私法学课程思政的全貌，但从数量上就可以看出，对这一重要问题仍需要给予更多关注。如果没有足够的研究作为基石，势必在实践上会处于困顿的状态。而如果在实践中缺乏热情和投入，也会导致研究陷入停滞。

2. 国际私法学课程思政系统性不够。国际私法学课程思政多作为教学方法改革的一个环节被提及，鲜有将其作为一个独立议题提出并予以重视。国际私法学课程思政已经具有独立研究的必要性，应该针对国际私法学特点，借鉴现有课程思政理论成果予以系统化。

3. 国际私法学课程思政过于宏观。国际私法学课程思政真正的实现有赖于微观的融合，在上级政策支持下，关注微观问题才有利于课程思政建设的推进。国际私法学课程涉及理论点诸多，在这些理论点中哪些能够融入思政元素，该怎样融入思政元素，应该作为研究的重点。

(二) 国际私法学课程思政困境之源

1. 授课教师课程思政内驱力不足。在政策的宣传之下，教师们都具有课程中进行思政教育的意识，但仍存在内驱力不足、主动性不强的问题。究其原因，主要有以下几个：一是思政理论准备不足。一些教师疏于政治理论的学习，使得在国际私法学课程思政融入时不知道有哪些思政元素可以引入或者应该引入。二是思政元素挖掘不足。现有的国际私法学教材、论著很少涉及思政教育，教师只能依靠自己去挖掘，这需要耗费大量的时间精力，使得有些教师将其看作一种负担。三是国际私法学课时有限，有些教师认为课堂中再引入思政教育会耽误专业课知识的讲授。

2. 国际私法学课程思政外激励欠缺。国际私法学课程思政建设是一项具体务实的工作，需要足够的外部支持，但是现阶段支持不足。一是缺乏足够的推动力。有些高校虽然对课程思政制定了相关推进政策，但是缺乏相应的国际私法学课程思政的实施细则，没有配套明确的奖励措施和考评指标，无法激发教师参与课程思政建设的热情。二是缺乏相应的示范样板。国际私法学课程思政缺乏模板范例，如果教师相关政治理论水平不足，就很难实现课程思政的融入。三是缺乏便捷的经验互享平台。对于思政元素的挖掘，绝大多数教师只能在自己的经验范围内予以解决，没有形成有效的交流沟通平台与机制，经验无法传承与累积，难以形成合力。

3. 与当代大学生的实际情况无法匹配。国际私法学课程思政未能回应大学生期待，与大学生的需求仍有错位。一是大学生对国际私法学课程有自己的定位。他们的目标或许只是取得满意的考试成绩，当这种工具理念过于强烈时，会挤压他们对价值理念的关注。二是大学生已经形成了年轻人自己的信息选择习惯。在互联网时代成长起来的一代，早已习惯了在多元化信息中进行挑选，如果课程思政的介入与他们日常选择的信息差距太大，会使他们觉得老师是在凑课时。三是有的大学生对思政教育本身存在刻板印象。现阶段，多元化社会思潮借助多样的载体通过各种形式进行美化包装，让大学生的信仰不断受到新冲击。在这种情况下，思政教育如果仅仅停留在思政课程上的照本宣科，必然会让一些大学生对思政教育产生倦怠与排斥。

二 国际私法学课程思政建设的目标因素

（一）国际私法学课程与思政的切合性

1. 课程与思政的切合性是国际私法学课程思政建设之本。国际私法学课程思政建设的根本是实现课程知识点和思政元素的切合，从2017年的《高校思想政治工作质量提升工程实施纲要》到2019年的《关于深化新时代学校思想政治理论课改革创新的若干意见》，再到2020年教育部发布的《高等学校课程思政建设指导纲要》（以下简称《指导纲要》），都多次提到挖掘课程思政元素，也就是从课程思政摸索到整体推进，再到形成指导方案，一直在强调课程知识点与思政元素的切合性问题，没有切合性，课程思政就会成为无本之木。

2. 课程与思政的切合程度决定了国际私法学课程思政建设效果。美国心理学家霍夫兰所提出的态度改变说服模型，其中在传达和情境方式中提及，传达信息内容及方式的合理性，以及说服情境的强化等效果。[①] 在国际私法学课程中给大学生讲授涉外法律知识的同时进行思政教育时，必须使思政元素的传授成为所授知识的自然延伸，是在相应情境中的自然流露。

---

① 章志光主编：《社会心理学》（第二版），人民教育出版社2008年版，第218—219页。

3. 课程与思政切合性的实现是国际私法学课程思政建设技术上的难题。国际私法学在漫长的发展过程中形成了专业术语和独特的规则体系，这使得从未学习过该课程的思政课程教师不敢轻涉。国际私法学教师虽然对于专业问题比较熟悉，但是对于同样有一定专业壁垒的思政问题就面露难色，这使得一些高校的该课程不同程度会存在"两张皮"的问题，实际就是课程与思政的不切合。《指导纲要》就明确指出了这一问题，并且反复强调必须解决好这一问题。这种强调，也说明了切合性的难度。

(二) 国际私法学课程思政双向主体心理排斥感的化解

1. 双向主体心理排斥感的化解是国际私法学课程思政建设之基。课程思政的双向主体就是教师和学生，他们是传授者和接受者，同时也是双向影响的。师生心理排斥感的化解是国际私法学课程思政建设的基础，将影响课程思政的稳定性。这种排斥感既包含师生对国际私学课程思政本身的不适感，又包含双方在思政内容传递时的错位感。在这二者之中，教师又起主导作用，需要其在认识到思政教育重要性的前提下自觉践行，并根据学生特点来进行调整，以合适的方式在教学活动中来进行呈现。

2. 双向主体心理排斥感消除与否将决定国际私法学课程思政建设的成败。课程思政的目的就是实现对大学生的教育，帮助大学生坚定理想信念。《指导纲要》也反复强调要以学生为中心，实际就是要求教师针对学生特点，来消除学生的心理排斥感，满足学生成长发展需求和期待，用润物细无声的方式达到育人的目的。如果一直存在心理排斥感，国际私法学课程思政建设就不可能真正成功，所有的思政方面的工作也会沦为负担。

3. 双向主体心理排斥感的化解是国际私法学课程思政建设思维上的难点。思政课程单独承担育人任务之所以会出现明显的不足，原因之一就是一些大学生上课过于功利化。思政课程遇到的问题，在国际私法学课程思政同样会遇到，如何让思政教育平易近人且让学生乐于接受，消除大学生的心理排斥感就非常重要。此外，课程思政建设客观上确实增加了教师的工作量，国际私法学教师也需要转变授课思维，接受这种立足中国大地办大学的新的课程观[①]，才能与思政课程合力争夺主流意识形态话语权。

[①] 刘鹤、石瑛、金祥雷：《课程思政建设的理性内涵与实施路径》，《中国大学教学》2019年第3期。

(三) 国际私法学课程思政组织与落实的协调性

1. 组织与落实的协调性是国际私法学课程思政建设之源。课程思政的参与方众多，从中央到地方，都纷纷成立了课程思政教学指导委员会等相关机构，对课程思政进行总体规划、指导和监督检查。各高校也纷纷建立类似机构，组织本校的课程思政建设。但是由于课程的专业性门槛，课程思政的落实实际就由各学院、教研室及各专业任课教师承担。由于主体的多样性，这时候组织与落实的协调性就显得异常重要，这也是《指导纲要》强调组织实施和条件保障的原因。没有协调性，国际私法学课程思政建设就会成为无源之水，无法持续。

2. 组织与落实的协调性能否实现将决定国际私法学课程思政的发展。课程思政不是一蹴而就的，要想注入持久的动力，必须实现组织与落实的协调性。《指导纲要》也旗帜鲜明地指出，课程思政建设是一项系统工程，要科学指导、实事求是，注重统一性和差异性的要求，没有组织与落实的协调性，国际私法学课程思政融入就无法长足发展。

3. 组织与落实协调性的实现是国际私法学课程思政建设制度上的难关。课程思政作为一项长期且复杂的工程，它必须有制度作为支撑，而制度建立上的难关就是如何实现组织与落实的协调性。现阶段相关的制度以及组织机构都已经基本建立，但是各主体之间的协同合力依然存在问题。由于专业性壁垒以及组织和落实主体的分离，各种政策文件在专业课程落实的程度不足，这会影响国际私法学课程思政的长远发展。

三 国际私法学课程思政建设路径

(一) 回归国际私法学课程价值追求初心，深入挖掘思政元素

1. 以习近平法治思想为引领，构建课程思政元素三级体系。2020年11月，在中央全面依法治国工作会议上，党中央正式明确提出习近平法治思想。① 习近平法治思想内涵丰富，博大精深，是法学教育的重要指

---

① 《习近平法治思想概论》编写组：《习近平法治思想概论》，高等教育出版社2021年版，第5页。

引，可以以此为据，结合法学各专业培养目标，构建课程思政元素体系。习近平法治思想针对涉外法治，以两个统筹为主线（统筹国内与涉外，统筹发展与安全），要求积极构建中国特色社会主义法治体系，维护国家安全，促进共同发展，从而为全球治理体系变革提出了中国方案，并且明确了涉外法治人才培养的总体要求①。以此为据，拟定国际私法学课程思政元素总表，以供探讨改进（见表1）。

表1 　　　　　　　　　国际私法学课程思政元素

一级	二级	三级
两个统筹	中国特色社会主义法治体系	中华优秀传统法律文化：以法为本、缘法而治，我国古代国际私法学的贡献，规则和秩序是文明的标志
		涉外法律体系：良法善治，涉外法律要为对外经济发展服务，提升贸易和投资自由化便利度，自贸试验区经验法律化，外国人民商事法律地位
	总体国家安全观（利用法治手段开展斗争②）	外国法不当域外适用阻断："长臂管辖"，反外国制裁，反制措施
		涉外国家安全审查：出口管制、外商投资审查
	辩证唯物主义	统筹兼顾是中国共产党的一个科学方法论，哲学内涵就是马克思主义辩证法
		唯物辩证法是认识世界和改造世界的根本方法：辩证思维能力，历史思维能力，系统思维能力，战略思维能力，底线思维能力，创新思维能力③
全球治理观	人类命运共同体	构建人类命运共同体，深刻回答了"建设一个什么样的世界，怎样建设这个世界"的问题：国际私法未来发展的背景和方向，冲突规范的基础
		弘扬全人类共同价值：与西方唯我独尊的"普世价值"相区别，国际私法学的价值选择
		秉持共商共建共享理念，求同存异、共同发展，构建互利共赢的全球多边治理体系：维护以联合国为核心的国际体系和以国际法为核心的国际秩序，积极参与全球治理，国际私法组织的中国贡献，国际条约、国际惯例，司法协助，"一带一路"，国家间差异性，国家间民商事领域协调
	中国特色大国外交	以邻为善：区域经济组织
		正确的义利观：以义为先、讲信义、重情义、扬正义、树道义
		外交为民：外交领事保护和服务，领事婚姻

---

① 《加强涉外法制建设，营造有利法治条件和外部环境》，载中华人民共和国中央人民政府网站，https://www.gov.cn/yaowen/liebiao/202311/content_6917473.htm?jump=true&wd=&eqid=fa0fff760028b8040000000665767829，2023年11月28日。

② 《习近平法治思想概论》编写组：《习近平法治思想概论》，高等教育出版社2021年版，第217页。

③ 《马克思主义基本原理（2023年版）》编写组编：《马克思主义基本原理》（2023年版），高等教育出版社2023年版，第61—67页。

续表

一级	二级	三级
政治认同	党的全面领导	党的领导是中国最大的国情，是中国特色社会主义制度的最大优势：中国国际私法学发展成果
	中国特色社会主义道路	坚定"四个自信"、增强"四个意识"、做到"两个维护"：国际私法学科发展基本准则
		中国梦：中国国际私法学者的贡献
		"一国两制"：区际私法
	历史唯物主义	唯物史观：国际私法的诞生及发展规律
德才兼备	家国情怀	社会主义核心价值观：涉外代理，法律规避，直接适用的法，公共秩序
		国家意识、国民身份认同：公共秩序，国籍原则
	健全人格	珍爱生命、坚韧乐观、自我管理、爱心善良：著名学者的经历
	法治思维	实体正义、程序正当、有法可依、有法必依：冲突规范的发展趋势，涉外民事诉讼程序
		以人为本、弱者权利保护：涉外婚姻家庭亲子纠纷，涉外消费者纠纷，涉外劳动纠纷
		维护国家利益、服务国家战略：国家豁免，涉外知识产权保护纠纷，涉外物权纠纷

2. 激发课程教学的价值追求，使思政融入成为必需。长期的专业课教学，很容易掩盖了知识本身所蕴含的价值追求，使人淡忘了学习知识的初衷、价值和意义。① 国际私法学也不例外，一些教师感觉课程与思政相互切合非常困难，其本质是忽视了这门课程本身所蕴含的价值追求。国际私法学作为研究涉外民商事案件法律适用的学科，突破了狭隘的属地主义，使得适用不同国家的法律成为可能，促进了世界各国经济贸易的发展，只有在习近平法治思想的引领下，激发了国际私法学课程教学的价值追求，课程的思政融入才会成为顺理成章的事情，挖掘国际私法学每一个知识点背后的价值含义，思政融入就自然而然成为课程必需的一环。教师作为思政融合的落实主体，应勇担责任，在专业课程与思政教育有机结合方面不断进行教学思考②。以冲突规范这一节为例，笔者对每一个知识点

---

① 王学俭、石岩：《新时代课程思政的内涵、特点、难点及应对策略》，《新疆师范大学学报》（哲学社会科学版）2020年第2期。

② 高燕：《课程思政建设的关键问题与解决路径》，《中国高等教育》2017年第Z3期。

的思政元素进行简单罗列,以期抛砖引玉(见表2)。

表2　　　　　　　　　冲突规范(节)思政元素

	知识点	切入点	思政元素
冲突规范	概念及基础	冲突规范存在的基础	人类命运共同体、正确的义利观
	结构和特点	冲突规范的特殊性	唯物辩证法:辩证思维能力(用发展观点看事物)
	缺陷及改良	传统冲突规范存在的问题	唯物辩证法:辩证思维能力(用全面观点看事物);健全人格:坚韧乐观(不盲目自我否定)
	类型	新的类型	唯物辩证法:创新思维能力
	历史	冲突规范萌芽最早诞生于中国	中华优秀传统法律文化(文化自信)
	发展趋势	立法上变化	法治思维:实体正义、弱者利益保护
	强制性	涉外案件裁判文书常见错误分析	法治思维:有法必依

3. 增强思政信息传递时的信念感,使思政教育润物细无声。课堂上思政信息的传递实际就是国际私法学课程价值追求初心的传递,传递的错位感需要用价值追求的信念感去化解。一方面,要加强国际私法学教师的综合素养。教师对于涉外民商事法律知识的专业性、上课思路的清晰度、论述问题的辩证性、自身的品行等,都将影响大学生对教师传递信息的信赖感。教师的仪容仪表、言谈举止、话语风格都会影响其对大学生的吸引力。所以,教师必须先练好内功、注意自己的德行修养,才能将国际私法学课程本身的价值追求有效地传递给大学生。另一方面,要发挥课堂环境的正面影响力。环境影响思政信息的传递,在课堂教学中,应多方面营造相应氛围。比如在讲到国籍相关知识时,可以播放《战狼》等影片片段,让学生感受到我国外交护民,播放《我和我的祖国》等歌曲,潜移默化地调动大学生的情绪,激发大家的家国情怀。

(二)加强国际私法学教师培训和交流,打造思政样板

1. 培训、交流相结合,提高国际私法学教师思政素养。现有的课程思政培训主要是教育部或者省市的网络培训,教师自愿参与,覆盖面有限。平时定期的党支部活动也只针对党员，而且内容主要集中在党的方针政策、党员纪律等。这种情况下，国际法学院或者国际私法教研室应该采取措施，创设灵活的培训形式，把德育意识培养纳入教师日常培训体系[1]。比如，可以在定期学院或者教研室会议中，固定设置思政板块，请思政老师来给大家解读相关理论知识；也可以针对德育问题，举行线上或线下论坛，供教师一起学习讨论。交流不畅也将影响课程思政合力的形成，可以尝试从下向上打造沟通交流平台，由国际私法教研室牵头，建立课程思政工作群，指定教师进行维护，将所有国际私法学教师纳入群中，并将学院层面、学校层面思政事宜相关工作人员纳入，便于上级发布思政相关通知；还可以从一线搜集课程思政政策及技术需求，与相关行政人员快速对接。

2. 发挥模范教师作用，创建国际私法学课程思政示范课。学院或者教研室应挑选出国际私法学课程思政能力强的教师，打造成课程思政模范教师，由这些教师来择取章节录制课程思政示范课，起到名课示范的作用。参与各种课程思政竞赛获奖的国际私法学课程可直接作为示范课采用，让所有教师知晓并且能够直观地予以学习。要坚决杜绝教学与竞赛脱离，只为获奖而获奖。通过QQ、学习通等便捷形式形成资料库，方便教师随时阅览。还可以通过写心得体会或者意见建议的方式督促教师观看，让所有教师对国际私法学课程思政该如何融入都有直观的感受。

3. 集思广益，拟定国际私法学课程思政教学指南。教师的课程思政水平参差，所以需要注意木桶效应，努力补齐短板，让课程思政融入能力弱的教师也能达到基本要求。实现这一目标的方式就是制定国际私法学课程思政教学指南。按照国际私法学教学大纲和教案，细化知识点，对数百个知识点可能引入的思政元素提出建议，这样可以使教师在思政教育方面快速上手。课程思政教学指南可以快速补齐一些教师课程思政水平短板，并且随着指南的不断完善，能够有效帮助提升国际私法学教师思政教育的整体水平。

---

[1] 吴月齐：《试论高校推进"课程思政"的三个着力点》，《学校党建与思想教育》2018年第1期。

(三) 充分利用线上线下各种资源，丰富教学形式

1. 突破课时局限性，扩展国际私法学授课渠道。本科国际私法学课时的不足给课程思政造成了限制，也成为一些教师抵触的根源。一方面，教师应明白课程思政并不是要在课程中长篇大论思政内容，它是通过知识点讲述的设置，让学生去感悟，教师仅仅是通过在特定场景下水到渠成的两三句话，从而潜移默化地进行思政教育，所以并不会占用很多课堂时间。另一方面，国际私法学教师要充分扩展授课渠道，可以采用线上模式，通过学习通等布置线上学习任务，提前放入能够对学生进行德育教育的相关材料等。比方说，在讲到中国国际私法学发展时，提前线上发放资料让学生了解韩德培、刘振江、李双元等老一辈国际私法学者的经历和贡献，在课堂上让学生谈感想，潜移默化地帮助学生培养家国情怀、健全完善人格，能够以这些前辈为楷模，为实现中国梦不断努力奋斗。另外，还可充分利用课外时间，来对课堂教学进行互补。比如，可以通过圆桌讨论等形式，围绕"一带一路"等热点问题，让学生自然而然地对共商共建共享理念、构建人类命运共同体的意义产生深深的认同感。

2. 正视大学生需求，在涉外领域争夺主流意识形态话语权。经济全球化时代下，多元化社会思潮不断与主流意识形态争夺话语权，意识形态领域面临的形势和斗争也更加复杂。[①] 对于涉外法律感兴趣的大学生，往往都具有更好的外语水平及对国外法律制度更多的求知欲，他们更容易在意识领域发生动摇。国际私法学作为大学生涉外法律培养的必修课，在带给他们涉外法律知识的同时，需要以合适的方式契合他们的需求。现在大学生喜欢从微博、小红书、哔哩哔哩等平台获取信息，教师也应关注新鲜事物，在课堂中加入流行词语，尽量用生动的图片、诙谐的口吻来讲课，尽可能营造轻松氛围，创新以理施教与以情优教相结合的话语体系[②]。此外，学生往往对实务更加感兴趣，可以借助院校自身的实训平台，比如学校的涉外法治人才协同创新培养基地、中国—中

---

① 习近平：《思政课是落实立德树人根本任务的关键课程》，《求是》2020 年第 17 期。
② 张驰、宋来：《"课程思政"升级与深化的三维向度》，《思想教育研究》2020 年第 2 期。

亚法律查明研究中心、涉外法治研究中心、丝绸之路研究院等,让学生在实践中,潜移默化地感受到两个统筹、全球治理观的重要性和正确性。

3. 丰富教学方法,满足涉外法律人才德育培养要求。国际私法学专业课教学是以 OBE 教育理念为指导,以学生为本,注重涉外法治人才目标实现,这实际上和德育培养实现路径是一致的。国际私法学课程思政也要以学生为本,丰富教学方法,将思政教育融入整个教学环节。国际私法学和实务紧密结合,所以案例教学应是国际私法学课程的主要教学方法之一,在案例教学中可以引入和挖掘思政元素。以冲突法一般问题这一章为例,对所涉案例的思政元素进行罗列,以供探讨改进(见表3)。此外,还可以采取情境教学法、体验式教学法,让学生撰写文书,用模拟法庭的方式对涉外案件民事诉讼程序各环节有所认识;还可以带领学生去法院、仲裁庭观摩涉外民商事案件的审理,与法官、仲裁员进行交流,让学生深入实践,了解我国涉外案件情况,关注现实问题。在教学手段上应尽可能多地采用多媒体,适应"互联网+教育"新形态新要求,利用现代科技手段,使得课堂变得更加生动和立体。比如可以采取现在最为流行的小视频这样的信息传播方式,用微课、微电影的形式,将融入思政元素的某个知识点尽量浓缩,在线上以直观的方式展现给大学生,便于他们接受。还可以通过混合式教学,利用学习通等学习平台,在线上设置任务点闯关,发布讨论话题,让学生能够代入式主动思考相关问题。

表3　　　　冲突法一般问题(章)相关案例思政元素挖掘

章节	知识点	案例	切入点	思政元素
识别	识别冲突	马其他人案	法律观念差异	求同存异:国家间差异性
反致	直接反致	福果案	法院地利益的保护	法治思维:维护国家利益
	转致	特鲁福特案	判决结果的一致性	人类命运共同体:国家间民商事领域协调
法律规避	构成要件	鲍富莱蒙案	法律欺诈	社会主义核心价值观:诚实守信

续表

章节	知识点	案例	切入点	思政元素
公共秩序保留	含义	贺尔泽诉德国铁路局案	基本价值准则	人类命运共同体：全人类共同价值
	适用	徐某与胡某确认合同效力纠纷（2015）黔高民三终字第7号① 严某与姜某民间借贷纠纷（2019）粤03民终359号② 谢某与湖南某公司等服务合同纠纷（2021）浙0603民初2082号③	涉外赌博、代孕法律的排除适用	家国情怀：社会主义核心价值观 法治思维：维护国家利益、人本主义
外国法的查明	途径	大连某船舶贸易有限公司与某航运公司船舶修理合同纠纷（2019）津72民初220号④	途径多样化及完善	中国特色社会主义法律体系：涉外法律要为对外经济发展服务
强制性规则	适用	吴某某与某实业有限公司等职务发明创造发明人报酬纠纷（2018）粤民终1824号⑤	劳动者权益保护	法治思维：弱者利益保护，国家利益维护

---

① 《徐某与胡某确认合同效力纠纷二审民事判决书》，载中国裁判文书网，https：//wenshu.court.gov.cn/website/wenshu/181107ANFZ0BXSK4/index.html?docId=Rjlsv3zRAPCdTyQG6cInTG6gJj1fB654ZXgpA/l301+/Q6NZCEM5+Z/dgBYosE2gXtEltnKR52qLkxqR+/E3gHdg4ymruJV5xvn00XT/fOiyeaqyrwZDXOPj7lg56HM5，2016年12月16日。

② 《严某、姜某民间借贷纠纷二审民事判决书》，载中国裁判文书网，https：//wenshu.court.gov.cn/website/wenshu/181107ANFZ0BXSK4/index.html?docId=FoLm6CABDTjmMY/h3cCRHYSMfIdCHDnsLyUEAIuE2IXR/p/Z9Q5G75/dgBYosE2gXtEltnKR52rF1Tb8axgbdH+Gqfl8sSvHZ/aa6mWy4GlV3dE+ZqOb1RLQS9VXeDAf，2021年1月1日。

③ 《谢某、湖南某公司等服务合同纠纷一审民事判决书》，载中国裁判文书网，https：//wenshu.court.gov.cn/website/wenshu/181107ANFZ0BXSK4/index.html?docId=gL4HukrAw8Je/SK6IgeZc/+DQXD/xy/2hzkKvYDhn/52+wOMlXb+zp/dgBYosE2gXtEltnKR52qLkxqR+/E3gHdg4ymruJV5xvn00XT/fOhvu+1TN8VfIFBV7K8uyqvR，2024年2月23日。

④ 霍政欣：《国际私法学案例研究指导》，中国政法大学出版社2021年版，第15页。

⑤ 《职务发明创造发明人报酬纠纷案件》，广东法院网，http：//www.gdcourts.gov.cn/caipanwenshuxuandeng/caipanwenshuxuandeng/content/mpost_1045548.html，2019年10月10日。

(四) 完善国际私法学课程思政相关制度措施，实现长远发展

1. 针对学科特点，形成国际私法学课程思政改革发展纲要。国际私法学课程思政融入是一项大工程，千头万绪，需要有所规划。要使国际私法学课程思政稳步发展，就必须制定国际私法学课程思政改革发展纲要，确立指导思想和总体要求，构建组织实施方案，责任落实到位。同时明晰改革方向和路径，合理划分改革发展阶段，每一阶段设置拟完成目标及考核标准，循序渐进，逐步实现最终目标。

2. 衔接上级政策，制定国际私法学课程思政的实施细则。实施细则应该针对国际私法学特点，明确工作目标，列明关键环节，将课程思政的环节内容、保障措施、组织架构、评价体系制度化，促进课程思政稳定发展。实施细则要与上级政策相吻合，使政策在国际私法学中具体化。要根据涉外法治人才培养方案特点，对于教学中课程思政融入的关键节点，以及课程思政评价标准予以明晰，使每位教师对于课程思政有标可查、有准可依，从制度上帮助教师厘清思政教育思路，从而激发教师课程思政的积极性。现拟定国际私法学课程思政评价简表，以供探讨改进（见表4）。另外，实施细则应该适时修订，根据实际情况及时增补或者删减相应条款。学院和教研室作为统筹与落实双重身份主体，要承担起国际私法学课程思政制度构建的责任，切实细化上级政策、落实保障措施，及时听取并处理教师反馈、组织建立并完善相关细则。

表4　　　　　　　　国际私法学课程思政评价简表

评价方面	评价指标	分值	分值标准
内容评价 (是否引入思政元素)	板书引入思政元素		是 (1分) 否 (0分)
	课程设计（课堂讲授）引入思政元素		
	线上资料引入思政元素		
	课后作业引入思政元素		
	第二课堂活动引入思政元素		
	思政元素覆盖全部章节		

续表

评价方面	评价指标	分值	分值标准
切合度评价 (是否存在 "两张皮"问题)	思政元素和知识点联系紧密		非常好（5分） 比较好（4分） 还可以（3分） 一般（2分） 比较差（1分） 很差（0分）
	思政元素定位领域准确		
	思政元素融入方式恰当		
	课程思政语言自然流畅		
	课程思政在指南基础上有所创新		
效果评价 (是否有助于 实现涉外法 治人才德育 培养目标)	能使学生理解国际私法课程思政的必要性		
	能使学生理解国际私法在国家对外经济交往中的重要作用		
	能使学生对我国的涉外法治方针予以认同		
	能使学生理解国际私法是对外维护国家利益、人民利益的重要手段，并愿意自觉践行		
	能通过价值引导激发学生学习国际私法的热情		
	能使学生具有处理涉外案件的法治思维		
	有助于学生辩证思维能力、历史思维能力、系统思维能力、战略思维能力、底线思维能力、创新思维能力的培养		
	有助于学生社会主义核心价值观的培育		

3. 合理分配资金，落实国际私法学课程思政奖励措施。国际私法学课程思政建设需要耗费教师及相关人员的大量精力，有相应的资金支持，课程思政体系化才能更快实现，院校两级都应对课程思政拨付专款以扶持建设。此外，还应有相应的激励措施，院校两级应对于课程思政建设成效比较好的教研室给予表彰奖励，以促进其他教研室立足本学科积极进行课程思政建设，从而激发专业课教师课程思政能力提升的热情。足够的资金支持和荣誉倾斜，可以给国际私法学课程思政建设工作注入更多的动力，让越来越多的教师全身心投入进来。

当代大学生的"内卷"与"躺平":
形成机制与应对策略*

——基于深度访谈的调查研究

曾欣怡 李 丰**

摘 要: 当代大学生中普遍存在的"内卷"和"躺平"现象,影响着大学生的学业表现与个人发展。本文采用深度访谈的研究方法,分析大学生"内卷"与"躺平"的表现与形成机理。研究发现,大学生的"内卷"与"躺平"是多种复杂因素交织作用下的产物。个体精神高压、资源短缺、同辈群体比较、评价机制偏差和社会生态失衡是促使大学生"内卷"和"躺平"现象产生和泛化的关键因素。通过增强大学生自我认知能力、提供社会化合作与支持、改进评价机制和营造良好教育生态等方式,有助于缓解"内卷"与"躺平"带来的失范态度。

关键词: 当代大学生;"内卷";"躺平";形成机理;访谈调查

一 研究背景

大学生的学习态度反映了其对于学习生活以及职业行为选择的内部心理倾向,影响着学业效果和求职状态。研究发现,当代大学生中较为普遍地存在过度竞争、过度投入、完全放弃、毫无生气等极端现象,造成这一群体内部蔓延着焦虑、恐慌和不安的情绪。① 同时,还较为普遍地出现了

---

* 基金项目:上海学校共青团课题"新时代中国青年'躺平'思想解析与应对研究"。
** 曾欣怡,上海第二工业大学职业技术教师教育学院硕士研究生,研究方向:职业技术教育;李丰,上海第二工业大学职业技术教师教育学院讲师,教育学博士,研究方向:高等教育管理。
① 王晓宇、汪安冉:《从"精英的傲慢"到"群体的症候"——大学生学业"内卷"的话语生成分析》,《高等理科教育》2023 年第 6 期。

不追求学业进步、不关注自身发展等问题，在日常学习生活中表现出消极对待学习或直接放弃等极端行为。这些反映了当代大学生中一定程度存在"内卷"与"躺平"两种失范的学习态度。大学生的学习态度直接关系个人的学业表现与未来发展，亟须引起关注和研究。

二 研究设计

（一） 研究对象

在大学生群体中，随着他们从高中到大学，再到社会的过渡，角色定位和心理状态都会经历显著的变化。在这个过程中，他们不仅要应对学习、生活、升学和就业等多重压力，还要在复杂多变的社会环境中找到自己的位置。近几年，"内卷"和"躺平"这两种现象在大学生群体中尤为突出，反映了他们在面对这些压力时的不同心态和应对策略。

本文的研究对象正是来自这一群体，他们的年龄普遍处于18—24岁，面临着从高中到大学、大学到社会的不断过渡，其角色定位以及心理在不同阶段的变化，会带来"内卷"和"躺平"等行为表现。"内卷"大学生是指大学生在学校中处于疲惫竞争的状态，为实现一定的目标而主动或被动地与他人进行稀缺资源竞争的无限内耗状态，例如有的大学生为了获得奖学金过度投入，导致精神内耗；"躺平"大学生是指大学生处于一种佛系状态，在学校里表现出一种减少努力、不再奋斗、随遇而安的低欲望心态或行为。例如有的大学生既不参与学科竞赛也不愿意去争取荣誉，对学习目标不明确，只求顺利毕业。本次调研按照这两种标准选择研究对象。

（二）研究方法

本次调研采用线上和线下相结合的方式，通过深度访谈获取"内卷大学生"和"躺平大学生"的日常行为表现和影响因素。深度访谈是一种定性的研究方法，旨在通过与研究对象的深入交流，获取其对于某一主题、现象或问题的丰富理解。这种方法强调访谈者与受访者之间建立的互动关系，通过开放式问题和灵活的访谈技巧，鼓励受访者表达自己的观点、经验、情感和认知过程。

（三）资料收集与分析

通过熟人滚雪球的办法逐步确定研究对象，并预约访谈时间。研究者首先根据访谈主题设计访谈大纲，在与受访者交谈时，采用访谈大纲的问题进行提问，并适当地根据受访者回答内容进行拓展性提问。经被试者同意后，选取工具将访谈内容转录为文本，并结合研究问题进行分析。

表1　　　　　　　　　　　　被访者资料信息

类别	序号	性别	专业	地点	时间
"躺平"大学生	受访者1	女	教育类	线下	25分钟
	受访者2	女	材料类	线下	20分钟
	受访者3	女	交通运输类	线上	30分钟
	受访者4	男	电子信息类	线下	28分钟
	受访者5	女	电子信息类	线上	19分钟
"内卷"大学生	受访者6	男	机械类	线下	22分钟
	受访者7	女	新闻传播类	线上	35分钟
	受访者8	男	计算机类	线下	33分钟
	受访者9	男	计算机类	线下	30分钟
	受访者10	女	材料类	线下	20分钟
	受访者11	男	能源动力类	线上	24分钟

三　当代大学生"内卷"与"躺平"的形成机理

当代大学生的"内卷"与"躺平"并不是一个偶发现象，既与个体的行为和态度等密切相关，也受到外部环境的深刻影响。从收集的资料来看，影响当代大学生的"内卷"与"躺平"的原因无外乎大学生个体内部因素和外部环境因素。这些因素共同作用导致当代大学生的学习和生活态度出现偏差，甚至走向"极端"。

（一）"内卷"与"躺平"的困境表征

1. "内卷"："主动而为"还是"大势所趋"

通过调研发现，当代大学生"内卷"的表现主要有三类：一是"主动卷"。这部分大学生明确发展目标，能够结合自身认知分析所处环境从而发挥自己的优势。根据访谈，这类研究对象有明确的未来发展规划和清晰的自我认知，他们可以通过分析环境找到自我定位，在学习和生活中具体表现为在学院里担任重要学生职务或者积极参与各类活动，在课堂上积极表现，有着良好的自律行为。这类群体是"内卷"的带动者和引领者，他们的成功经验和积极态度对其他学生具有示范和激励作用。

二是"被动卷"。这类现象在当代大学生中同样普遍存在，这部分学生虽然对"内卷"的现状感到不满，但由于受到群体压力、社会期望以及自我认知不明确等多重因素的影响，他们往往身不由己地卷入其中，形成了主客观相矛盾的状态。在大学生活中，学生处于群体之中，如班级、宿舍、社团等。这些群体内部往往存在一定的竞争压力和从众心理。当大部分学生都在努力"内卷"，追求更高的成绩、更多的荣誉时，那些原本并不愿意或不适合这种竞争方式的学生，可能会因为害怕被孤立、被边缘化，而不得不选择跟随大流，加入"内卷"的行列。这种群体裹挟的力量是巨大的，它使得"被动卷"的学生在一些时候作出难以符合自己内心真实意愿的选择。"在这学期我需要参加各种会议以及志愿活动，这些和我的学分挂钩，学分多有利于我评奖评优。"（受访者10）"看到舍友去图书馆学习，我会产生焦虑，想着也要去图书馆学习，但是自己想学什么自己也不清楚。"（受访者11）

在竞争压力和同辈比较下，这类研究对象缺乏明确目标和内在动力，他们在学习和生活中往往采用数量代替质量的方式去完成任务，例如参加大量的志愿活动、参加各种社会实践或者完成超过规定任务的课程论文等。"我本来不想参与社会实践，但学长说多参加有助于拿奖学金，而且很多同学参加，我害怕掉队所以我也参加。"（受访者7）受此影响，长期处于"被动卷"的状态下，学生会感到心理压力和焦虑感。一方面，他们担心自己无法跟上他人的步伐或达不到外界的期望，从而导致自信心下降和自我价值感缺失。另一方面，当学习成为一种应对外界压力的手段而非内在需求时，学生的兴趣和热情可能会逐渐丧失，从而影响学习效果。

三是"对卷无感"。这部分大学生注重自身发展，以内在动力为驱使，朝向预设目标奋斗从而获得成就感。这类群体有自己的价值观和人生追求，能够平衡好兴趣和事业，乐于探索不同的工作和生活，在这过程中实现自我的多重价值。"我不觉得我在'卷',我参加英语竞赛是因为我喜欢英语,是想挑战一下自己"(受访者10),他们清楚地知道自己的目标和期望,也明白为了实现这些目标需要付出怎样的努力。"舍友都在准备考研,我没有跟着他们考,我有自己的目标,我正在朝着我想达到的目标而努力。"(受访者9)对于这类研究对象来说,"内卷"不是负担,而是一种自我挑战和提升的方式。

2. "躺平":"自我救赎"还是"无奈之举"

当代大学生"躺平"的表现主要有三类:一是主动"躺平"。这部分大学生采取一种退避策略,倾向于追求"低欲望"与"慢节奏"的简约生活方式。此类选择,实则是他们应对生活压力和社会激烈竞争的一种心态表达,他们不再执着于物质积累与社会地位的攀升,转而寻求更为个人化、满足内心平和与幸福感的生活方式。"毕业以后想找一个离家近的工作,工资不用多高,过一种慢节奏的生活就好。"(受访者1)此外,该群体在社交领域亦展现出低欲望特征,偏好与特定"志同道合"的伙伴保持固定交往,而对广泛社交活动则持回避态度,认为其缺乏实际意义。[①]"我和朋友经常会聚一下聊聊生活,但是像班级团建这种社交活动我就不愿意去,觉得没有意义。"(受访者2)这一现象揭示了当代大学生在价值观与生活方式上的新变化,体现了其对个人内心满足与自主选择的高度重视。

二是被迫"躺平"。这部分学生因动机归因偏差,在经历连续失败后陷入习得性无助状态,导致奋斗动力显著减弱。此现象具体表现为对目标追求的自我设限,自身能力不足,进而丧失对挑战性机遇的探索勇气与信心。在学术上,这体现为在学术竞赛、社会实践及创新创业等活动参与方面,个体回避领导角色,参与积极性降低,任务完成质量下降。此类学生曾满怀激情与奋斗精神,旨在通过个人努力突破现状,然而长期努力未果后,其目标达成感受挫,进而形成消极心理定式。"上大学以前我对大学有憧憬,我觉得在大学我可以做自己感兴趣的事,但是现在发现不是这样的,我努力改变现状但是一次次被打倒。"(受访者4)尤其是在面对一些挑战时,他们发现自己的能力似乎有所不足,这种挫折感会让他们陷入自

---

① 彭均、于涛:《当代大学生"躺平"现象的多维论析——基于对全国23所高校大学生的调研分析》,《北京航空航天大学学报》(社会科学版)2023年第2期。

我怀疑，质疑自己是否真的有足够的实力去实现目标，在这种情况下，他们不得不降低自己的期望，即使下回遇到机会他们也不会主动去争取，被迫无奈地选择"躺平"。

三是"想躺却躺不平"。研究发现，这类"躺平"姿态实为对"内卷"现象的一种防御性悲观心理体现，并非真正追求的生活状态。① 此群体在言语上表达"躺平"，行动上却并未放弃努力，反映出内心对现实压力的无奈与挣扎。他们通过自嘲与反抗"内卷"的话语，传达出对轻松自由生活的向往，但在实际面对学业竞争、就业机会等现实挑战时，仍不得不参与其中，形成理想与现实间深刻的矛盾与落差。这种心理状态加剧了他们的心理内耗，表现为面对多重任务时的拖延与焦虑。"当有很多任务的时候，我就想拖延着不想做，但又不能不做，内心很焦虑。"（受访者3）"这学期要完成毕业论文的开题，还要去企业实习，各种事情堆积着，我想要休息一下。"（受访者8）外部环境的"内卷化"趋势进一步强化了这一矛盾，使得大学生在同伴竞争与评价机制的压力下，为争取更好的结果而不断加大投入，但实际效果却并未显著提升，反而导致竞争更加激烈、压力倍增的恶性循环。

（二）"内卷"与"躺平"的原因剖析

1. 个体之间：竞争与压力带来的精神高压

在个体层面，大学生群体在激烈竞争与高压环境下，易陷入"内卷"与"躺平"两种极端状态。其根源在于：首先，面对学业、就业及个人发展等多重压力，大学生为脱颖而出，不得不进行高强度的学习与自我提升，过度竞争促使了"内卷"现象的产生。其次，持续的"内卷"状态导致精神压力激增，当个体意识到努力与回报失衡，自我认知偏差随之发生，即将失败归因于不可控因素（如运气、智商等），进而质疑自身能力是否足以达成既定目标。此种心理状态下，大学生感受到个人力量在社会面前的渺小，产生挫败感与无力感，进而选择"躺平"作为应对策略，以此作为释放压力、逃避现实的方式，体现了对现实困境的暂时性回避与内心冲突的调和。"现在就业环境差，要想找到好工作现在就不得

---

① 覃鑫渊、代玉启：《"内卷""佛系"到"躺平"——从社会心态变迁看青年奋斗精神培育》，《中国青年研究》2022年第2期。

去学，但是我不想学，总想着逃避就业。"（受访者7）此类行为不仅是对高压环境的直接反映，也是个体在理想与现实差距面前的心理调适。

2. 群体内部：资源稀缺和同辈比较下人际关系紧张

在群体层面，资源稀缺与同辈比较是驱动大学生"内卷"与"躺平"现象的核心要素。首先，资源稀缺性导致社会竞争加剧，大学生为争夺有限资源而加剧"内卷"，体现了个体需求与资源供给间的不平衡状态。"现在适合我们专业的就业岗位少，竞争又很激烈，他们都在'卷'，我不敢不去'卷'。"（受访者7）其次，同辈比较在大学生社交圈层中普遍存在，不仅限于学业，还涵盖课外活动、社会实践等多个领域，此比较机制促使个体不断自我加压，以求超越同侪，但长此以往易引发挫败感与无力感，影响自我认知清晰度。① 当大学生在比较中感到力不从心，可能产生习得性无助心理，进而选择"躺平"作为应对机制，逃避现实压力，反映了群体内竞争对个体心理健康的深远影响。此现象揭示了大学生在资源有限与社交比较双重压力下的心理调适困境。

3. 社会环境：评价机制偏差和社会生态失衡下价值观动摇

在社会环境层面，评价机制扭曲与社会生态失衡共同构成了推动大学生"内卷"和"躺平"现象泛化的外部因素。首先，评价机制的偏颇导致大学生心理失衡，迫使他们过度关注固化的评价指标（如成绩、荣誉），从而陷入无谓的竞争循环中，忽视了学习过程的本质与个人兴趣的培养。"上了大学以后发现大家都在为了绩点、奖学金'卷'，有的同学一直在图书馆学习，也不参与社交。"（受访者4）此现象加剧了学业竞争，造成大学生心理压力增大，并抑制了个性化与综合素质的发展，形成了"内卷"现象。其次，社会生态的变化深刻影响着大学生的价值观构建。当前社会，以"佛系""摆烂"为代表的亚文化在社会快速传播，反映了现代性焦虑与社会痛点的映射。② 新媒体平台为追求流量，散播消极"躺平"观念，如鼓吹逃避现实、放弃努力的生活态度，这对处于价值观形成期、易受外界影响的大学生群体产生了负面效应，诱导部分学生心态

---

① 吴愈晓、张帆：《"近朱者赤"的健康代价：同辈影响与青少年的学业成绩和心理健康》，《教育研究》2020年第7期。

② 付茜茜：《从"内卷"到"躺平"：现代性焦虑与青年亚文化审思》，《青年探索》2022年第2期。

失衡，甚至选择放弃积极努力。这一现象揭示了社会心理变迁对青年群体的深远影响及其背后复杂的社会成因。

四 应对当代大学生"内卷"与"躺平"的对策与建议

"内卷"和"躺平"表面上是两个相反的社会现象，但实际上二者有着本质的联系。"内卷"和"躺平"都是在社会资源有限、竞争压力增大的背景下产生的。当社会竞争加剧，个体为了获得更好的发展机会，不得不投入更多的时间和精力，从而导致"内卷"现象的出现。而当这种竞争达到一定程度，个体感到无力改变现状或认为努力无法带来实质性回报时，就可能选择"躺平"。就大学生群体而言，个体精神高压、资源短缺、同辈群体比较、评价机制偏差和社会生态失衡是导致大学生"内卷"和"躺平"现象产生和泛化的关键因素。本研究将从个人、群体以及社会三个层面提出对策建议。

（一）增强自我认知，为大学生向上培育内在动力

提升大学生的自我认知能力，是培育其向上发展的内在动力之关键。自我认知涉及对个体特质、能力、价值观及情感的深刻理解，高度自我认同感有助于明确个人目标并激发内在驱动力。① 对大学生而言，增强自我认知需通过持续的自我反思、学习与实践，明确兴趣、优势及未来规划，以抵御"内卷"与"躺平"现象的心理影响，避免陷入精神内耗。具体来说，首先，应制订个性化学习与发展计划，定期评估调整，积极参与培训和活动，以明确人生目标与价值追求，并深化马克思主义理论学习与实践应用。其次，注重深化自我反思。大学生应加强自我反思，通过日记、心理咨询等方式，深入探索自己的内心世界，理解自己的情绪、动机以及行为背后的原因，从而增强自我意识。最后，强化自我效能和情绪管理能力。通过设定小目标并逐步实现，增强自身的效能感。同时，习得有关情绪管理的技巧，如摆脱社恐、学会情绪识别、善于表达与调节，学会应对压力与挫折，保持心理健康与情绪稳定。

---

① 吴玲：《现代性视角下中国青年"空心病"的诊断与治疗》，《当代青年研究》2018年第1期。

（二）为大学生群体提供社会化合作与支持

一是建立学习小组与互助平台。鼓励学生组建跨学科、跨年级学习小组，通过团队合作完成学习任务，促进知识共享与经验交流，减少个体间的不良"内卷"竞争，增强集体荣誉感。在课堂教学上，教师可以设置团队项目和课堂活动，让学生组成小组合作完成任务，比如研究项目、辩论、演讲或其他类型的团队工作，从而鼓励他们学会协作、沟通和分工合作。通过建立支持小组、举办群体活动等方式，强化群体内的支持网络，帮助学生在群体中找到归属感和安全感。同时，还可以通过鼓励大学生参与群体的共同建设和公益活动，培养他们的集体主义精神和公共参与意识，例如让学生参与并组织学院建设、班级团建等。

二是开展丰富多元的社团和兴趣小组活动。丰富校园社团活动，提供多样化的兴趣小组，引导学生根据个人兴趣参与，促进友谊与团队合作，培养学生的兴趣爱好和合作能力，同时缓解学业压力。具体而言，学校可以根据学生的兴趣和专业需求，设置多样化的社团，包括但不限于学术类（如文学社、学术研究社）、艺术类（如音乐社、舞蹈社）、体育类（如篮球社、足球社、瑜伽社）、社会服务类（如志愿者协会、环保社）等。这样不仅能满足学生多样化的兴趣需求，还能促进不同领域知识的交流与融合。

三是营造良好的校园文化。学校可以通过举办文化节、学术论坛、创新创业大赛等活动，营造积极向上的校园文化氛围，鼓励学生勇于探索、敢于创新，形成良性竞争与合作并存的校园环境。除上述活动外，学校还可以通过建设校园文化景观、举办体育比赛、开展志愿服务等方式来丰富校园文化内涵，营造积极向上的校园氛围。同时，学校还应注重培养大学生的公民意识和社会责任感，引导他们关注社会热点问题，积极参与社会公益事业，成为有责任感、有担当的新时代青年。

（三）改进评价机制和营造良好教育生态

首先，应注重政策引导与资源投入。政府应加大对高等教育的投入，优化教育资源配置，确保每个学生都能获得公平的教育机会。同时，出台相关政策，鼓励企业、社会组织等参与高校人才培养，提供实习实训、奖学金、就业指导等资源支持，防止因资源竞争而引起的"内卷"和

"躺平"问题。其次,注重发挥舆论宣传和价值观引导。学校可以通过媒体、网络平台等渠道,积极宣传健康的学习观念和职业发展理念,引导公众对大学生的成长成才持有更加包容和理解的态度,减少对"内卷"和"躺平"现象的过度解读和负面评价。最后,推动教育改革与学生评价创新。深化教育体制改革,探索更加灵活多样的教育模式,如学分制、弹性学制等,满足不同学生的学习需求。已有研究表明,构建多元化的学分制管理体系可以促进学生的有效学习和有效竞争①。学校应建立科学的评价机制,对学生的学习成果进行全面、客观的评价。这种评价机制应包括过程性评价和结果性评价两个方面,既关注学生的学习过程,又注重学生的学习成果。同时,学校还应注重评价结果的反馈和应用,帮助学生及时发现问题并改进。

---

① 陈诚、包雷:《内卷的产生机制与教育内卷的破解》,《中国考试》2022 年第 2 期。

研究生教育

基于实践共同体理论的教育博士群组式学习模式[*]

赵 英 李萌萌[**]

摘 要：教育博士以培养"学术型实践者"为目标，逐步形成专业型与实践型兼备的跨学科人才培养体系。为适应该体系的实施，教育博士的培养多采用卡内基教育博士改革项目所倡导的群组学习模式。教育博士候选人的在职性和已婚性以及培养的实践性和跨学科性为群组学习提供了契机，候选人学科背景的多样性使群组的构建成为可能。群组作为学习的基本单位，内嵌于整个课程；学位论文更是以群组为依托创建极具特色的新型实践论文。群组学习凭借自身的优势成为教育博士学习的主流模式，因此，对该模式的研究与借鉴将对我国教育博士的内涵式发展有所裨益。

关键词：群组学习；实践共同体；学术型实践者；教育博士

一 问题的提出

随着知识生产模式的转型和教育教学及管理人才需求结构的变化，提升教育博士专业学位（Doctor of Education，Ed. D.，以下简称"教育博士"）的培养质量已成为建设高质量教育体系的路径之一。2008年国务院学位委员会审议通过的《教育博士专业学位设置方案》明确提出教育博士的培养目标是造就教育、教学和教育管理领域的职业型与研究型并重的复合式高级人才，注重知识的实用性和专业性，强调教育理论与教育实

---

[*] 基金项目：教育部人文社会科学重点研究基地重大项目"省域追踪数据驱动的高质量教师队伍建设研究"（项目编号：22JJD880012）。

[**] 赵英，山西师范大学教育科学学院教授，教育学博士，研究方向：比较教育学、教师教育研究；李萌萌，教育部普通高校人文社科重点研究基地北京师范大学教师教育研究中心山西分中心科研助理，研究方向：比较教育学、教师教育研究。

践的内在关系。因此，在教育博士的培养中工作经验与实践环境必不可少，跨越相关领域和学科实现学术和实践的融合、创新与应用更是教育博士培养的内在诉求。① 我国教育博士于2008年设置，2009年建立试点，2010年招生。自招生以来招生人数逐年增长，截至2022年，已有31所高校开始招收培养教育博士生，累计招收6500余名学生。但据学者调查，教育博士延期毕业率高达79%，是我国各类博士生平均延期率的两倍。② 研究显示，影响我国教育博士延期毕业的个体因素是博士生自身没有足够的学习时间和难以达到预期的学习质量；院校因素是博士生的交流频次、录取方式和脱产时间。但无论是个体还是院校，二者的问题都聚焦博士生的学习时间和学习质量。③ 相较教育学学术博士（Doctor of Philosophy in Education，Ph.D.，以下简称"教育学博士"）而言，教育博士的培养对象多为教育管理和课堂教学的一线人员，且多数为已婚人士，家庭和工作的双重压力使其难以确保有充足的学习时间达到预期的学术效果，更有甚者与学术研究逐渐脱钩。

美国教育博士的发展从最初哈佛大学的"独秀"到如今各大院校的"百花齐放"，教育博士在职攻读和工学矛盾的问题也曾备受关注。2007年由舒尔曼主导的卡内基教育博士改革项目（Carnegie Project on the Education Doctorate，CPED）重塑了教育博士项目。针对重塑后的教育博士，CPED倡导使用"互助式"的群组学习模式，作为一种传统学习模式的替代方案，群组学习不单是为了帮助学生加工和理解信息，或解决问题和进行决策，而是为了在集体中激发学生多元观点的碰撞和批判性的思考④，以达到深层学习的目的。该模式经过多年的改革与完善，现已成为美国、英国、加拿大等地教育博士学习的主流模式。基于此，本文尝试从实践共同体理论出发，从人员组成、数量要求以及在课程和评价中如何运

---

① Shulman L. S., Golde C. M., Bueschel A. C., et al., "Reclaiming Education's Doctorates: A Critique and a Proposal", *Educational Researcher*, 2006, 35 (3): 25-32.

② 高耀、陈洪捷、王东芳：《博士生的延期毕业率到底有多高——基于2017年全国离校调查数据的实证研究》，《研究生教育研究》2020年第1期。

③ 周建华、陈凤菊、覃红霞：《我国教育博士专业学位研究生延期毕业的预警模型研究——基于Logistic-Fisher的实证分析》，《中国高教研究》2023年第3期。

④ Santicola L., "Pressing on: Persistence through a Doctoral Cohort Program in Education", *Contemporary Issues in Education Research* (*CIER*), 2013, 6 (2): 253-264.

用群组等方面对群组学习模式进行剖析，以期为我国建构具有中国特色的教育博士培养体系提供参考和借鉴。

二 实践共同体理论：教育博士群组学习模式的理论基础

实践共同体的概念由温格（Etienne Wenger）和莱夫（Jean Lave）首次提出，用以描述一种非正式的学习模式，即"一群人基于共同的兴趣和事业，通过定期的互动与学习，使其能够做到更好"[①]。温格表示，实践共同体无处不在，每个人都归属于不同的实践共同体，而个体所发生的实践活动其本质就是社会性的参与学习。实践共同体理论强调学习是一种集体性、社会性的活动，离不开历史文化、社会背景以及学习者自身的意义建构，[②] 也是学习者从共同体边缘走向中心的过程。这个过程并非孤立地产生于个人头脑中，而是发生在特定的实践情景中，产生于互动性的参与中。[③] 同时，温格还指出实践是通过合作事业（a joint enterprise）、互动参与（mutual engagement）和共享智库（a shared repertoire）三大要素成为共同体内在一致性的来源。这三大要素也被视为构成实践共同体的必要条件。合作事业是指在实践中经过共同体成员的交流、协商、融合而产生的共同愿景、目标和信念，是实践共同体的合作之源。互动参与表明实践共同体不是静态的存在，而是实践的动态生成，是互动参与的成员自觉组合而成，成员关系的建立蕴含了成员对共同目标的理解、对共同价值的追求和对共同事业的坚持，是建立实践共同体的现实路径。共享智库是指成员在参与合作事业的过程中创造出的公共资源，包括惯例、用语、工具、行事方式、行为和概念等，这些资源在共同体发展的过程中逐渐累积，并在应用中得到修正和完善，也是一个动态化的过程，被视为实践共同体的合作基石。

群组是一种知识共享、多边互动的学习共同体。这个学习共同体是由具有共同目的和目标、进行定期交流、相互影响并能集体行动的人组成的

---

① Wenger E., Mcdermott R. A., Snyder W., *Cultivating Practical Community: A Guide to Managing Knowledge*, Boston: Harvard Business School Press, 2002.

② Wenger E., *Communities of Practice: Learning, Meaning, and Identity*, Cambridge University Press, 1999.

③ 王逊、张艺凡：《"实践共同体"（CoP）：一种后现代教育语境中的学习理论》，《教育现代化》2019年第58期。

集合体。在具体的课程设计与实践中,学习群组是由不同人员组成的学习小组,组内成员以研究项目为主线,参与一套共同的课程、活动或学习经历。学习群组的建立为博士生营造了一个开放且深入的沟通环境,① 在课程中,群组所建立的环境为博士生提供了一个充分辩护的平台,博士生在遵守基本准则的基础上对问题展开讨论。这里的基本准则包括积极倾听、无偏见地接纳他人、全面自我表达、对理解的渴望以及改变的动机等。在实践中,将实践问题、专业理论知识、博士生的工作经验以及互动协作的流程共同纳入群组学习中,鼓励博士生在反馈中及时修正和完善研究方案,增强博士生之间的有效沟通和深度学习。群组学习模式需要满足三个条件,即同一项目、协同合作和项目资源,这与实践共同体理论的三大要素有极强的适配性。同一项目是群组成员为实现"合作事业"而设立的目标任务,具有方向性和指引性;协同合作是在项目牵引下,群组成员"互动参与",依靠合作的力量,通过互勉、互助的方式增进彼此情感,以更加高效的方式完成目标任务;项目资源是指完成项目所需要的一切资源,包括个人资源和公共资源、校内资源和校外资源、理论资源和实践资源等。项目完成的过程也是资源生成、累积和共享的过程,更是群组成员共建智库的过程。

实践共同体理论注重情境学习,强调个体在整合已有知识的基础上,将理论和方法综合应用于实践,以高效、合理的方式解决情境中的问题。该理论赋予了群组学习三重意义,一是群组学习以大学、政府和中小学合作为基础,为博士生提供丰富的实践基地和人际关系等资源,扩充了博士生研究的"共享智库";二是群组学习为博士生创设一种群体学习的体验情景,确保博士生能够针对研究问题进行深层次、全方位的交流与合作,这种"互动参与"的学习可以同时满足博士生学理和情感的双重诉求;三是群组建立的由项目引领、教师指导、情景支持组成的学习共同体为教育博士的跨学科学习和专业实践提供强有力的支撑,帮助博士生完成的"合作事业",即立足教育实践,致力教育改革,成为教育领域卓越的管理者和领导者。这三重意义使得群组学习模式成为教育博士课程开发和设

---

① Saltiel I. M., Russo C. S., Dawson J., "Cohort Programming and Learning: Improving Educational Experiences for Adult Learners", *The Canadian Journal for the Study of Adult Education*, 2002, 16 (2).

计的影响因素之一，也使其成为教育博士学习的主流模式。

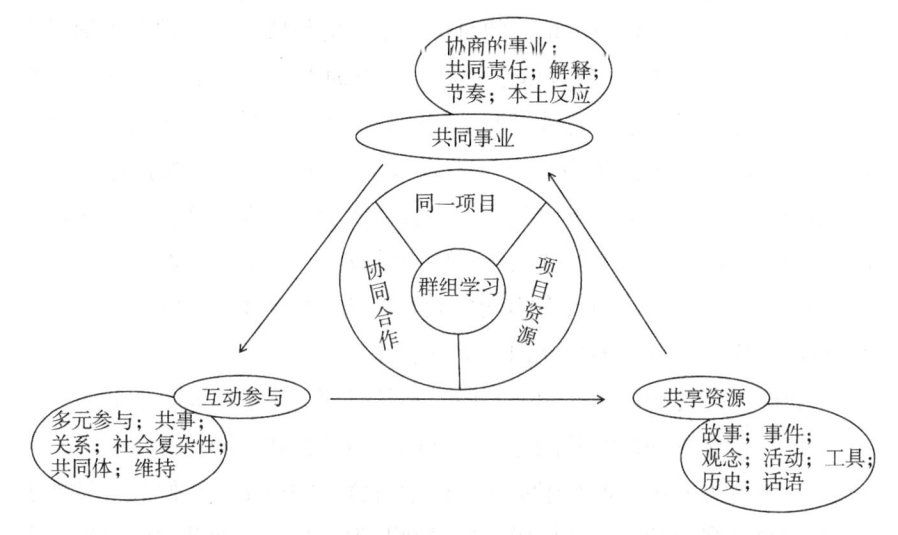

图1 实践共同体理论与群组学习模式要素关系

三 教育博士群组学习模式的应用

教育博士的培养是一个系统工程，涉及培养目标、课程设置、课程评价等各个环节。群组学习针对不同的环节为博士生建立不同的共同体，是一种由多学院支撑的、贯穿整个培养过程的学习模式。[①] 教育博士旨在培养"学术型实践者"（scholarly practitioners），在专业实践取向上，博士生研究的主题多源于客户的真实需求，群组的作用就是帮助博士生建立研究共同体，在团队协助的基础上进入实践情景，实施研究计划，解决教育问题。在跨学科取向上，跨学科的本质是互相借换、合作解决问题，在独立分隔的学科之间架起桥梁，这也是群组学习的优势所在。教育博士建立群组学习模式具有良好的契机，群组学习模式有望通过内嵌于整个课程和创建新型实践论文等机制，提升教育博士培养质量。

（一）群组建立的契机与可能性

在强调跨学科、情境化和社会性反思的时代背景下，教育博士旨在培

---

① Greenlee B. J., Karanxha Z., "A Study of Group Dynamics in Educational Leadership Cohort and Non-Cohort Groups", *Journal of Research on Leadership Education*, 2010, 5 (11): 357-382.

养具备知识、技能和道德责任感的教育领导者,使其成为教育变革的推动者和影响者。这是教育博士培养的目标愿景,更是博士生经过多年学习所要完成的"合作事业"。教育博士的培养一方面涉及教育学、管理学、心理学、法学等学科,意味着教育博士的培养需要多学科、多领域的深度融合;另一方面,考虑到相当一部分教育博士来自工作繁忙的教育管理岗位,学习投入时间有限,难以独立完成教育博士的培养,这为群组的建立提供了契机。而教育博士候选人包括中小学校长、教务长、教育机构的管理者和领导者等,不同的人有不同的教育经历、学科背景以及工作经验,而人员的多样化为群组的建立创造了可能性。

群组学习与传统的小组学习不同,不是将博士生进行简单的分组,而是在个人目标愿景和群组共同愿景的基础上为其构建共同体,每位成员都被视为一种智力资源。群组聚集了不同学科背景的博士生,使其自身处于一种跨学科且多元的学习环境中,成员间互为导师,为问题的解决提供多种有效的方案。尽管多数院校的教育博士项目都采用群组学习模式,但不同的院校在群组建立的方式上有所不同,一般分为两种方式。一是在博士生入学前,学校会组织招生研讨会,会议聚集同一期的博士候选人进行学术交流和项目介绍,结束后对候选人的表现进行综合评价,根据评价的结果为其建立群组。二是在博士生入学后,指导教师给每位博士生发放一份问卷,根据问卷的结果建立群组。此外,群组类型多样,根据人员的流动分为三类,分别是封闭式群组、开放式群组和流动式群组。封闭式群组成员固定不变,按照预先设定的课程进行修习直至项目结束,在此期间成员不可随意加入或退出,成员的数量保持不变。为适应项目研究的连续性,教育博士项目多采用此类群组。开放式群组成员存在阶段性变化,在共同修习核心课程的基础上,根据项目的进程和需求进行适当调整,也可注册额外课程以满足自身的需求,核心课程结束后可选择退出或继续留在群组内,此类群组多用于本科生的学习。流动式群组较为灵活,没有单一入口,没有课程修习的硬性指标,学生可随时进入或退出,[1]甚至可以根据学生的需求临时组建,此类型适用于所有学生。

---

[1] Mccarthy J., Trenga M. E., Weiner B., "The Cohort Model with Graduate Student Learners: Faculty-Student Perspectives", *Adult Learning*, 2005, 16 (3-4): 22-25.

(二) 群组作为学习的基本单位，内嵌于整个课程

教育博士的课程设计秉持重基础、强实践、崇多元的理念，建立科学合理的课程体系。在课程内容方面，理论学习植根于工作经验，强调所学内容必须符合教育发展对专业管理者、决策者、专家型教师及教育家培养的总体要求，并能够反映出当代教育理论与实践的前沿水平。在课程结构方面，强调课程的综合性、衔接性和适用性，整合校内相关课程资源与校外实践资源，旨在通过量身定制的结构化课程使博士生具备良好的人文素养、扎实宽广的专业知识和技能。在课程师资方面，一方面邀请不同学科背景的教师充实理论教师队伍，确保教师来源具有多学科性；另一方面吸纳一线专业人员进入导师队伍，与理论型导师拥有同等的指导地位和充分的参与度。由一线人员、多学科理论导师以及需求客户组建的教师共同体能够确保博士生站在更加广阔的视野分析教育问题，深化理论与实践的内在联系，进而提升教育实践能力。基于课程内容、结构、师资三方面的需求，教育博士项目采用内容多元、结构合理和师资跨学科的模块化课程。课程主要包括专业核心课程、研究方法类课程、社会文化类课程和实践类课程。① 专业核心课程是博士生课程计划中的必修课，要求博士生掌握多学科理论知识，为后续开展学术研究与教育实践奠定理论基础。研究方法类课程属于基础性课程，要求博士生在短期内收集大量的研究数据，完成工具和方法的训练。社会文化类课程强调多元文化的重要性，要求博士生站在多元文化的视角思考问题，形成平等对待和辨识不同文化的理念。实践类课程要求博士生深入教学情景，开展行动研究，致力为教育领域亟待解决的问题提出现实可行的方案。

针对以上专业群综合性较强的模块化课程，群组学习为博士生构建了学习共同体，使其能够针对课程内容进行充分的合作与讨论，协同完成所有课程的修习。例如，南加州大学的教育博士项目，博士生依据实践经验、研究课题和生源地域等进行分组，同一期的博士生共同修习 24 学分的核心课程，同一专业的博士生共同修习 30 学分的专业课程，课程修习

---

① Bista K., Cox D. W., "Cohort-Based Doctoral Programs: What We Have Learned Over the Last 18 Years", *International Journal of Doctoral Studies*, 2014, 9 (1): 1-20.

和项目研究都以群组的形式进行,一直持续到论文撰写完成甚至毕业之后。美国的佛蒙特大学(Vermont University)同样将修读某一类专业课程、核心课程的博士生归入特定组群,同一组群的博士生相互支持,给予彼此帮助,进行为期2—3年的学习。值得注意的是,该校博士生群组的建立可跨越学位性质,组内成员既有教育学博士又有教育博士。[①] 如此一来,教育学博士为教育博士的实践提供新理论、新方法和新视野,教育博士将新的理论、方法和视角应用于实践并做出反馈与修正,真正意义上实现了理论型人才和实践型人才的协作,促成另一种意义上的融合。此外,特洛伊州立大学(Troy State University)教育领导力项目的艾里斯·萨提尔教授(Iris M. Saltiel)也表示,群组学习模式在模块化课程中具有极强的适应性,二者的结合在很大程度上缩短了课程修习年限,为博士生在短期内建立结构化的知识网络提供路径依据。[②]

基于在职攻读的特点和破解工学矛盾的需要,教育博士还开设了周末课程,一年六次,一般在周五下午至周日下午。为适应群组学习模式,周末课程将博士生的研究进程划分为三个阶段,从完善研究设计到参与领域内的数据生产和处理,再到最后的论文撰写,分别对应了"头脑工作"(认识论)、"实地工作"(方法论)和"文本工作"(表征)三个阶段,每个阶段都指向博士生的发展轨迹。博士生通过完成这三阶段的具体任务完成整个项目。

第一阶段的头脑工作属于认知层面,博士生进行专业核心课程和社会文化类课程的学习,接触教育发展中各种各样的可能性。这一阶段,博士生可以选择一个临时导师作为项目顾问。该阶段的周末课程包含所有博士生,课程邀请往届博士毕业生针对学习经验、工作经历进行演讲,包括自信心的建立、技能的培养和塑造、如何倾听、如何将批评作为学习、质疑和挑战的工具,以及在成为一名学术型实践者的过程中如何保持开放的心态。第二阶段的田野工作属于实践层面,在第一阶段的基础上熟练掌握研

---

① Aiken J. A., Gerstl-Pepin C., "Envisioning the EdD and PhD as a Partnership for Change", *Planning and Changing*, 2013, 44 (3/4): 162.

② Saltiel I. M., Russo C. S., Dawson J., "Cohort Programming and Learning: Improving Educational Experiences for Adult Learners", *The Canadian Journal for the Study of Adult Education*, 2002, 16 (2).

究方法,并能够利用研究方法解决实践问题。该阶段的周末课程主要是群组研讨会,要求这一阶段的博士生针对"正在进行的工作"展开介绍,具体说明研究的主题、收集资料的策略、研究计划、任务安排以及在计划实施中所面临的问题。会议邀请客座讲师、常驻学术人员、指导教师以及需求客户作为教师团队,针对博士生的研究计划以及研究中难以解决的困难给予指导和改进意见,帮助博士生顺利过渡到下一阶段。另外,在此阶段,博士生可以根据研究设计和方法的改变重新选择导师。第三阶段的文本工作属于表征层面,要求博士生将项目的研究成果以文本的方式呈现并进行个人汇报和群组汇报,最终完成项目。这一阶段的主要任务是完成学位论文的撰写,周末课程则是针对专题论文进行群组会议,会议对研究结果的呈现形式、汇报的方式以及个人在群组汇报中的任务分工进行讨论,最终完成整个项目。三个阶段并不排斥,随着研究的变化和发展,每个阶段彼此衔接、相互影响。博士生在核心导师的指导下,发挥各自的能力协同完成整个项目,使其达到可检验的状态,进而获得毕业资格。研究期间,群组有多种变体,根据不同阶段的共性问题建立需求群组,包括由学生和导师组建的研究方法群组、认识论群组、专题群组以及仅由博士生组建的研究群组。[①]

(三) 以群组为依托,创建新型实践论文

学位论文的撰写是课程评价的重要组成部分,是优化教育博士课程建设、发展教育人才培养体系的重要途径。教育博士学位论文要求能够为教育领域的实际问题提出解决方案,而不是对学术进行探究与创新。解决教育中的实际问题需要开展实践型教育研究,依靠个人完成实践性研究具有一定的难度,且对在职博士而言,在时间投入上不具备优势。为此,多数院校在教育博士论文撰写方面也采用了群组学习模式。该模式为博士生实践性论文的撰写建立共同体,共同体成员包括研究同一专题的博士生、指导教师以及实践领域的专家。在论文撰写的过程中,共同体成员一同探索研究需求、开发理论框架、设计研究方案、开展论文研究。同时受 CPED 影响,多院校加强了教育学院与各学院、高校与中小学之间的联系,为博

---

① Samuel M., Vithal R., "Emergent Frameworks of Research Teaching and Learning in a Cohort-Based Doctoral Programme", *Perspectives in Education*, 2011, 29 (1): 76-87.

士生撰写实践性论文寻求跨学院、多部门合作的外部支撑。新型实践论文主要有两种：群组专题论文（Thematic Dissertation）和顶点项目（Capstone Project）。

群组专题论文是博士生在完成核心课程和研究方法课程后，以群组的形式展开行动研究。值得强调的是，群组成员可以就行动研究的任一方面进行合作，但最终文稿的撰写需要博士生独立完成。论文专题是由博士生、导师和实践领域的专家共同决定，一般是教育、教学以及教育管理中具有实践意义的关键性问题。专题数量取决于博士生人数，每项专题由8名博士生组成的群组负责，每位成员在同一专题的基础上选择某一问题或问题的某一方面展开研究。论文撰写期间，专题群组开展正式和非正式的会议，会议的内容主要包括两方面，一是对搜集的资料进行汇编与整合，为博士生建立广泛数据库，也是"共享智库"的修正与完善；二是对实践中的问题进行说明和探讨，尝试从不同的视角理解问题并提出建设性意见。专题论文中博士生的合作仅限于资料搜集、探索实践和交流讨论，最终交付的成果是由博士生独立完成的一篇与专题相关的论文，这种既独立又合作的学习方式为博士生提供牢固且持续的内部支持，增强博士生归属感的同时也提高了论文质量。[①] 例如，美国南加州大学的教育博士项目采取此类论文并形成了两个固定的专题论文组：大规模教育改革：评估的证据（Large-Scale Education Reform: Assessing the Evidence）和高效特许学校的有效实践（Effective Practices in High-Performing Charter Schools）。

与群组专题论文不同，顶点项目要求博士生进行全方位、全过程的合作，最终交付的论文也是由组内成员合作完成。论文的主题是由博士生、学院（指导教师）和企业（客户）共同决定，主题选择的范围同样以教育领域亟待解决的问题为主。顶点项目要求是由2—4名博士生组成的团队针对研究问题，向客户提出有效性建议。最终交付的成果是由每位成员的论文汇集起来形成一个完整且全面的问题解决方案，即顶点论文。范德堡大学教育博士的项目采用此类形式，并为中小学校、地方学区、高

---

① Marsh D. D., Dembo M. H., "Rethinking School Leadership Programs: The USC Ed. D. Program in Perspective", *Peabody journal of Education*, 2009, 84（1）: 69-85.

校等教育机构的教育问题提出多种有效方案。①

群组建立的共同体促使博士生在理论导师与实践专家的指导下,与经验丰富的同伴相互协作共同完成论文的撰写。在缩小时间成本的基础上拓宽博士生分析问题的视角,综合运用理论知识和科学方法,为自身成长的专业性和持续性奠定基础。同时,也为博士生在未来职业生涯中寻求多学院的合作奠定人际基础,进一步为未来跨学院、跨学区或跨地区的改革做出有效举措。

四 教育博士群组学习模式评析

群组学习模式普遍应用于美国高等教育系统中,对于多数教育博士而言,群组已成为学习生涯中不可缺少的一部分。许多博士生表示,群组学习是博士生涯的亮点,在毕业后的一段时间内,群组所建立的友谊和专业知识网络仍在继续。多项研究也表明群组学习在保障教学质量的同时也降低了博士生的延期毕业率。

群组学习模式的广泛应用得益于自身的三大特征。一是贯穿性,即群组贯穿教育博士培养的整个过程,从培养目标的设置到课程实施再到课程评价,从博士生入学到课程学习再到论文撰写。尽管在培养过程中群组会有调整,但总体而言,博士生在发展的每个阶段都有其特定的群组。群组学习的贯穿性使博士生对同伴的了解始于第一堂课,有充分的时间和空间对同伴及同伴的观点形成自我认知。这种自我认知所带来的熟悉感有助于博士生在课堂中针对问题、关注点以及解决方案展开真实有效的对话,为形成更具凝聚力的共同体扫除多重障碍。二是协同性,群组内成员彼此协作、相互支持,在理论导师与实践专家的共同指导下形成学术共同体,一同收集整理文献,统计调查数据,合作探究解决问题的策略,助力于师—生、生—生双向或多向的交互式合作。相比传统的个人学习,群组学习的协同性更有助于博士生与他人建立积极的伙伴关系,抵消在读期间产生的孤独感,更是在无形中降低了博士生学习的时间成本。三是灵活性,

---

① Caboni T. C., Proper E., "Re-Envisioning the Professional Doctorate for Educational Leadership and Higher Education Leadership: Vanderbilt University's Peabody College Ed. D. Program", *Peabody Journal of Education*, 2009, 84 (1): 61-68.

表现为群组的形式多样，纵向有封闭式群组、开放式群组和流动式群组，横向有项目群组、阶段群组、论文群组以及探讨方法论的小群组等。各个群组间不存在冲突关系，博士生可以根据项目需求同时进入不同的群组。这种灵活多变的方式为博士生提供了现需现学的便利条件，并有助于指导教师为博士生的研究提出针对性意见。

尽管群组学习模式有诸多优势，但其本身也有不足。首先，在高校系统内，只有教师、院系和行政机构相互协作，才能使"群组学习"取得最优成效。若博士生在培养过程中没有得到教师和行政部门足够的支持和关注，会感到被忽视和孤立，不能理解和接受群体的期望、规范和价值观，导致博士生之间以及博士生和指导教师之间产生矛盾，致使博士生的培养无法顺利完成。其次，研究表明博士生在与他人建立新的群组时，很难消除先前群体所带来的影响，① 出现"群组固化"的现象，即博士生在重新分组时，排斥新成员，形成群体性排他行为。最后，群组内的博士生因性格冲突而导致的组内小集团、沟通障碍、解决问题和工作方式的冲突，以及承担角色或分配任务不均等问题都将阻碍所有成员的学习进程。② 这就需要教师从群组建立到结束整个过程始终关注群组以及群组内每位成员的发展，并及时解决可能侵蚀群体凝聚力的矛盾。

五 结语

我国教育博士专业学位经过十余年发展，取得了长足进步。但在学术型实践者的培养目标下，我国高校对专业学位博士生的培养仍采用以教师讲授为主、以知识传授为本的传统学习方式，这对教育博士专业实践能力和团队协作能力的培养非常有限，且极易产生理论与实践的脱节。③ 为此，我国高校可以借鉴 CPED 所倡导的群组学习模式，为博士生

---

① Mauldin R. L., Barros-Lane L., Tarbet Z., et al., "Cohort-Based Education and other Factors Related to Student Peer Relationships: A Mixed Methods Social Network Analysis", *Education Sciences*, 2022, 12 (3): 205.

② Browne-Ferrigno T., Muth R., "Effects of Cohorts on Learners", *Journal of School Leadership*, 2003, 13 (6): 621-643.

③ 曹媛媛、郭卉、储昭卫：《反思性实践：国外专业学位博士生教育高质量发展的启示》，《研究生教育研究》2023 年第 6 期。

构建多元化的学习共同体，使其在共同愿景的指引下充分参与课程学习和项目研究，利用诸多相互关联的部分来解决实质性的复杂问题。教育博士的培养也可基于此作为破除过于学术化、转型实践、提升毕业率的路径之一。

论法学研究生写作能力的阶梯式培养

李 艳 张子涵[*]

摘 要：现有研究缺乏对法学研究生写作能力的培养方案的探究，本研究创新性地提出法学研究生写作能力的阶梯式培养方案，层层递进地推进写作能力培养。先以写作基本功训练阶段为起点，针对写作基础不扎实的问题，实行读写结合的阅读训练和学练结合的方法指导；再以写作创新培养阶段为进阶，针对写作内容创新性不足的问题，由兴趣引导创新、交叉学科启发创新；最后以写作体系化建设阶段为升华，针对缺乏体系化写作意识的问题，训练分步骤的法学论文写作和实践类法律文本写作，提高法学研究生写作能力的整体水平。

关键词：法学研究生；写作能力；阶梯式培养

教育部、国家发展改革委、财政部2013年在其联合下发的《关于深化研究生教育改革的意见》中提出"完善以提高创新能力为目标的学术学位研究生培养模式"，2020年在《关于加快新时代研究生教育改革发展的意见》中也提出"坚持创新引领，增强研究生使命感责任感，全面提升研究生知识创新和实践创新能力""完善科教融合育人机制，加强学术学位研究生知识创新能力培养"。结合国家法治事业的发展和法学教育的需要，应构建法学研究生创新能力的培养模式，这既是我国法治建设的要求，也是响应教育部对于法学研究生创新人才培养的必要之举；写作能力是创新能力的直接表现，提升法学研究生的写作能力，既是训练和检验法学研究生创新性思维水平的重要尺度，也是实现研究生创新人才培养目标和高层次法律人才培养目标的必经之路。因而，对法学研究生写作能力进行针对性培养具有重要意义和实践必要性。但当前相关研究多是面向

---

[*] 李艳，西北政法大学经济法（知识产权）学院副教授，法学博士，硕士生导师；张子涵，西北政法大学硕士研究生。

各个学科一般写作能力的普适性培养展开,导致培养与实践的效果不佳。故本文针对法学研究生写作能力培养中的具体问题,提出法学研究生写作能力的阶梯式培养,通过实施分阶段、多元创新的培养方案,最终作用于法学研究生写作能力的提高。

一 法学研究生写作能力培养的困境

法学研究生写作能力培养的困境可从培养实践与相关研究中窥见。在培养实践中,总体体现为写作能力不足;在现有研究中,则体现为缺乏面向法学研究生写作能力培养的针对性研究。

(一)法学研究生写作能力不足的表现

1. 写作基础不扎实

法学研究生写作能力的培养内容必然包含写作基础,扎实的写作基础是开展后续写作能力训练的前提。然而,实践中写作基础不扎实的问题普遍存在,阻碍法学研究生写作能力培养的开展。第一,作为写作"输入"积累的阅读,存在读不懂、效率低、难以反馈运用于写作的问题。充足的阅读"输入"作为写作积累,是后续提笔"输出"的前提。然而培养中的实际情况是,法学研究生不理解所阅读的文献资料,阅读速度缓慢,"输入"积累量较少,无法有效地将阅读积累的素材运用于写作实践。第二,传统写作教学"学习"与"训练"分离的低效益问题。传统写作教学模式下,写作的学习与训练不同步,理论学习成果不能被及时巩固,而在空白期又不可避免地产生损耗,循环往复间使写作培训效果一降再降。

2. 写作的内容创新性不足

写作与创新紧密相关,写作必须体现创新,法学学科的创新还需要与实践相结合。然而,法学研究生写作中存在创新不足的突出问题。一方面,僵化的写作教学导致学生写作模板化,压抑学生写作兴趣,不利于写作创新。流于形式、内容同质化的写作教学下,写作越发趋同于固定的格式模板,难以激发学生的写作兴趣;模板化写作无法产生创新,缺乏兴趣的写作则极大地限制创新。另一方面,写作局限于单一法学学科方向,限制写作创新角度。法学学科具有极强的包容性,开展跨学科研究既有利于法学研究的推进,也帮助写作创新点的启发;但受困于研究生自身专业领域与法学研究生专业课程等限制,法学研究生对法学跨学科写作持消极态度。

3. 缺乏体系化写作的意识

研究生阶段的写作具有较高的学术要求,研究生论文的写作是一个分步骤的科学过程,而法学学科理论又是一个庞大复杂的系统。法学研究生的论文写作必须建立在完善的体系之上,按照科学的写作步骤,局部与整体结合地推进写作过程,形成完善的写作体系的同时,得出高质量的论文成果。但是法学研究生论文写作的实践却表现出写作过程的无序、混乱,出现逻辑链条不连贯、论证说服力不足、论证与结论脱节等具体问题,得出的论文写作成果质量也差强人意,反映出法学研究生没有形成体系化写作意识的问题。此外,还存在写作培养成果与社会实践脱节的问题。理论研究的最终目标就是服务于法律实践,且法学本就是一门与实践密不可分的学科,法学研究生写作培养的最终成果须紧跟社会变化,不应局限于理论层面;但当前不少法学研究生写作科研论文只是"为了写作而写作",脱离了法学社会实践的土壤,未能回应法学社会实践的需求,背离了理论研究的最终目的。

(二) 缺乏法学研究生写作能力培养的针对性研究

目前国内有关研究生写作能力培养的研究已经取得一定成果。(1) 关于研究生写作中存在的问题。有学者总结为:资料的搜集、分析与综合能力缺乏;缺乏对论文写作方法与规律的认识与理解,影响创新能力的培养和体现;逻辑思维能力不足,语言表达能力欠缺。[1] 也有学者提出不充分的学术训练是学位论文写作规范背后的关键问题,并从研究生"自我训练"和"培养与评价"的角度,对问题进一步概括。[2] 另有学者从写作思维的角度,指出存在论证思维缺失的突出问题。[3] (2) 关于研究

---

[1] 参见赵新艳、王舒钰、余义霞等《研究生学术写作能力的培养与提升探析》,《传播与版权》2019 年第 2 期。

[2] 参见李忠《研究生学术写作与训练的困境及其纾困——基于学位论文写作规范问题的分析》,《学位与研究生教育》2022 年第 4 期。

[3] 参见童宏亮、皮修平《研究生论文写作中论证思维的迷失与回归》,《学位与研究生教育》2023 年第 5 期。

生写作中问题的解决措施。有学者从多个维度提出培养资料搜集和处理能力；夯实文化科学基础知识，提升创新能力；加强逻辑思维能力培养，重视书面表达能力的培养；建立科学有效的学习规划和评价体系。① 也有学者认为需要加强导师、学生之间的互动，提出"导师示范模式"和"生生互动模式"的创新培养模式。② 还有学者从学术写作素养着手，从指导理念、课程设置、课外实践和制度保障的角度提出培养方案。③ 另有学者通过改进写作培养方式与路径，致力于使学位论文规范化，强调教学应用知识，重视研究生作为知识主体的地位，实施写作规范训练。④

但现有研究不具有法学研究生写作能力培养的针对性，不能有效指导法学研究生写作能力培养的改进工作。受众方面，现有相关研究多面向全部学科，具有普遍适用性，但是缺少针对法学学科的、以法学学科研究生为受众的研究。培养内容方面，现有相关研究提供研究生写作能力培养的一般性、共性的范式，但是缺乏契合法学研究生写作能力培养需要的特殊性、个性的范式，且少数面向法学学科的研究也局限于学位论文写作方面。实践效果方面，现有相关研究对于法学研究生写作能力的培养不符合法学学科的特性和需要，导致实践中对法学研究生写作能力提升的效果不理想，提升的上限受限于一般学科写作的平均水平。

二 写作能力阶梯式培养与实践的必要性

（一）法学研究生写作能力的阶梯式培养

法学研究生写作能力的阶梯式培养，是针对法学研究生写作能力不足的问题而提出，是由多元化、创新性的培养方式组成的新型写作能力培养

---

① 参见赵新艳、王舒钰、余义霞等《研究生学术写作能力的培养与提升探析》，《传播与版权》2019年第2期。

② 参见陈辉强《导师示范与生生互动模式下研究生科技论文写作能力提升与实践》，《现代职业教育》2021年第50期。

③ 参见王红雨、闫广芬《如何提升研究生学术写作素养？——台湾大学写作教学中心研究生学术写作训练的经验与启示》，《学位与研究生教育》2020年第1期。

④ 参见李忠《研究生学术写作与训练的困境及其纾困——基于学位论文写作规范问题的分析》，《学位与研究生教育》2022年第4期。

方案；其中的不同阶段、不同培养方式间具有相互联系、有机结合的特点。具体来说，法学研究生写作能力的阶梯式培养，应以解决法学研究生写作基础不扎实、写作内容创新性不足和缺乏体系化写作意识的问题为直接目标；根据写作问题的具体情况和写作培养进度，开展多个不同功能的写作能力阶段培养；培养的具体方式应从单一走向多元，具有区别于传统写作教学方式的创新性特征；培养的各个阶段和各种具体方式不应孤立地存在，写作能力的阶梯式培养是由前后有别、安排合理的部分共同组成的有机整体，各个部分共同服务于提高法学研究生写作能力的最终目标。

提出法学研究生写作能力的阶梯式培养，是因为现有培养方案不能解决法学研究生写作能力不足的具体问题，不能解决法学研究生写作能力不足的具体问题。如上文所述，现有研究多为面向各个学科的、普适性的写作能力培养，而少数涉及法学研究生写作的部分则局限于研究生学位论文的具体写作；面对当前法学研究生写作能力不足的各种具体问题，现有研究难以给出行之有效的对策方案。因而，本文特研究并提出阶梯式培养以解决法学研究生写作能力不足的具体问题，以便更好地为法学研究生写作能力培养纾困。

（二）阶梯式培养与实践的必要性

法学研究生写作能力不足的具体问题，呈现出不同阶段的特点，实行阶梯式培养可以对症下药地解决问题、开展培养。阶梯式培养的三个阶段依次设置为写作基本功训练阶段、写作创新培养阶段和写作体系化建设阶段。

1. 写作基本功训练阶段的必要性

将阶梯式培养的第一阶段或者起步阶段设置为写作基本功训练阶段，解决法学研究生写作基础不扎实的问题，帮助法学研究生完成写作能力从本科到研究生的阶段性过渡，为步入写作能力培养的下一阶段提供坚实的基础支撑。第一，解决法学研究生文献阅读方面的障碍，提高知识阅读的输入效率，构建由阅读材料积累到写作输出，再由写作成果反馈阅读的良性循环的桥梁；第二，打破学练分离的传统写作教学方法，同步开展科学的方法论学习与训练，加深对写作方法论的理解并能够对其熟练运用。写作能力的培养应以写作基础的训练为开端，是一项共识性原理；研究生在本科阶段所积累的写作能力与研究生阶段的写作需要之间存在无法忽视的差距，需要通过写作基础训练缩小并弥补，推动研究生写作能力从本科阶段向研究生阶段过渡。

2. 写作创新培养阶段的必要性

将阶梯式培养的第二阶段或者进阶阶段设置为写作创新培养阶段，是承接写作基础的下一步培养的必然选择。写作创新是写作能力培养必不可少的内容，同时写作创新也是建立在扎实的写作基础之上的，没有扎实的写作基本功作为支撑，写作创新能力就是无源之水、无本之木；因而，写作创新培养阶段是写作基本功阶段培养的延伸和拓展。

写作创新培养阶段解决法学研究生写作内容创新性不足的问题，通过多种方式提升法学研究生写作的创新意识和能力，推动创新型写作成果产出。第一，激发法学研究生的写作兴趣，以个人独特兴趣方向为指引，广泛探索写作领域和找寻写作选题，并反馈于写作创新成果的产出；第二，突破单一学科知识技能的局限，结合法学学科的包容性特征，扩展法学研究生写作领域的边界，从跨学科知识的方面提供写作新视角，带动写作应用的创新方向。

3. 写作体系化建设阶段的必要性

将阶梯式培养的第三阶段或者升华阶段设置为写作体系化建设阶段，是顺应法学研究生写作能力提升和写作能力培养最终成果转化的自然安排。写作体系化是阶梯式培养的终极阶段，是因为体系化写作必然要求牢固的写作基础，体系化写作是各种写作能力的综合性、合理化运用的结果，写作体系化是法学研究生写作能力阶梯式培养的最终成果的必然体现。

写作体系化建设阶段解决法学研究生缺乏体系化写作的意识的问题，科学安排写作各步骤，形成良好的体系化写作习惯，并推动写作培养最终成果服务于法学实践。第一，创新写作应用训练的模式，回应研究生科研论文写作体系化的要求，从科研论文写作的各个环节与步骤着手，提升法学研究生写作能力的整体水平；第二，巩固法学学科知识技能体系的同时，将写作能力培养成果转化为高质量论文写作，并最终应用于解决法学社会实践问题的研究。

三 阶梯式培养之写作基本功训练阶段的实践方案

写作基本功训练属于阶梯式培养的起步阶段,针对写作基础不扎实的问题;致力于使学生能够系统、有方法地进行阅读,提高学生对阅读内容的内化理解能力;在科学写作方法论指导下,同步推进写作教学与训练。

(一) 读写结合的创新阅读模式

读写结合的创新阅读模式主要分为法学名著与学术论文的指导阅读、设立名著导读会与论文阅读批驳会,以及设立创新笔记训练小组三个部分。

1. 法学名著与学术论文的指导阅读

作为法科学生,对法学知识的汲取仅靠老师的讲授是远远不够的,还需要有意识地阅读法学经典著作,主动探究法学大家的思想及其启示,通过解读了解学科领域知识的发展脉络,从而加深对相关思想的理解与认识,并为讨论学术问题及解决法治建设和发展中出现的实践问题提供一定的借鉴和经验。[①] 法学名著与学术论文在体例架构、思想维度和文字表述方面富有严密性、深刻性和独特性,具有完整的结构框架和逻辑性;阅读它们可以培养写作的逻辑性和结构性,促进对相关题材的深入了解,跟进最新理论和学术科研动态,拓展思考广度与深度,发现研究创新点。

2. 设立名著导读会与论文阅读批驳会

创新阅读方式,打破固有的单一阅读模式,通过名著导读会和论文阅读批驳会的形式,帮助学生营造良好的阅读氛围,培养阅读兴趣并建立批判意识。学生自行推荐优秀名著、论文或者相关学术讲座,在推荐过程中掌握相关文章的结构框架和核心内容,通过分享促进融会贯通,激发其他学生阅读兴趣,为论文写作积累素材。论文阅读批驳会的主要目的是培养学生的批判意识,在学习名著、论文的新概念和新理论时进行辩证性思考和反问,发现其他观点的缺陷与不足;帮助学生能够以批判、开放的心态,多角度、多条件地分析判断事物;具备批判性思维的学生能更好地学

---

① 张旭娟:《法学理论专业硕士学位论文选题分析——以西北政法大学256篇学位论文为分析对象》,《法学教育研究》2016年第1期。

习并分析不同观点，取其精华、去其糟粕，形成自己独特的观点。

3. 设立创新笔记训练小组

在单纯培养阅读能力的基础上，针对学生阅读后难以运用于写作的问题，为了将阅读与写作更好衔接，创造性地提出创新笔记训练营的培养模式。创新笔记不是对文章重点内容的简单摘抄，而是对文章逻辑的梳理和整合；在理解文章主旨和框架的基础上，对文章进行批判性评论并提出自己的观点和理由。通过书写创新阅读笔记的方式，培养学生阅读和理解的技巧，帮助学生将阅读的知识输入自己的知识体系，锻炼学生的思辨能力。

（二）学练结合的论文写作方法论指导

针对传统写作教学"学习"与"训练"分离的低效益问题，创新性地将教学与训练有机结合，采取写作方法经验分享会和同步训练的方式，将写作学习与训练的效益叠加，帮助学生更好、更快地将写作技巧内化于心。第一步，开展写作方法经验分享会。通过开展写作方法讲座、名著写作经验交流会、学生写作经验交流会等多种方式，就个人对论文写作方法的不同理解进行探讨，促进论文写作方法在教师与学生、学生与学生之间传递、流通；学生们分享在写作中的经验，学习其他学者的优秀经验，论文写作方法在不断的分享、总结和再分享的过程中得到完善和升华，可帮助学生有针对性地、高效地解决论文写作方法方面的疑问。第二步，开展同步训练。去除传统写作方法教学中的学习与训练之间的时间差，在开展写作方法经验分享的同时，推进同步训练的进程；在写作方法经验分享会后，组织学生将所学经验总结并记录，形成一份小型写作成果；帮助学生将写作技巧融会贯通，高效提升学生论文写作技巧的运用能力。

四 阶梯式培养之写作创新培养阶段的实践方案

写作创新培养属于阶梯式培养的进阶阶段，针对写作内容创新性不足的问题；致力于激发学生写作兴趣，由兴趣启发写作创新；丰富学生跨学科知识，带动跨学科写作创新。

（一）兴趣导向的个性化写作培养方案

对于学术型硕士生的培养而言，最为重要的是激发他们的科研热情和兴趣，而学术兴趣的培养必然要建立在广泛选择、比较和试错的基础之上。[①] 当今研究生教育缺乏对研究生所研究领域的兴趣引导，研究生在写作过程中失去兴趣和热情，缺乏推动论文写作的内在动力，造成研究生科研写作被动化和难以长期、持续写作的问题。因此，写作能力的培养需关注学生的写作兴趣和个性需求，借助学生兴趣制作个人创新能力成长日志，培养以兴趣为导向的个性化写作方案。

建立个人创新写作日志，跟踪研究生创新写作能力提高的成长轨迹，需要完成研究生创新写作能力初步评估、创新写作能力培养过程记录和创新写作能力综合评价三方面的内容。首先，入学之初建立学生个人创新写作能力档案，记录学生的基本信息、兴趣方向、创新写作经历等信息并对其创新写作能力进行初步评估。其次，找出学生的兴趣和关注点，以此为基础，每学期记录学生参与写作能力培养的活动与创新能力提升的表现，比如学术论文的撰写与发表、课堂学习中创新性观点的提出、取得的成绩等。最后，根据写作能力成长日志的情况进行定期指导，通过学生进行写作的频率、写作创新结果的质量来判断学生创新写作能力的发展状况，及时发现学生写作中的问题，帮助学生认识自己在创新写作能力培养过程中的不足，并提出改进建议。此外，还可给予学生一定的科研自由，允许其在一定范围内自主选择研究课题和方向；进一步提高学生写作积极性，引导学生通过兴趣和热情，将理论知识转化为实践创新，从而更好地发挥学生写作潜力，促进主动学习，催生出写作的内在动力。

（二）交叉学科学习为论文写作提供新的角度

目前学科发展的总体趋势是学科间的壁垒逐渐破除，不同学科彼此交互交织碰撞；这一总体趋势下，各学科的研究领域不断拓宽、研究层次更加丰富；因而，开展交叉学科学习能为论文写作提供不同的思考角度和创新要素。为更好地开展交叉学科学习，在高校内部采取线上和线下相结合

[①] 高耀：《论文发表激励与硕士生能力增值——基于2021年"研究生培养质量反馈调查"数据的分析》，《高等教育研究》2022年第4期。

的培养模式；线下方面，促进学院内不同专业间开展互动；线上方面，由高校或学院提供开放教学平台资源。

1. 线下学院内不同专业间的互动

由学院牵头，通过举办线下学生交流会的方式，搭建学院内不同专业间的交流平台。学院内不同专业间存在共性联系和个性区别，以不同专业间的关系为交流的主线；学生在交流学习中产生思想碰撞，激发对不同专业的探索兴趣，与他人合作交流过程中，将自己学过的知识和感兴趣的内容结合起来，尝试从全新的角度解决问题，并大胆展示自己的学习成果，从而培养论文写作中创造性使用多专业方法解决问题的能力。

2. 线上开放教学平台资源

为学生提供线上的开放教学平台资源，将与专业相关的其他学科的优秀教育资源整合，帮助学生实现个性化学习，学生可以根据自己的时间安排学习进度，根据自己的需求、知识背景、学习风格来选择跨学科学习的内容，有效地增强了学习的针对性，从而提高论文写作中涉及除法学专业以外的跨学科专业知识学习的效率性。为跨学科论文写作提供交叉学科专业知识的学习土壤，帮助其从其他学科知识获取资源和进行相关论文写作。

五 阶梯式培养之写作体系化建设阶段的实践方案

写作体系化建设阶段属于阶梯式培养的升华阶段，针对缺乏体系化写作意识的问题；帮助学生科学安排写作流程，养成系统化的写作意识和习惯；通过实践调研报告和案例旁听，使写作与实践相结合。

(一) 建立分步骤写作训练营

从选题、大纲、初稿到成稿的每个写作步骤都体现创新，拆分写作步骤进行针对性训练。选题方面，通过头脑风暴会、案例研究等方法发散思维、扩大选题范围；大纲方面，以思维导图和论文大纲互评会的方式调整论文大纲；初稿方面，建立初稿互评会，以互评方式完善初稿；成稿则依托成稿转化，实现写作培养成果的进一步升华。

1. 选题的创新模式训练

开展多种创新选题培养模式，发散思维、实现选题创新，让选题的来源更加多维、广泛。通过头脑风暴会集思广益,帮助学生扩大选题范围、激发学生的想象力,挖掘更多的创意和想法;通过研究真实案例,理解论文所选领域的知识和技能,并为论文的论点和重点内容提供有力的支持;通过社会调查研究社会现象和问题,学生可以在了解社会现实的基础上确定选题,使写作成果与社会实践紧密相连。

2. 论文大纲互评会

通过论文大纲互评会有效完善论文大纲,学生借助思维导图将论文的各个章节和段落可视化,可以更清晰地了解论文的完整性以及各部分之间的联系,突出论文的重点和次重点,梳理论文的总体结构和各部分的关系。论文大纲互评会是在完成大纲后,以学生为主体,对论文大纲进行评价和提出建议,通过集体评估和反馈的方式,围绕论文的创新性、实用性、逻辑性和科学性等方面进行讨论,对论文大纲深入分析和评估的同时也进行改进和完善。

3. 初稿互评会

初稿互评会是完善论文初稿的重要途径。鼓励学生之间互相评价和修改彼此的初稿,更好地发现自己初稿的逻辑漏洞、语法错误、表达不清等不足,并学习他人的优点;通过初稿互评会可以针对性地对论文进行修改和完善,使论文更加严谨、准确和清晰,进一步提高学术论文的质量和水平,促进相互学习和共同进步。

4. 成稿转化

成稿是写作能力培养的直接成果表现,成稿转化即是将写作能力培养的成果转化为学术科研成果,成稿转化主要有参加论文征文比赛和向期刊投稿两种途径。通过进行成稿转化,提升学生写作的成就感和自信心,也为学生提供学术成果的积累,反过来又促进学生参与写作能力培养的积极性。

(二) 符合实践需要的、多种形式的法律文本训练

科技论文写作具有很强的实践性,它是在对已有知识的总结基础上新知识创造表达的过程,需要研究生创新性地对现有知识和资料进行重组,有助于培养学生重构知识的能力。[①] 而法律职业是法律实践的重要部

---

① 谢炜、路平安:《科技写作训练与硕士研究生创新能力培养》,《教育教学论坛》2019年第21期。

分，法学研究生写作能力培养还应涉及学生可能从事的法律职业的需要，这种需要在写作方面集中体现为多种形式的法律文本。通过撰写实践调研报告，了解现实社会中法律服务的需求和问题，为法律服务的改进提供更加客观、真实的信息支持；组织学生去法院旁听案例并撰写案例分析，可以为法学研究提供实证支持，帮助学生更好地理解法律程序在实际操作中的优缺点，从而为法律相关问题的完善提供更加客观、真实的信息支持。指导学生撰写多种类型的法律文本可以帮助学生更好地了解现实社会中的法律问题和案件，由司法实践问题引出思考，培养学生在论文写作中思考和解决实际问题的能力，同时借助司法实践实现与社会现实紧密的对接，使写作服务于现实。

六　结语

面对当前研究无法解决法学研究生写作能力培养困境的情况，提出法学研究生写作能力的阶梯式培养。通过依次实施"写作基本功训练""写作创新培养""写作体系化建设"的三个阶段，分别化解写作基础不扎实、写作内容创新性不足和缺乏体系化写作意识的具体问题，为法学研究生写作能力的培养探索新方向。同时，该种写作能力的阶梯式培养与实践方案也可以转化适用于其他社会科学领域，如管理学、经济学等学科领域，有助于全面提高研究生写作的创新能力和整体素质。另外，硕士学位论文是研究生阶段科研创新写作的最终成果，也是法学研究生写作能力培养成果的最终实践，因而下一步的研究可以从写作能力培养在学位论文中的实践角度出发，探寻阶梯式培养成果向高质量硕士学位论文转化的路径。

导师指导对博士生培养成效的影响研究

——基于培养过程要素的中介与调节效应分析

付雪琳　毛伟云　肖　敏[*]

摘　要：本研究构建了导师指导对博士生培养成效影响的理论模型，以中国研究生满意度调查为数据来源，采用结构方程验证理论模型。主要研究结果表明：相较于博士研究生课程收获、科研收获，导师指导对博士生非学术性收获影响效应最大；导师指导对课程教学、科研实践存在显著正向影响，且对科研实践影响效应最大；课程教学、科研实践在导师指导与研究生培养成效之间发挥部分中介效应，科研实践中介作用更强；管理服务在导师指导与课程教学、导师指导与科研实践之间发挥调节作用，且管理服务在导师指导与课程教学的调节作用更为显著。同时提出重视导师指导能力发展、完善课程体系建设、关注科研实践质量、提升学校管理服务水平等建议来提升博士研究生培养成效。

关键词：导师指导；博士研究生；培养成效；培养过程

一　引言

　　研究生教育是培养高层次创新人才的主要途径，是应对全球人才竞争的基础布局，是实施创新驱动发展战略和建设创新型国家的重要基石。博士研究生作为知识的生产者、传播者，创新创造和创新成果产业化的推动者，对于提升国家原始创新能力，获得并维持核心竞争力具有重要意义。

---

[*] 付雪琳，西北工业大学公共政策与管理学院硕士研究生；毛伟云，西北工业大学研究生院学位办主任；肖敏，西北工业大学研究生院副研究员，陕西省学位与研究生教育研究中心副主任，研究方向：研究生教育管理。

导师作为研究生培养的第一责任人，对博士研究生培养质量具有举足轻重的影响。2018年以来国家出台《关于全面落实研究生导师立德树人职责的意见》《研究生导师指导行为准则》等一系列聚焦研究生导师的政策文件，进一步明确导师指导在博士研究生培养中的关键意义。在此背景下，导师指导成为理论界探讨研究生教育发展的重要议题。

近年来国内外学者围绕导师指导展开了诸多研究并取得了丰硕的成果，其研究热点主要包括导师指导构成维度的研究、导师指导的影响研究、导师指导范畴的研究、导师指导效果的评估研究等。关于导师指导对博士研究生培养成效的影响研究，当前学者主要从导师指导本身构成维度出发进行分析，例如导师指导频率[1]、指导模式[2]、指导能力[3]等对研究生培养质量产生的影响，未能充分考虑培养过程要素对研究生培养成效的影响，以及各因素间的相互作用。研究生培养成效是多因素共同作用的结果，因此本研究在考虑导师指导对博士研究生培养成效影响的基础上，加入培养过程要素等中介与调节变量，系统思考导师指导究竟在多大程度上影响以及如何影响研究生培养成效。

二 研究框架与假设提出

研究生导师是研究生培养的第一责任人，肩负着为国家培养高层次创新人才的重要使命。现有研究已经明确导师指导质量不仅直接正向影响硕士研究生教育收获，还可以通过正向影响研究生的学业投入，间接提高学生教育收获[4]。2021年度中国研究生满意度调查表明，研究生对导师指导

---

[1] 陈珊、王建梁：《导师指导频率对博士生培养质量的影响——基于博士生视角的分析和探讨》，《清华大学教育研究》2006年第3期。

[2] 钟诗江、钱明芳、张学习：《浅谈不同导师指导模式对博士生培养的影响——基于对国内100名理工科博士生的调查》，《教育教学论坛》2021年第49期。范皑皑、沈文钦：《什么是好的博士生学术指导模式？——基于中国博士质量调查数据的实证分析》，《学位与研究生教育》2013年第3期。

[3] 赵国宏、冯阳：《四位一体：研究生导师指导能力的发展路径探析》，《学位与研究生教育》2021年第7期。郑烨、李真淼、肖敏：《导师能力如何影响研究生科研绩效——基于五所"双一流"高校的调查》，《研究生教育研究》2022年第6期。

[4] 翟洪江、宋婧、刁鑫：《导师指导对硕士研究生教育收获影响的路径分析：学业投入的中介作用》，《扬州大学学报》（高教研究版）2023年第2期。

提升自身科研能力的满意度超80%①，导师指导在工科博士生科研项目投入数量和质量与学术能力提升间存在正向调节效应②。同时，柳远远、徐渡安通过研究发现导师指导正向影响学术型研究生的科研创新能力；适当的指导人数、导师指导频率、导师指导方式、导师指导内容与组合型指导风格对学术型硕士研究生科研能力均有积极影响③。因此，有理由认为导师指导对研究生培养成效具有显著效应。

然而，在培养单位内部，影响博士研究生培养成效的过程因素可谓众多。本研究试图梳理总结出博士研究生培养过程的关键要素，以此奠定坚实的理论根基。通过对已有政策文本及文献的梳理发现，研究生培养过程关键要素为课程、科研等。2024年颁布的《中华人民共和国学位法》第二十条、第二十一条规定"通过规定的课程考核或者修满相应学分，完成学术研究训练或者专业实践训练……授予硕士或博士学位"。2020年《关于加快新时代研究生教育改革发展的意见》指出要"加强课程教材建设，提升研究生课程教学质量；加强过程考核，提升学术学位研究生知识创新能力，专业学位研究生实践创新能力"。《关于进一步严格规范学位与研究生教育质量管理的若干意见》指出，"导师要指导研究生，使其掌握科研方法、强化实践训练；利用信息化手段加强对研究生关键环节管理，提升服务质量"。从政策角度分析，影响培养成效的关键过程要素指向课程教学、科研实践与管理服务，而培养成效指向研究生知识与科研能力等增长，即课程收获、科研收获与非学术性收获。

另外，从已有文献来看，周文辉等从质量保障机制角度总结到课程教学质量保障是基础、科研质量保障是核心、导师指导是决定性因素、管理体制机制是制度保证。孙玉伟等认为研究生培养过程关键要素包括导师

---

① 周文辉、黄欢、刘俊起、赵金敏：《2022年我国研究生满意度调查》，《学位与研究生教育》2022年第8期。

② 李明磊、王靖、王茹等：《工科博士生科研项目投入何以提升学术能力——导师指导和课程学习的调节效应》，《研究生教育研究》2022年第6期。

③ 柳远远：《导师指导对学术型硕士研究生科研创新能力的影响研究》，硕士学位论文，山西财经大学，2022年。徐渡安：《导师指导对学术型硕士研究生科研能力的影响研究——基于经济学和管理学研究生的调查》，硕士学位论文，安徽财经大学，2020年。

指导、科学研究、课程教学、管理服务等。① 王俐将课程体系、课程管理、教学内容、教材等作为研究生培养的过程要素。② 张泳、刘亚敏等在关于美国大学一流博士培养过程管理的研究中强调导师遴选、指导方式、课程体系、科研训练是研究生培养过程的重要因素。③ 因此，本研究将课程教学、科研实践、管理服务作为研究生培养过程的关键要素，探究导师指导与关键要素在研究生培养成效生成过程中的相互关系。

本研究统筹构建了基于培养过程关键要素的导师指导影响研究生培养成效的关系模型（图1），其中将导师指导视为基础影响因素，将课程教学、科研投入、管理服务视为关键过程要素，将课程收获、科研收获、其他非学术性收获作为关键成效要素。学校管理服务包括奖助体系、培养管理等制度，图书馆、宿舍、食堂等硬条件，学术交流、就业指导等软环境。其中，导师指导通过指导研究生开展课程学习和科研训练而影响培养成效，学校管理服务通过调节导师指导与课程学习、科研实践影响培养成效。导师指导与研究生培养过程要素协同促进培养成效的达成。该关系模式显示影响研究生培养成效的过程关键因素、影响路径和作用机制。

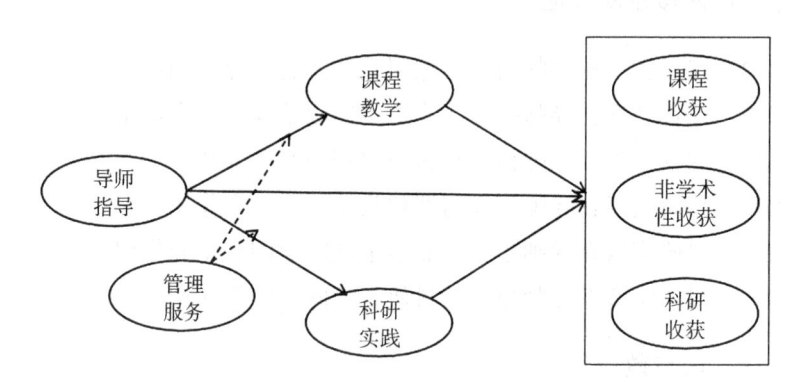

图 1　导师指导影响研究生培养成效的关系模型

根据分析框架本研究提出如下假设，包括直接影响效应、间接影响效

---

① 孙玉伟、刘超、巩礼男、戚景琳、杜保国：《MLIS 研究生培养过程满意度及其关键要素研究》，《图书馆学研究》2021 年第 15 期。

② 王俐：《加强培养过程管理 提高研究生培养质量》，《中国高教研究》2003 年第 12 期。

③ 刘亚敏、王声平、关荆晶：《美国一流大学博士生培养过程管理：特征与启示》，《研究生教育研究》2019 年第 3 期。张泳：《美国一流大学的博士生培养及启示——以普林斯顿大学为例》，《高等农业教育》2014 年第 5 期。

应与调节效应。

（一）直接影响效应

H1：导师指导对课程教学产生正向影响；
H2：导师指导对科研实践产生正向影响；
H3：导师指导对学生课程收获产生正向影响；
H4：导师指导对学生非学术性收获产生正向影响；
H5：导师指导对学生科研收获产生正向影响；
H6：课程教学对课程收获产生正向影响；
H7：课程教学对非学术性收获产生正向影响；
H8：课程教学对科研收获产生正向影响；
H9：科研实践对课程收获产生正向影响；
H10：科研实践对非学术性收获产生正向影响；
H11：科研实践对科研收获产生正向影响。

（二）间接影响效应

H12：课程教学在导师指导与课程收获间起中介作用；
H13：课程教学在导师指导与非学术性收获间起中介作用；
H14：课程教学在导师指导与科研收获间起中介作用；
H15：科研实践在导师指导与课程收获间起中介作用；
H16：科研实践在导师指导与非学术性收获间起中介作用；
H17：科研实践在导师指导与科研收获间起中介作用。

（三）调节效应

H18：管理服务在导师指导与课程教学间起到正向调节作用；
H19：管理服务在导师指导与科研实践间起到正向调节作用。

三 研究设计

本研究通过实证分析，运用 AMOS26.0 软件对实证数据进行处理，通过描述性统计分析、信效度分析、相关性分析、验证性因子分析等，采用直接效应检验和 Bootstrap 分析法的中介效应检验来验证研究假设。

（一）数据来源与研究样本

本研究数据来自"中国研究生满意度调查（China Postgraduate Satisfaction Survey，简称 CPSS）"。该调查由北京理工大学研究生教育研究中心、学位与研究生教育杂志社联合实施，自 2012 年起每年向全国研究生培养单位（含高校、科研院所）展开分层抽样调查，调查方式主要有纸质问卷、邮件问卷、在线问卷。本研究选取 2022 年 CPSS 中部分高校学术型博士的调查数据，2022 年 CPSS 问卷回收率 91.57%，满足社会科学统计基本要求。研究样本涵盖不同性别、年级、博士录取方式等。本研究样本量为 1156 人，其中男性占比约 70%、女性占比约 30%；一年级占比 22.9%、二年级占比 21.2%、三年级占比 20.6%、四年级占比 35.3%；公开招考（含申请考核）占比约 37%、本科直接攻博占比约 15%、硕转博占比约 48%。

（二）变量和信效度说明

依据硕士生培养过程关键要素影响模型，本研究设计了七个潜变量，包括导师指导、课程教学、科研实践、课程收获、科研收获、非学术性收获、管理服务。本研究检验了信度和效度，验证潜变量和问卷题项的合理性和有效性。表1可知各潜变量 Cronbach's α 系数均大于 0.8，问卷总体系数 Cronbach's α 为 0.938，具有较好的信度。其次运用因子分析检验问卷结构效度，显示 KMO 值为 0.951。综上说明样本数据具有较好的信效度。

1. 自变量

导师指导。研究生导师是研究生培养的第一责任人，肩负着为国家培养高层次创新人才的重要使命，导师指导是研究生培养的主力军。在本研究中选取导师政治素质、师德师风、学术水平、指导能力、指导频率、指导时间共 6 个评价指标作为观测指标。该维度的 Cronbach's α 系数为 0.897。

2. 因变量

研究生培养成效。成效在《汉语大词典》中意为"效果、功效"，研究生培养成效即培养单位通过实施课程教学、科研训练等教育活动，营造良好的培养环境等对研究生进行培养的效果。本研究选取了课程收获、科研收获以及非学术性收获三个潜在变量进行测量。

（1）课程收获。"课程收获"通常指的是通过学习某个课程所获得的知识和技能，以及在学习过程中可能产生的其他积极影响。在本研究中选取提升思想道德、丰富人文素养、夯实专业知识、了解学科前沿、学习科研方法、课程教学满意度等指标作为观测指标。该维度的 Cronbach's α 系数为 0.886。

（2）科研收获。科研收获指的是在科学研究过程中所获得的成果和经验。在本研究中选取信息检索和处理能力、研究设计能力、研究计划执行能力、写作能力、创新能力等指标作为观测指标。该维度的 Cronbach's α 系数为 0.878。

（3）非学术性收获。非学术性收获通常指的是在学术研究或教育活动之外获得的个人成长、技能提升和经验积累。这些收获虽然不是直接与学术知识或学位相关，但对于个人的职业发展、社会交往和生活质量同样重要。在本研究中选取坚定信念、团队领导能力、有效沟通与合作能力、批判性思维能力、口头表达和报告能力等指标作为观测指标。该维度的 Cronbach's α 系数为 0.856。

3. 中介变量

（1）课程教学。课程教学是研究生培养过程的关键环节，为全面考察课程教学对研究生培养成效及科研能力的影响，故选取课程体系合理性、课程内容前沿性、教师教学水平、教师授课责任心、教师课业反馈等指标作为观测指标。该维度的 Cronbach's α 系数为 0.881。

（2）科研实践。科研实践指的是在科学研究领域中进行的实际工作和活动。在本研究中选取参加科研项目数量、科研项目总体评价、参加国内会议次数、参加国外会议次数、科研补助等指标作为观测指标。该维度的 Cronbach's α 系数为 0.858。

4. 调节变量

管理服务。研究生教育属于非义务教育阶段，特别是研究生教育经费投入机制改革后，研究生的"消费者"地位将逐渐显现，研究生权利与研究生教育管理服务质量管理也会更加受到重视。在本研究中选取"奖学金制度"、"图书馆"、"'三助'岗位制度"、食堂、住宿、心理健康咨询、就业指导与服务、管理服务满意度等指标作为观测指标。该维度的 Cronbach's α 系数为 0.903。

（三）相关性分析

本研究运用 Pearson 相关系数计算了潜变量之间的相关关系。表1表示各潜变量之间具有显著相关性，表明适合运用结构方程模型验证各潜变量之间的影响路径和路径系数。

表1　　　　　　　　潜变量 Pearson 相关系数及显著性

	课程教学	课程收获	科研实践	科研收获	导师指导	管理服务	非学术性收获
课程教学	1						
课程收获	0.336**	1					
科研实践	0.381**	0.407**	1				
科研收获	0.401**	0.397**	0.391**	1			
导师指导	0.373**	0.423**	0.412**	0.423**	1		
管理服务	0.349**	0.201**	0.311**	0.242**	0.422**	1	
非学术性收获	0.345**	0.392**	0.394**	0.397**	0.501**	0.259**	1

* $p<0.05$　　** $p<0.01$　　*** $p<0.001$

四　路径模型及分析

（一）结构方程模型拟合

基于理论框架，本研究建构了基于培养过程关键要素的导师指导影响研究生培养成效的结构方程模型。表2的拟合结果可看出，结构方程模型与样本数据具有较好的适配性，模型的理论假设具有合理性。

表2　　　　　　　　　　模型拟合指标

常用指标	χ^2	df	卡方自由度比 χ^2/df	GFI	RMSEA	CFI	TLI	IFI
判断标准	-	-	<3	>0.9	<0.08	>0.9	>0.9	>0.9
值	980.423	453	2.164	0.949	0.032	0.973	0.970	0.973

模型如图2所示。第一，各潜变量的路径系数可知路径影响效应显著，验证了各潜变量具有相互作用。第二，总体上看，潜变量直接效应的

假设均得到验证。第三，验证了潜变量之间的间接影响效应。

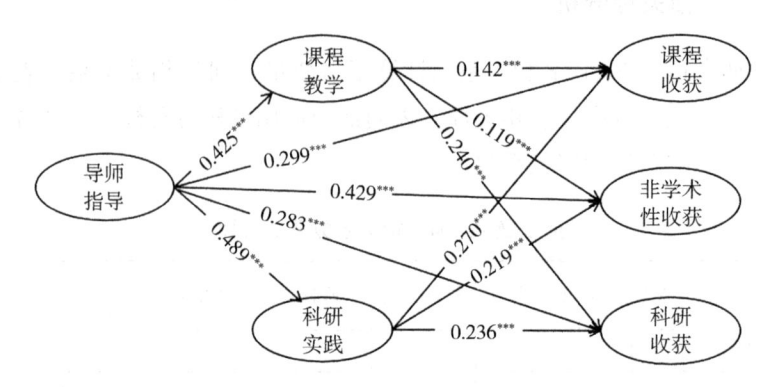

图2 导师指导影响研究生培养成效的作用路径（标准化）

*** p<0.001

（二）路径模型直接效应

1. 导师指导的直接影响效应

由图2所示，导师指导共有五条影响路径，对科研实践的影响路径系数最大。其一，导师指导对科研实践的影响效应为0.489。科研实践潜变量下的观测指标的影响效应强弱依次为参与科研项目数量、科研实践评价、参与国内会议次数、科研补助以及参与境外会议次数。导师指导有利于科研实践项目的开展。其二，导师指导对课程教学的影响效应为0.425。导师指导对科研实践的影响效应大于课程教学。表明相较于课程教学，导师指导更侧重于硕士生科研训练。其三，导师指导对非学术性收获的影响效应为0.429，具有显著的正向效应。非学术性收获潜变量下的观测指标的影响效应大小依次为批判性思维能力、沟通与合作能力、团队领导能力、坚定信念、口头表达和报告能力。其四，导师指导对课程收获与科研收获的直接影响效应分别为0.299、0.283。表明导师指导更能影响学生的课程收获而非科研收获。另外，相较于课程收获与科研收获这种学术性收获，导师指导更能对学生的非学术性收获产生影响。这一方面表明，导师不仅仅关注学生的学术成长，还重视培养学生的非学术技能和素质，但另一方面也反映出导师在科研等学术方面指导不足。

2. 课程教学与科研实践的直接影响效应

由图2所示，课程教学共有三条影响路径。其一，课程教学对科研收获的影响效应为 0.240。科研收获潜变量下的观测指标的影响效应强弱依次为研究计划执行能力、写作能力、创新能力、研究设计能力、信息检索和处理能力。其二，课程教学对课程收获的影响效应为 0.142。课程收获潜变量下的观测指标的影响效应强弱依次为丰富人文素养、学习科研方法、了解学科前沿、夯实专业知识等。这一研究结果显示，课程教学不仅对博士研究生课程收获能够产生影响，还对科研收获产生了影响，甚至影响更大。其三，课程教学对非学术性收获影响效应为 0.119，影响最低。

科研实践同样有三条影响路径。其一，科研实践对科研收获的影响效应为 0.236。其二，科研实践对课程收获的影响效应为 0.270。其三，科研实践对非学术性收获的影响效应为 0.219。这一研究结果表明科研实践会影响博士研究生的科研、课程与非学术性收获，且对学生课程收获影响有一定影响。

从培养成效来看，课程、科研与非学术性收获均受导师指导影响最大。除导师指导外，课程收获、非学术性收获均受科研实践影响较大，科研收获却受课程教学影响较大。

（三）路径模型的中介效应

根据表 3 的统计分析结果，本研究提出的模型潜变量中介效应假设均得到实证支持，即课程教学和科研实践在导师指导与博士研究生学习收获之间发挥了显著的中介作用。这意味着，导师指导这一潜变量主要通过影响课程教学和科研实践这两个过程变量，进而对硕士研究生的课程收获、非学术性收获和科研收获产生显著影响。从数值来看，导师指导通过课程教学对课程收获和科研收获产生的间接效应值分别为 0.062 和 0.093，高于对非学术性收获的间接效应值 0.047。同样，导师指导通过科研实践对课程收获和科研收获产生的间接效应值分别为 0.136 和 0.105，也高于对非学术性收获的间接效应值 0.100。这些结果表明，相较于非学术性收获，导师指导对科研收获和课程收获的间接效应更为显著，凸显了课程教学和科研实践在导师指导与学生课程与科研收获间的重要作用。导师指导通过课程教学、科研实践对非学术性收获的影响相对较低，主要是因为非学术性收获往往不仅仅依赖于导师的指导，还可能受到个人经历、社会环境、同学互动等多因素影响。

表3　　　　　　　　　　模型潜变量的中介效应

效应类型	中介路径	Estimate	Lower	Upper	P
直接效应	导师指导→课程收获	0.308	0.221	0.397	P<0.001
间接效应	导师指导→课程教学→课程收获	0.062	0.031	0.102	P<0.001
	导师指导→科研实践→课程收获	0.136	0.095	0.185	P<0.001
总效应	导师指导→课程收获	0.506	0.431	0.587	P<0.001
直接效应	导师指导→非学术性收获	0.401	0.312	0.497	P<0.001
间接效应	导师指导→课程教学→非学术性收获	0.047	0.019	0.078	0.002
	导师指导→科研实践→非学术性收获	0.100	0.065	0.140	P<0.001
总效应	导师指导→非学术性收获	0.549	0.465	0.64	P<0.001
直接效应	导师指导→科研收获	0.258	0.183	0.337	P<0.001
间接效应	导师指导→课程教学→科研收获	0.093	0.061	0.132	P<0.001
	导师指导→科研实践→科研收获	0.105	0.069	0.147	P<0.001
总效应	导师指导→科研收获	0.455	0.386	0.523	P<0.001

（四）模型的调节效应检验

1. 管理服务在导师指导与课程教学之间起到正向调节作用

从表4可知，调节作用分为三个模型，模型1中包括自变量（导师指导）。模型2在模型1的基础上加入调节变量（管理服务），模型3在模型2的基础上加入交互项（自变量与调节变量的乘积项）。针对模型1，其目的在于研究在不考虑调节变量（管理服务）的干扰时，自变量（导师指导）对于因变量（课程教学）的影响情况。

表4　　　　　　　　　　调节效应分析

	模型1			模型2			模型3		
	B	标准误	β	B	标准误	β	B	标准误	β
常数	3.449**	0.023	-	3.449**	0.022	-	3.393**	0.023	-
导师指导	0.360**	0.026	0.373	0.265**	0.028	0.275	0.251**	0.028	0.261
管理服务				0.226**	0.028	0.233	0.277**	0.029	0.287
导师指导*管理服务							0.175**	0.026	0.182
R^2	0.139			0.184			0.215		
调整R^2	0.139			0.183			0.213		

续表

	模型1			模型2			模型3		
	B	标准误	β	B	标准误	β	B	标准误	β
F值	$F(1, 1154) = 186.723$, $p<0.001$			$F(2, 1153) = 130.059$, $p<0.001$			$F(3, 1152) = 105.077$, $p<0.001$		

因变量：课程教学

* $p<0.05$　** $p<0.01$　*** $p<0.001$

从上表格可知，自变量（导师指导）呈现出显著性（$p<0.05$）。意味着导师指导对于课程教学会产生显著影响关系。调节效应可通过查看模型3中交互项的显著性。从上表格可知，导师指导与管理服务的交互项呈现出显著性（$p<0.05$）。意味着导师指导对于课程教学产生影响时，调节变量（管理服务）在不同水平时，影响幅度具有显著性差异。

2. 管理服务在导师指导与科研实践之间起到正向调节作用

从表5可知，调节作用分为三个模型，模型1中包括自变量（导师指导）。模型2在模型1的基础上加入调节变量（管理服务），模型3在模型2的基础上加入交互项（自变量与调节变量的乘积项）。针对模型1，其目的在于研究在不考虑调节变量（管理服务）的干扰时，自变量（导师指导）对于因变量（科研实践）的影响情况。

表5　　　　　　　　　调节效应分析

	模型1			模型2			模型3		
	B	标准误	β	B	标准误	β	B	标准误	β
常数	2.989**	0.024	-	2.989**	0.024	-	2.956**	0.026	-
导师指导	0.432**	0.028	0.412	0.358**	0.031	0.342	0.350**	0.031	0.334
管理服务				0.176**	0.031	0.167	0.205**	0.032	0.196
导师指导*管理服务							0.101**	0.029	0.097
R^2	0.170			0.193			0.202		
调整 R^2	0.169			0.191			0.200		
F值	$F(1, 1154) = 236.221$, $p<0.001$			$F(2, 1153) = 137.768$, $p<0.001$			$F(3, 1152) = 96.964$, $p<0.001$		

因变量：科研实践

* $p<0.05$　** $p<0.01$　*** $p<0.001$

从上表格可知，自变量（导师指导）呈现出显著性（$p<0.05$）。意味

着导师指导对于科研实践会产生显著影响关系。调节效应可通过查看模型3中交互项的显著性。从上表格可知，导师指导与管理服务的交互项呈现出显著性（p<0.05）。意味着导师指导对于科研实践影响时，调节变量（管理服务）在不同水平时，影响幅度具有显著性差异。

五 研究结论与建议

本研究设计了基于培养过程关键要素的导师指导影响研究生培养成效的关系模型，使用全国研究生满意度调查数据探讨该关系模式，揭示影响研究生培养成效的过程关键因素、影响路径和作用机制。

（一）结论

1. 博士生培养成效的影响因素与作用机制较为复杂。结构方程模型结果显示，导师指导影响研究生培养成效的关系模型中，各潜变量之间具有影响效应，其作用路径既有显著的直接影响效应，又存在着间接影响效应，还存在着调节影响效应。直接效应模型、间接效应模型、调节效应模型各有12条、6条、2条。直接效应路径模型中，导师指导、课程教学、科研实践、课程收获、科研收获、非学术性收获等均为显著的直接效应潜变量。间接效应路径模型中，课程教学、科研实践是显著的间接效应潜变量。在调节效应模型中，管理服务是显著的调节效应潜变量。由此，对于培养成效而言，博士生培养过程机制是较为复杂的，作用路径呈现多元化。

2. 导师指导是影响博士研究生培养成效的核心要素。不论是直接效应模型，还是间接效应模型，导师指导均是关键性影响因素。直接效应模型中，导师指导对科研实践的影响效应最大，并且依次影响博士生的课程教学、非学术性收获、课程收获、科研收获。相较于非学术性收获，导师指导对博士研究生课程收获与科研收获影响较小。这一研究结果说明博士研究生在课程学习、科研实践方面还是具有一定的独立性。同时，从间接效应模型来看，导师指导对科研收获和课程收获的效应系数相对较大，说明导师指导需要通过课程教学、科研实践对博士研究生课程收获、科研收获产生影响。综上，导师指导是博士研究生培养过程中具有驱动力的关键要素。

3. 课程教学和科研实践是影响博士生培养成效的关键要素。培养实践中，课程教学和科研实践是硕士生培养过程的两大核心要素，具有"承前启后""承上启下"的作用。直接效应模型中，课程教学和科研实践同时受到导师指导变量的"输入"效应影响。其中导师指导对科研实践影响效应相对较大，主要是因为导师更加重视博士生的科研水平，如参与国内外会议次数、参加科研项目数量等。

课程教学和科研实践变量效应分别直接传递至课程收获、科研收获与非学术性收获。但是，课程收获、非学术性收获均受科研实践影响较大，科研收获却受课程教学影响较大。可能的原因是科研实践为学生提供了实际操作的机会，使他们能够将课程中学到的理论知识应用于实际问题中。这种实践经验不仅增强了学生的科研能力，还促进了他们在课程学习和非学术性能力方面的收获。因此，科研实践对课程收获和非学术性收获的影响较大。科研实践这一潜变量下的观测变量聚焦科研项目数量、参与学术会议次数，研究表明，未能对研究生科研收获产生较大影响。课程教学通常包括研究方法、数据分析、学术写作等内容，这些都是科研活动中必不可少的技能。通过课程学习，学生能够掌握必要的理论知识和技能，从而在科研中取得更好的成果。因此，科研收获受到课程教学的影响较大。

4. 管理服务是影响博士研究生培养成效的基础要素。管理服务在导师指导与课程教学或导师指导与科研实践之间发挥着调节作用。管理服务水平如"奖学金制度"、"图书馆"、"'三助'岗位制度"、食堂、住宿、心理健康咨询、就业指导与服务，管理服务满意度越高，便越有利于促进教育资源的高效配置和科研资源的合理利用，增强师生间的互动交流，提升学生对教育服务的满意度，营造一个更加有利于学术成长和科研创新的环境，从而全面提高学生的课程学习成效和科研实践成果。

(二) 建议

1. 重视导师指导能力发展，是提升博士研究生培养成效的关键

高学术水平是导师培育优秀研究生的重要条件。提升研究生培育质量要抓住导师指导这一关键。当博士研究生对导师指导频率、导师指导总体评价等较为满意时，培养成效较好。同时当导师指导能够较好培养学生理想信念时，有助于提升研究生培养质量。这就要求培养单位加强对导师指导能力的培育和开发。一方面要增强对新任导师的岗前培训，将导师指导

范式与方法、态度与风格等融入培训内容；另一方面对在岗导师来说，要定期组织研究生指导分享交流会、指导沙龙等使各位导师在借鉴中学习、反思、完善自己的指导方式，提升自己的指导水平。与此同时，优化导师的评价考核体系，建立健全退出机制。将指导频率、指导精力、指导效果等纳入评价体系，强化研究生对导师指导评价的作用，畅通评价反馈渠道，对于学生评价较差、科研经费等学术资源不足以支撑研究生培养的导师应限制其招生。

2. 完善课程体系建设，加大导师对博士生课程教学的投入度

课程学习与科研训练是研究生培养过程中的关键要素。课程教学质量高低直接影响研究生培养质量。当课程能够在提升思想道德、夯实专业知识、了解学科前沿、学习科研方法方面发挥较大作用时，能有效提升博士研究生的培养成效。目前课程教学在导师指导与研究生培养成效之间发挥中介效应，但中介效应较小，表明现有博士研究生课程教学质量有待提高，现有博士生课程仍与硕士课程有较多或非常多重复，在选修课的选择范围和研究方法课程量上存在明显不足；课程内容的广度与深度以及前沿知识与跨学科知识比重函需提升，① 未能有效提升博士生科研能力。

基于此，各培养单位在进行课程体系建设时应保证多元主体参与，充分听取博士生导师的意见与建议，同时加强对课程建设的长远和系统规划，以提升学生科研能力为核心，面向时代特征、人才需求，打造基础性、前沿性与创新性兼具的课程体系。除此之外，教师的课业反馈包括课内外答疑、作业批阅等也会对研究生培养成效提升产生影响，因此教师要不断改善自身授课方式，增强与博士研究生的课内外沟通与交流，有效提升研究生课程学习效果。

3. 关注科研实践质量，给予博士研究生自我成长的空间与时间

关注科研实践质量并给予博士研究生自我成长的空间与时间，是为了确保他们能够在科研探索中获得深度的体验和充分的思考。过度参与科研实践项目和频繁出席学术会议可能会压缩博士研究生进行独立思考和内化知识的时间。科研实践项目和学术会议虽然能够提供宝贵的经验和交流机会，但如果过度参与，可能会使博士研究生陷入被动完成任务的状态，缺

---

① 包志梅：《我国高校博士生课程设置的现状及问题分析——基于48所研究生院高校的调查》，《研究生教育研究》2021年第2期。

乏对研究方向和问题的深入挖掘。博士研究生需要在导师的指导下，通过参与科研项目来提升技术成熟度和心理成熟度，但更重要的是在自主探索中养成独立研究的能力。这意味着，博士研究生应该在导师的适度指导下，有足够的自由去选择研究问题、设计研究方案并执行研究。因此，适度的科研实践和学术会议参与，配合充足的自我学习和研究时间，对于博士研究生的全面发展和创新能力培养至关重要。

4. 提升学校管理服务水平，营造良好的培养环境

管理服务是教育培养工作的必需环节，是保证研究生培养质量的重要组成部分，良好的管理服务能够提升教育质量，确保教育资源的合理分配和有效利用。研究结果显示管理服务确实在导师指导与课程教学、导师指导与科研实践发挥着调节作用。因此，培养单位可以加强信息系统建设，以数据为驱动力，推动教育决策由经验驱动向数据驱动转变，提升教育管理数字化、网络化、智能化水平。同时，加强对行政管理人员培训，提升服务意识和专业素养，鼓励创新和持续改进。最后，加强考核评价，建立监督问责制度，完善师生对行政管理服务的评价体系，加强对管理服务质量、水平和服务态度的考核。

评估专栏

构建新时代高素质复合型人才培养机制*

李岚林　石葛蕾依　李　博**

摘　要：西北政法大学哲学与社会发展学院深入贯彻"三全育人"工作总要求，以成果为导向，立足政法院校学科优势，构建全员全程全方位新时代高素质复合型人才培养体系。一是强化实践育人，组建多元教学科研团队，开展全员育人；二是建立学院引领方向、班级打好阵地、优化骨干培养、树立学生榜样的全程育人；三是构建"三全育人"高素质复合型人才培养体系，开展全方位育人。

关键词：三全育人；成果导向；人才培养

一　哲学与社会发展学院基本概况

哲学与社会发展学院是西北政法大学成立最早的院系之一。1959年开始招收哲学专业本科生，1979年开始培养哲学硕士研究生，至今已有64年的本科人才培养历史和44年的研究生培养经验。哲学学科专业是学校优势学科之一，并于1991年、1997年、2001年、2004年、2008年、

---

* 基金项目：2023年度校级本科教改研究项目一般项目："基于成果导向的《司法社会工作》专创融合教学研究与实践"（项目编号：XJYB202301）；2023年度西北政法大学"研究生科研与创新能力培养"教学改革委托专项立项："专创融合、德法兼修：新时代高素质复合型司法社工人才培养模式研究"（项目编号：YJKY202309）；2024年度西北政法大学研究生教育教学改革研究重点项目："以学生为中心的'传帮带'式研究生培养模式探索与实践"（项目编号：YJZD2024021）。

** 李岚林，西北政法大学哲学与社会发展学院副院长、副教授，法学博士，研究方向：刑法学、司法社会工作；石葛蕾依，西北政法大学哲学与社会发展学院教务秘书，硕士，研究方向：教育教学管理；李博，西北政法大学哲学与社会发展学院教务秘书，硕士，研究方向：教育管理。

2013年连续六届被评定为陕西省省级重点学科。2007年，哲学专业获批省级一类特色专业，2008年获批国家级特色专业。2009年，思维方式与价值论研究获得省级特色学科。2013年，哲学专业获得省级专业综合改革立项，2015年获得国家高水平大学建设专项。学院现已建成三门省级精品课程，两门省级精品资源共享课，一个省级教学团队，一个省级创新人才培养基地（关中文化书院），目前学院已经形成本科—硕士—博士三位一体的人才培养体系。

学院现设有哲学、社会学、社会工作三个本科专业，有哲学一级学科硕士学位授权点和社会工作专业学位硕士授权点，有国家级特色专业、陕西省一流本科专业建设点、省级特色专业、省级特色学科、省级优势学科和省级一流专业。学院现有教职工44人，34名专任教师中有一半以上具有高级职称，四分之三以上具有博士学位，其中博士研究生导师2名，硕士研究生导师19名。在校本科生329人，在校全日制硕士研究生192人，非全日制18人。学院教师多人获评全国师德先进个人、陕西省师德标兵、陕西省社科名家、陕西省高校教学名师和西北政法大学师德先进个人、优秀教师、最受学生喜欢的老师等荣誉称号；多位教授入选国务院政府特殊津贴专家、陕西高校人文英才支持计划、陕西省三秦人才等；多人在全国和省级学术研究会担任副会长、常务理事、理事等学术职务。

二 强化实践育人，组建多元教学科研团队，开展全员育人

学院通过学科交叉融合统筹兼顾教学队伍和科研队伍，构建符合学科发展方向，由校内导师、校外导师构成，跨学科、多领域的高水平教学科研团队。组建教师团队和学生团队，形成具有"跨学科背景、教师队伍兼顾教学与科研，学生队伍分层次、递进式培养"的学科交叉多元教学科研团队。使在校生和毕业生、本校学生与合作学校学生通过教师团队有机组合，融合开展项目实践，形成具有传承性和拓展性且相对稳定的学生团队。

为了有机地联系校内与校外、专业知识与社会实践、专业要求与社会需求，学院采用"请进来""走出去"的形式，开拓提升专业教学内涵、促进实践教学发展。加强与实务部门联系，补充专业知识，拓展第二课堂。组织学生前往关中书院、横渠书院、周至楼观台、陕西为民社工机

构、妇女文化博物馆、雁塔社区等单位进行现场实践教学，增加学生的感性认识。组织教师前往陕西中海社会工作服务中心、未央区张家堡党群中心、莲湖区社会组织培育中心、雁塔社区等单位进行调研参观。同时也邀请了西安市政协政法委主任李建彪、万家社区发展促进中心等机构的实务专家开展"实务专家进课堂"活动，把最新的专业理念与实践知识带到课堂上。目前学院共有22个实践教学基地，1个社会工作虚拟仿真实验室。

学院积极开展暑期社会调研实践活动，其中有"西安市青年律师生存现状再调研""苗族祭祀仪礼与宗族社会""精准扶贫下的农村家庭教育状况调查""自闭症儿童康复的特殊教育干预研究"等主题的深度调研，完成了16份调查报告，18篇心得体会，现已结集出版。同时，由学生自主设计，与陕西妇源会合作，组织了山阳县中学生进校园研学活动。由青年教师和辅导员带队，以"心系脱贫攻坚，推动教育发展"为主题，前往山阳县开展教育扶贫，锻炼学生专业实践，同时利用高校专业资源带动贫困地区教育发展。学院已形成浓厚的创新创业教育氛围，广大学生积极参加双创课程学习、双创实践和竞赛。2021—2023年，学院在"互联网+"大学生创新创业大赛中获得校级立项15个，省级立项11个，国家级立项1个。

半个多世纪以来，学院始终秉持"理想信念树人、严谨教学育人、学科专业立院、人才科研强院、科学规范建设、优良学风发展"的办学理念，为国家培养了一大批专业人才，形成了良好的社会声誉。学院始终坚持以习近平文化思想和法治思想为指导方针，坚持育人为本、德育为先、能力为重、因材施教的基本思路，注重原典教学和综合能力训练，努力培养哲学、社会学及社会工作具备跨学科发展能力的国际化、创新型、复合型人才。

三 建立学院引领方向、班级打好阵地、优化骨干培养、树立学生榜样的全程育人

学院始终坚持把思想政治工作同学校及学院中心工作同研究同安排同部署，纳入党建工作目标管理和基层党支部考核体系，纳入民主生活会、干部述职会议、支部书记抓基层党建述职评议考核内容，形成学院党委统

一领导、党政齐抓共管、各教研室和各相关科室层层落实的大思政工作格局。

　　学院核心引领，抓好思想政治工作体系建设的谋划和顶层设计。学院坚持召开思想政治工作领导小组会、思想政治理论课领导小组会，系统学习学校文件和重要会议精神，研究部署工作，确保学院在发展规划、经费投入、公共资源使用中优先保障思想政治工作体系建设。2021—2023年，学院重点学习贯彻习近平新时代中国特色社会主义思想精神，加强学生思想政治理论工作，主要以学院党委为领导核心，在把握工作大方向的基础上持续开展思想政治教育相关工作。在建党一百周年之际，学院团委在校党委、院党委指导下，深入贯彻落实习近平总书记关于青年工作的重要思想和党的十九届六中全会精神，结合建党100周年主题，围绕立德树人根本任务和为党育人政治职责，全面从严治团，带领全体团员青年开展多项丰富多彩的校园文化活动和社会实践活动。活动受到学院和学校领导广泛关注与支持，学院团委获得2021年度西北政法大学"五四红旗团委"荣誉称号。在学院党委的领导下，学院各班级相继以党史学习教育、红色校史学习、主题教育学习等为专题开展相关主题教育活动。通过学习"习近平总书记来陕考察重要讲话精神交流大会""青年团员深入学习贯彻党的十九届六中全会精神"等系列理论学习主题教育活动，使团员青年在强化政治理论、增强政治定力、提高政治能力、防范政治风险等方面加强学习历练，引导其坚定"四个自信"，勇做走在时代前列的奋进者、开拓者、奉献者。

　　学院以班级建设为抓手，深入学习相关精神。学院积极加强班级制度建设、规范开展各项团内工作，坚持从严治团，落实"三会两制一课"，不断增强各级团组织的政治性、先进性、群众性。在第六届法治文化活动季之际，2021级各班召开主题班会，通过观看视频、交流讨论等形式，深入学习百年党史，深刻领悟"依法治国"的丰富内涵；建党百年之际，学院多次开展了"学党史、强信念、跟党走""请党放心，强国有我""寻找雷锋、争当先进"等主题团日活动，帮助学生从中学习感悟伟大建党精神、劳动模范精神，增强思想政治底色；在北京冬奥会、冬残奥会总结表彰大会之际，2019级各班团支部开展"学冬奥精神，彰优秀榜样"的主题团日活动，并围绕此专题开展了该年度的"五四"表彰工作，在新时代"赶考路"上，榜样就在我们身边，伟大精神就在生活中体现，以榜样力量推动班级凝聚。

学院高度重视学生团支部建设，积极参与基层标杆学院、样板支部申报。2019级1班团支部获得第二批团建样板支部立项，社会学与社会工作联合党支部顺利完成陕西省第二批党建"双创"样板支部、学院党委第一批校内标杆院系培育单位的验收工作，2022年学院党委获批陕西省第三批新时代高校党建"双创"标杆院系。学院在基层组织建设中充分发挥团干部、学生党员模范带头作用，认真落实"团干部上讲台"制度，以学习培训为载体，不断强化团干部队伍建设。哲学与社会发展学院团委于2023年5月组织开展"团干部上讲台百千万行动"活动，在提升学院团干部思想政治工作的专业素养和工作能力，有效加强学院共青团的组织力、引领力和服务力方面发挥着重要作用，是加强团干部专业素养和工作能力、强化团员思想政治教育和自我教育，提升基层团组织凝聚力和战斗力的重要举措。

同时，学院开展各类特色比赛，深化学院品牌活动。促进团学骨干在理论和实践中不断涌现、不断提升，扎实做好青年工作。"百年风光，逐梦前行"主题演讲比赛、马克思主义经典精读大赛、"讲党史故事、做时代新人"宣讲比赛等已成为学院重点支持项目，学院将办好精品项目作为扎实落实"三会两制一课"制度的重要补充，切实增强团的组织力和思想政治引领力。与此同时，学院以广泛开展为基础，组织相关社会实践活动。学院教师组织学生以红色教育、党史党建、乡村振兴等为主要课题开展暑期三下乡项目，多年来多支队伍获得省级优秀调研报告和校级优秀实践团队荣誉称号，并受到三下乡官方关注与报道。在志愿服务活动中学院主动切合时代课题，引领同学们积极参与。"学习雷锋精神，关爱党员前辈"特别活动、前往秦岭开展环保专项社会实践活动等都展现了哲社青年骨干的责任与担当。

四 构建"三全育人"高素质复合型人才培养体系，开展全方位育人

学院坚持党的全面领导，认真开展了"两学一做"学习教育、"不忘初心、牢记使命"主题教育、以案促改专题教育、党史学习教育等集中教育活动和各专题理论学习会议，坚持用习近平新时代中国特色社会主义

思想立心铸魂，推动"依法治教、依法办学、依法治校"的深刻落实。

（一）聚焦国家重大战略需求和陕西高质量发展需求，勇挑重担

基础学科作为科学体系的源头而为国家重大战略需求所重视，近年来教育部多措并举强化基础学科建设。学院围绕国家级特色专业及陕西省重点学科——"哲学"专业加强基础人才建设，培养担当民族复兴大任的时代新人，以传统哲学价值论研究、中西哲学思维方式比较研究、文化哲学与法哲学研究、唯物史观与社会发展理论研究等优势突出、特色鲜明的基础理论研究方向为重点，培养了大批哲学基础学科理论人才，本硕毕业生考取国内外名校的比例位居全校前列。教师队伍潜心治学、积极进取，在国内外学界受到广泛关注及好评，同时一大批国内外哲学学科专家学者近年来至我院交流讲学，学院相继开展"立格哲学联盟"学术研讨会及"世界哲学日"系列讲座。邀请到清华大学、北京师范大学等国内高水平学府名师学者至我校开展专业讲座，邀请厦门大学、复旦大学、山东大学等哲学重点学科的学术带头人至我校分享经验、交流学术，也为学生开拓学术视野，为青年学者进行学术交流提供良好环境。在基础理论的学习中，学院高度重视原典阅读和名师对话，以读书会、哲学对话小组、马克思主义学社读书研讨会等形式创新师生交流对话新途径；以青年博士论坛为学者提供交流互评的平台，目前已完成三十期报告会，青年学者反响良好；以研究生论文发表会和读书报告会为契机创造各方向学科交叉学习、互动对话、学生老师良性交流的新机会，为学科研究的深入发展创造条件。

（二）融入思政育人目标，构建高素质复合型人才培养体系

学院加强新生教育，开展"院长第一课""专业第一课""名师第一课""书记第一课"等思政教育及专业启蒙课程，并以"课程思政公开课活动"为专题，以专业课程深度融合思政教育理念为中心开展相关交流活动，专业课思政教学效果赢得了同学和老师的认可，教师们及时就加强课程思政建设互换意见。在结合专业特色的前提下，学院于2018年成立了马克思主义学社，目前学生刊物《自觉》已完成第四期的出刊工作，主题征文比赛及马克思主义经典精读大赛已分别进入第四届、第三届的筹办过程，学社运行越发成熟，已经成为学院青年学子的党团活动阵地，也为学校广大学子所熟知、所认可。

学院学子积极参与社会实践及相关志愿活动。2023年3月，学院以"社团引领、党员先行、团员示范"为准则开展了系列学雷锋志愿活动，不仅开展相关"学雷锋·扬精神"主题团日活动，还带领学生以实际行动奉献社会；2023年6月，学院哲学团支部牵手林雁社区党委开展系列志愿服务活动，为社区居民营造了更加文明和谐、绿色清洁的辖区环境；暑期，我院志愿者深入各地进行实地调研考察活动，为乡村振兴、社会治理、红色基因传承等时代课题建言献策；2023年9月，学院2022级各团支部于碑林区林雁社区加入经济普查队伍，助力全国第五次经济普查工作。学院牢记将立德树人成效作为检验一切工作的根本标准，在学院、党建、团建、社团等各阵地严格落实立德树人根本任务，推动立德树人工作见行见效、入脑入心。

（三）充分发挥课程育人功能，将思想政治工作贯穿教育教学全过程

教师队伍是课程思政建设的主力军，教师是哲学教育课程思政供给侧结构的主体，教师自身的课程思政素养是决定课程思政建设成败的关键，必须加强教师队伍自身的课程思政教学能力。为了进一步加强教师对于课程思政的理解，推动学院的课程思政建设，学院邀请专家进行"课程思政与教学艺术"的讲座，深化教师对于课程思政关键内涵、价值观念的理解。鼓励教师创新模式、开拓思路，结合学院的专业特点和课程特点挖掘思政元素。组织召开了"课程思政与专业教学能力提升"研讨会，思政课程教学能手郑文、张磊进行了经验分享，俞秀玲等教师也结合课程教学，交流了课程思政建设的心得。

以思政比赛为切入口推动课程建设。积极鼓励教师参与课程思政比赛，近三年中，李岚林、俞秀玲、郑文、张磊、李颖晖5位教师获得校级思政比赛奖项，3位教师获得"课程思政教学标兵"称号，2位教师获得"思政教学能手"称号。

以教学改革项目推动课程思政建设的深化。学院有3项与课程思政有关的教改项目立项。俞秀玲副教授主持的"国学经典教育与高校大学生'塑形'问题及其路径对策研究"、郑文副教授主持的"民俗学课程思政的教学探索与实践"、李颖晖主持的"社会学课程思政建设路径研究"等

教学研究，均是在前期课程思政建设的基础上，对于课程思政教学方法、建设路径、培养体系等的进一步探索。同时，在学院教师中形成了良好的示范带动效应。

拓展专业优势，推动课程思政的发展。充分利用学院的专业优势，推动课程思政的深度发展。"中华优秀传统文化"课程获批陕西省高校中华优秀传统文化传承基地，出版特色教材《中国优秀传统文化》，服务全校通识必修课课程教学，形成了课程建设带动教学升级、教学发展推动课程内涵的发展态势。

（四）学院实施"以学为中心、以教为主导"的课堂教学

学院积极开展以学生学习成果为导向的教学评价，以赛促教，本着"以学为中心、以教为主导"的课堂教学理念，学院开展"微课竞赛""PPT观摩竞赛"等一系列的教学比赛；定期举行教学观摩活动，选取资深的教师和青年教师的课堂，组织"青教一课""名师一课"等教学观摩。这些比赛和活动的举办，形成了老带新、有竞争、创意多的教学氛围，对主导性的"教"环节产生了积极作用及影响。通过举办教师教学创新大赛、课程思政讲课比赛及优秀教案评比等系列教学活动，引导激励教师创新教学形式，激发课堂教学活力，学院教师获陕西省高校教学创新大赛二等奖1名，学校教学创新大赛一等奖1名、三等奖1名。

学院成立内部质量保证体系专家督导领导小组，由党委书记、院长担任组长，相关院领导担任副组长、成员，由全体教研室、教务办公室主要负责人组成。学院院长作为教育教学质量的第一责任人，负责主持制定全院教育教学工作的基本方针、确定全院教育教学工作目标，检查考核全院教育教学工作质量，组织全院性教育教学工作重大问题的论证、决策，对有关职能处室工作进行检查、指导与考核评价。主管本科教学的副院长按照全院教育教学工作基本方针和工作目标，负责教学组织、指挥工作的具体领导；协助院长完成全院教学工作质量的检查考核和全院性教学工作重大问题的论证、决策。学院每月召开本科教学工作例会，由院领导、各教研室负责人、任课老师和辅导员等参加，交流总结本科教学工作经验，集体研究教学工作中存在的问题，寻求解决措施和办法，提高教学质量。

学院对各个教学环节的主要任务进行内部质量保证体系的顶层设计，明确学院内部质量保证体系，诊断与改进工作指导思想、工作目标和总体

安排，制定工作方针、政策，决定学院诊断与改进工作的总体实施方案，对各阶段工作实施统一领导和督查。学院督导小组定期听取各教研室、教务办公室汇报，研究与决策"诊改"工作中的重大事项，指挥和协调各教研室、教务办公室共同推进诊断与改进工作。并阶段性审定学院内部质量保证体系工作自我"诊改"报告、人才培养质量年度报告、人才培养工作状态数据分析报告等。同时，学院成立了质量管理办公室，其职责主要根据学院专家督导领导小组的设计与部署，制定工作实施方案；监控工作实施，检查工作落实，协调工作进行；向督导工作领导小组汇报工作进展情况，发布或通报督导反馈。同时，各教研室、办公室质量保证工作由教研室、办公室负责人负责，做好各教研室、办公室的质量管控。各教研室主任负责做好学科和教研室的质量管控。

总之，学院深入贯彻"全员育人、全程育人、全方位育人"的三全育人工作总要求，经过长期坚持不懈的努力，取得了一系列显著成效。学院始终坚持以不断提高人才培养质量为核心，深入开展教学改革和专业实践教学活动，加强第二课堂育人体系建设，积极引导学生广泛参与创新创业训练，为学生提供丰富多彩的学习和交流平台，取得了良好的育人效果，培养了大批思想作风过硬、综合素质优秀、业务能力一流的高级专门人才。学院持续向社会输出哲学、社会学以及社会工作专业性人才。近年来，学院向陕西省、广东省、四川省、江苏省、浙江省等地区输出人才近千名，服务国家战略重点区域建设和基层就业。学院2023届本科毕业生就业率为90.7%，考研率为26.5%；2022届本科毕业生就业率为95%，考研率为21%；2021届本科毕业生就业率为89.7%，考研率为29%；2020届本科毕业生就业率为73.6%，考研率为27.3%。

强化"法经结合"特色，构建复合型创新人才培养模式

徐 梅 王胜利 陈小勇[*]

摘 要：为适应我国以经济社会高质量发展推进中国式现代化的要求，西北政法大学经济学院依托法学一流学科优势，从专业建设、课程建设、实践教学、师资队伍和教学质量保障五个方面突出"法经结合"特色，并融入创新创业教育，努力形成体现学科特色和专业优势的人才培养模式，培养具有"法经结合"特色和创新精神的复合型高素质经济管理人才。

关键词：法经结合；复合型创新人才；学科交叉；产教融合；创新创业教育

一 经济学院基本概况

（一）学院历史沿革

经济学院具有悠久的历史，最早可以追溯到中国共产党在1937年创办的陕北公学的民主经济系，后经1942年的延安大学、1949年的西北人民革命大学及至1958年成立的西北政法学院，再到1979年恢复的西北政法学院，均设有经济（或政治经济学）系（专业）。1992年在此基础上成立经济贸易系。2006年7月，为适应西北政法学院管理体制改革和学科及专业调整的需要，组建成立了经济管理学院。2014年5月，在原经济管理学院基础上组建成立了经济学院。

---

[*] 徐梅，西北政法大学经济学院副院长、教授、经济学博士，研究方向：数量经济学；王胜利，西北政法大学经济学院院长、教授、博士，研究方向：数字经济；陈小勇，西北政法大学经济学院副院长、教授、博士，研究方向：产业经济学。

（二）经济学院学科、专业、教师、在校学生情况

学院目前开设有经济学、国际经济与贸易、金融学、金融工程4个本科专业，拥有理论经济学一级学科硕士点，下设政治经济学、西方经济学、管理经济学、世界经济4个二级学科硕士点。另外，还有国际商务（MIB）专业学位硕士点和金融专业学位硕士点。理论经济学一级学科为陕西省重点学科，自1979年秋开始招收研究生。到目前为止，从该硕士点毕业的研究生有38%考取了博士研究生。

学院现下设4个系、5个中心、1个研究院和10个非在编研究机构。4个系分别为经济学系、国际经济与贸易系、金融学系和金融工程系；5个中心分别为经济管理实验中心、应用经济研究中心、金融犯罪研究中心、经理人·大学生创业交流及研究中心、信息资料中心；1个研究院为大学生创业孵化与教育研究院。

在师资队伍方面，经济学院现有教职工71人。其中专业课教师56人，公共课教师11人，行政人员4人。专业课教师中，教授8人，副教授22人。教职工中具有硕士以上学位的55人，其中具有博士学位的42人，在读博士研究生1人，是一支学历结构、职称结构、年龄结构相对合理的师资队伍。

二 推动学科交叉，强化"法经结合"特色

（一）通过专业建设强化"法经结合"特色

优化专业结构，突出"法经结合"，着力培养经济金融法律复合型人才，以适应区域经济社会发展需要。学院办学突出专业特色和内涵建设，进一步优化专业布局，继续强化"法经结合"的专业特色，推进"新文科"建设，推进学院学生规模、质量、结构健康协调发展。2005年，在经济学院各专业本科教学课程体系中，将法学类必修课程增加至5门以上，加上选修，对经济学院各专业本科生开设13门以上（有些专业更多些）法学类课程。同时，还实施主辅修制，促进复合型人才培养。对学校其他专业本科生设立经济学辅修班。近五年有200多名学生参加辅修学习且获得辅修证书。

以社会经济发展需要为导向,积极调整专业方向,论证国际经济与贸易专业向涉外经贸与法治专业的转变。

(二) 产教融合强化"法经结合"特色

为了适应全球经济一体化,特别是金融全球化发展对具有复合型应用型国际化高端人才的需要,贯彻落实国家产教融合教育政策,培养具有全球化视野、"金融+法学"等跨学科的实践应用能力,并可在各大跨国公司、金融机构、律师事务所等领域任职的国际领军应用型金融专业人才,西北政法大学经济学院特创办"CFA(特许金融分析师)实验班"。西北政法大学与国内财经教育创导者高顿教育集团从 2018 年开始创办"CFA(特许金融分析师)实验班",至今已成功招收五届学生入读,培养的第一届学生顺利毕业,这些学生不仅成功考取了 CFA(金融特许分析师)一级证书、FRM(金融风险管理师),部分学生升学至中国政法大学、西安交通大学、澳大利亚国立大学等一流名校。我校"CFA(特许金融分析师)实验班"已形成产教融合的应用型国际型人才培养新模式。CFA 培训课程中包含伦理和职业道德标准、经济法等法学类课程。

(三) 通过实践活动强化"法经结合"特色

经济学院坚持十年组织学生举办"3·15 消费者权益日"普法宣传,为消费者在经济生活中普及法律知识,并与证券协会合作,在 5 月 15 日投资者权益保护日组织校园宣传活动,提升金融消费者风险防范意识和金融素养,宣传理性投资、价值投资和长期投资理念。在创新创业活动中,鼓励学院、校外相互组队、知识互补,涌现出一批凸显"法经结合"特色的创新项目,比如:帮助网购消费者维权的项目、帮助外卖骑手维权的项目等。并组织暑期三下乡活动,到贫困山区进行调研、普法,帮助贫困地区人民进行生产经营知识和法律知识的提升。

(四) 取得的成效

每年多名学生考取法学硕士研究生。因为毕业生是既"懂经济"又"懂法律"的复合型人才,毕业生在金融、贸易领域具有很强的竞争力,根据毕业生就业跟踪调查信息,很多毕业生和毕业于 985 和 211 大学的学生获得同样的岗位。还有很多同学毕业去了律所工作。

同时，经济学院非常注重"法经结合"研究成果的应用实践和服务地方社会经济发展的责任，积极参与"一带一路"建设，成立了"关中天水经济区发展研究所""西部经济创新发展研究中心"，教师主持和参与体现"法经结合"的科研项目，研究成果被有关部门采用，为西北地区经济振兴发展贡献智慧。

三 创新创业教育融入教学全过程

学院双创教育围绕解决"高校与社会在人才培养和知识生产等方面存在的矛盾"进行设计和实施，以"创新创业"的人才培养理念为指导，构建理论教学和实践教学课程体系，利用现代化教学设施改进教学内容与方法，形成一个"产、学、研"一体化平台，并通过这个平台重新优化重组校内外办学资源，一方面，增强我院师资力量，提升我院教学和科研水平；另一方面，践行高校服务社会的本质功能，向社会输出知识，并不断向社会输送符合社会发展需要的懂经济、懂管理、懂法律，具备创新和创业能力的复合型应用型创新人才。

（一）构建"1+3+2"创新创业教育模式

学院近年来致力于构建基于大学生创新创业教育的理论及实践教学体系。对大学生进行专业教育和创新创业教育，教授创业知识，培养创业精神，锻炼创业能力，使学生掌握创业的基础知识和基本理论，熟悉创业的基本流程和基本方法，了解创业的法律法规和相关政策，激发学生的创业意识，提高学生的社会责任感、创新精神和创业能力，促进学生创业就业和全面发展，为国家和社会培养更多实践型、创新型的人才。最终形成了一个以创业课程群为主阵地，以创新创业训练计划项目、各级各类创业大赛和创新创业中心、基地建设为主抓手，以协同育人平台和跟踪服务体系为保障的"1+3+2"创新创业教育模式。

（二）构建创新创业教育体系

为了加强本科实践教学，积极推进大学生创新创业，在"1+3+2"创新创业教育模式下我院形成了一个完整的创业教育体系，包括实施大学生创新创业训练计划项目，每年都组织"创业大赛"、企业观摩等实践活动,邀请企业高管、专家举办系列创业讲座,设立"实务大讲堂""大学生职业发展与就业指导"课程等。这些措施有力促进了素质型人才的培养,提高了本科生的创新、科研、创业及就业的能力。

1. 形成了创业系列课程体系

一是纳入人才培养方案的课程。学院承担全校通识必修课"创新创业基础",并为全院学生开设选修课"创业实训"。

二是系列专题讲座。学院每年要求至少两名校外创业导师为学生做相关专题讲座。目前已开展的主题有创业意识的培养、创业精神和人生发展、创业者和创业团队、创业资源、创业机会和风险、互联网创业基础、创业投资、创业融资、创业计划书的提升等十余个方面。

2. 组织学生积极申报各级大学生创新创业训练计划

2012年起,教育部将"大学生创新创业训练计划"纳入本科教学质量工程,学院积极响应号召,成立了"大学生创新创业训练计划"院级领导小组,同时学校也建立了配套工作方案和《西北政法大学"大学生创新创业训练计划"项目管理办法》等制度,学校财政每年配套专项资金,鼓励和支持学生参与创新研究、技术开发和创业实践。学院也拿出部分经费,进行了院级项目立项。学院所有学生都参与创新创业,大学生创新创业训练计划每年获批国家级、省级和校级项目50余项。

3. 组织创新创业竞赛和学科竞赛

学院连续承办全国"互联网+"大学生创新创业大赛校赛,选拔出多支创新创业团队参加省级比赛,获国家级银奖1次,获省级奖励28人次。也多次推荐项目参加"挑战杯""学创杯"创新创业比赛,并获省级各类奖项。

学院坚持课堂教学与实践教学并重、专业理论与应用并重的培养模式,为学生创造机会参加各种学科竞赛和创新创业比赛。近三年,学生在全国数学建模大赛中1支团队获省级一等奖,4支团队获省级二等奖;全国大学生数学竞赛中,10名同学获省级一等奖,10名同学获省级二等奖,17名同学获省级三等奖。"郑商所杯"模拟期货投资大赛中,1名同学获国家优秀奖;"东方财富杯"模拟证券投资大赛中,1支团队获国家级二等奖,2支团队获省级二等奖。

四 推动学科交叉，深化课程建设

（一）科学规划，打造一流课程

一方面申报学校课程建设项目，另一方面学院经费支持，打造精品课程和线上课程。"宏观经济学"被认定为陕西省线上一流课程，"计量经济学"被认定为陕西省线上线下混合一流课程，"创新创业教育"被认定为陕西省社会实践类一流课程。学院"统计学""计算金融"等十余门课程被认定为校级一流课程。对"政治经济学""商务谈判""金融学""证券投资分析""统计学"5门课程进行线上课程建设。

（二）落实立德树人，积极推进课程思政建设

通过各级别立项、课程思政教学比赛，力争对所有课程进行思政化建设，实现课程思政教改项目获批，并在课程思政比赛中获奖。

措施方面。首先，加强课程思政建设。在各门课程教学中，将社会主义核心价值观教育贯穿教育教学全过程，从价值观层面塑造学生坚定的社会主义核心价值观，提升学生思想政治素养。其次，实现课程思政全覆盖推进。在学校和有关专项项目，以及学院的支持下，学院所有课程都已启动了课程思政建设，并且专门成立由学院党政领导督促、由课程教学团队实施、专家团评审所构成的课程思政建设领导小组。

成效方面。首先，实现课程思政全覆盖。学院进一步对"宏观经济学""计量经济学""国际贸易实务""线性代数"进行线上课程思政建设。其次，涌现出一批课程思政建设的优秀老师。在推进我院课程思政建设工作中，徐建卫、睢华蕾、崔莉、段琳、李翠平、刘俊、陈小勇、刘婵、刘睿君、武玲娣等老师，充分学习、积累经验，获得了校级、省级等奖励。睢华蕾获课程思政教学比赛校级三等奖，发挥了示范作用。

（三）推进信息技术与教学过程融合，加强信息化教学环境与资源建设

投入专项建设经费，加强数字化教学资源建设。学院建设金融大数据实验室，建设多个与教学相关的平台，如国际贸易实操平台、国际贸易一

体化教学平台、互联网+跨境电商速卖通虚拟仿真系统、创业之星创新创业实训平台、大数据基础、商科大数据基础、中小微企业信贷决策、保险精准营销、多因子量化交易、同花顺数据库等，可以承担多门专业课，指导学生在平台上建模、案例分析，将理论知识运用于实际问题的解决中。

五 科学构建实践教学体系，强化培养复合型创新人才目标

（一）强化实践育人，科学构建实践教学体系，推动实践教学改革

一是构建实践教学体系。通过近年来的不断探索和实践，学院形成了一套完整的包括课程实践教学、实验课程、实践教育基地、课外专业（实践）比赛四环节的实践教学体系。2023年新修订的培养方案中，实践教学环节设定了24学分，其中必修22学分，选修2学分。近三年来，每学期有10人次教师、200余人次学生在实验室上实验和实践课程，2020年至今，先后有30余人次校外实务专家到学院参与实践教学环节或活动，同时也建设了中国人寿保险股份有限公司西安分公司、长安期货等20余个实习基地。

二是推动实践教学改革。学院建设实践教学平台，整合基础实验，增加综合性、设计性实验内容，围绕经济分析、决策能力，加大综合性设计性实验开课比例，培养学生的知识应用能力和实践动手能力。通过完善实习前技能培训、实践教学听课等环节，促进实践教学质量不断提高。

（二）产教融合、校企合作、调查研究等方面的特色与成效

鼓励学生参与导师课题，以导师课题为依托，以实习和社会调查等实践性工作为基础的毕业论文占30%以上。

学院建设金融大数据实验室，与企业共建多个与教学相关平台，如国际贸易实操平台、国际贸易一体化教学平台、互联网+跨境电商速卖通虚拟仿真系统、创业之星创新创业实训平台、大数据基础、商科大数据基础、中小微企业信贷决策、保险精准营销、多因子量化交易、同花顺数据库等，可以承担多门专业课，指导学生在平台上建模、案例分析，将理论知识运用于实际问题的解决中。

实施产教融合人才培养计划。学院与高顿教育合办CFA（特许金融

分析师）实验班，与普凡教育合办 CAD 数据分析订单班，构建"本科教育+资格培训"的应用型人才培养"立交桥"，深入推进产教融合、产教协同人才培养模式改革。

（三）以学生为主体的学科竞赛、创新创业活动等的开展与成效

1. 学院自 2017 年以来，每年组织学生参加大学生数学建模大赛，组织学生参加大学生数学竞赛。比赛前，数学基础部教师会对学生进行长达半年的辅导培训，让学生掌握数学理论、Matlab 软件的应用等。多次拿到国家级、省级奖励，提升了学生对数学学习的兴趣。

2. 与企业合作，举办"郑商所杯"全国期货模拟投资大赛、"东方财富杯"全国模拟证券投资大赛、模拟商务谈判大赛和金融知识竞赛，学生参与积极性高，也多次进入国家级、省级比赛并获奖。

六　优化师资结构，建设"法经结合"双师型师资队伍

（一）师资队伍为经济学院"法经结合"特色提供人才保障

"十四五"期间，学院将加强学科带头人和骨干教师的培养，建设一支道德高尚、爱岗敬业、教学能力强的专业师资队伍。力争专任教师达到 70 人，正高职称人数达到 10 人、副高职称人数达到 30 人；45 岁以下教师中博士学位比例达到 60%；力争五年内培养 2 名专业学科带头人，省级教学名师 1 名，培养 6—8 名专业骨干教师，再建立 1 个省级教学团队。不仅要吸引和培养经济学专业的博士，而且要充分利用法律背景的教师，为课堂教学和论文写作等各个培养环节实现"法经结合"特色提供师资保障。

（二）强化教师队伍创新创业科研能力，加大队伍建设

2005 年以来，鼓励青年教师攻读博士学位，十二年来，有近 10 位老师进行了博士深造，7 位已取得博士学位。积极引进海内外高素质博士、硕士人才。每年安排学院老师参加教育部、教育厅及一些专业机构组织的创业师资培训。鼓励每个老师一年至少参加一次高端学术会议，在经费上给予充分保障。组织教师申报国家、省（市）等各类课题项目研究，并

聘请专家进行专门辅导。每个月邀请一名以上学科领域专家学者来经济学院做学术讲座和报告。成立关天经济研究中心、西北政法大学创新创业孵化与教育研究中心。经济学院承担全校的通识必修课"创新创业基础",并开设"创业实训"选修课,组成了全校 50 名教师的教学团队,其中课程负责人赵云君获选全国百名优秀创业指导教师。具有行业背景的教师十余名,分别有在商务厅、银行等机构的从业经验。

(三) 加强教师教学发展中心、基层教学组织和青年教师队伍建设

一是夯实基层教学组织建设。建设开放多元的新型基层教学组织,制定基层教学组织建设标准,推动基层教学组织规范化、专业化、特色化建设。创新基层教学组织载体和运行方式,做到教学环节全覆盖、教师全覆盖。营造追求卓越的教学学术氛围。一方面推动教师教学与研究相融通,另一方面创新教师教学学术成长的形式与载体,推动教学管理模式创新。

二是对青年教师建立教学能力全周期培养制度。在实践中不断完善学校教师教学成长体系,要求青年教师加入课程团队,积极参与教学改革。充分发挥教学名师、一流专业、一流课程带头人的示范引领作用,指导青年教师提升教学能力。加强青年教师教学能力提升支持条件建设,提升青年教师信息技术能力水平,建设教学平台,鼓励青年教师提升实践教学能力。

通过多年的努力,我院对中青年教师的培养培训工作取得了很好的成果,一批又一批中青年教师已锻炼成长为教学科研一线的骨干力量,为我院的教育事业蓬勃发展和高水平教学研究型大学建设奉献他们的青春和智慧。

七 制定教学质量保障制度和管理办法,提升教学质量

(一) 教学管理

一是完善教学质量标准体系。根据本科专业教育质量标准,修订各专业人才培养方案,确保人才培养与社会需求相契合。制定《西北政法大学经济学院教学质量保障体系及其运行办法》《经济学院本科教学督导

工作管理办法》等系列文件。

二是建立健全质量管理制度。制定了《西北政法大学经济学院教学指导委员会工作职责》《经济学院督导专家听课制度》《西北政法大学经济学院同行听课制度实施办法》《西北政法大学经济学院听课制度》《西北政法大学经济学院本科教学教师自评办法》《西北政法大学经济学院网络课程管理办法》等系列文件，明确各部门、岗位在质量保障体系中的职责，形成了目标明确、运行有效的教学评价、反馈、整改、跟踪的质量保障运行机制。

三是加强质量保障机构和队伍建设。经济学院院长是学院内部本科教育教学质量保障工作的责任主体。学院党政负责人是第一责任人，院长是落实本科教育教学质量保障工作的主要责任人。制定了《西北政法大学经济学院系部活动制度》《西北政法大学经济学院专业带头人评审管理暂行办法》等文件。经济学院的系部是专业教学质量保障的工作主体，负责研究制定专业人才培养方案，明晰专业人才培养、毕业要求、课程教学等质量目标与质量标准，按计划、按标准执行教学计划，进行人才培养模式改革和课程教学改革，加强教师、学生的自我质量管理，组织开展课程目标达成、毕业要求达成、培养目标达成评价，保障课程教学质量和专业人才培养质量提升。

(二) 质量改进

1. 学校内部质量评估制度的建立及接受外部评估（含院校评估、专业认证等）情况

学院坚持以本科教育为主体，正确处理教学与科研和其他工作的关系，采取切实有效的措施，确保教学工作的中心地位不动摇。

一是完善内部质量评估制度，强化过程监控。学院实施院领导、专家、系部三级听课制度。建立了《学院（部）教学质量保障体系》，制定了《西北政法大学课堂教学质量评价表》《西北政法大学试卷评价表》《西北政法大学毕业论文答辩考察情况表》《西北政法大学本科毕业论文（设计）评价表》等文件。学院（部）围绕提升本科教学质量开展各类调研及问卷调查。

二是主动接受校外评估认证，以评促强。近年来，经济学院接受了多次外部评估，主要包含教育部组织的专业评估，还有第三方机构开展的金

融专业、国际经济与贸易的评估。总体上，对于我院的各专业的评估结果良好。

2. 质量持续改进机制建设与改进效果

（1）质量持续改进机制建设

一是积极推进创新创业教育，促进"产学研"一体化教育平台的优化和完善。学院作为陕西省首批创新创业教育试点学院，承担全校创业基础课的教学和课程管理，承担组织孵化全校学生参加创新创业实践和大赛，秉持"以赛促学""以赛促教""以赛促研""以赛促创"的宗旨，积极探索和校外实务机构进行协作。参与各项教学比赛活动，通过比赛来检验学院整体在校外同行中的教学质量。

二是加强学院内部教学质量提升机制建设。严格执行《西北政法大学本科教学主要环节质量标准》，包括"备课质量标准""课堂教学质量标准""作业与练习质量标准""辅导与答疑质量标准""课程考核质量标准""课程设计质量标准""实验教学质量标准""见习质量标准""毕业实习质量标准""毕业论文（设计）质量标准""第二课堂质量标准"。制定了《西北政法大学经济学院教学检查实施制度》《西北政法大学经济学院系部活动制度》《西北政法大学经济学院听课制度》《西北政法大学经济学院网络课程管理办法》《西北政法大学经济学院教学指导委员会工作职责》《西北政法大学经济学院专业带头人评审管理暂行办法》《西北政法大学经济学院关于试卷批阅的管理规定》等文件，以促进教学质量的提升。

（2）改进效果

一是形成了由学校、学院和系部构成的有序的教学质量保障组织体系。在实践中真正体现了"以学生为本"的原则，所有组织制度的设计都是指向培养提升学生综合素质的总体目标，使得目标更为清晰明确。

二是基本实现课程思政全覆盖。在学校和有关专项项目及学院的支持下，学院所有课程都已启动了课程思政建设，并且专门成立由学院党政领导督促、由课程教学团队实施、专家组评审等构成的课程思政建设领导小组。

三是教学质量评估工作实施顺利。从考试命题、评卷、阅卷、归档等方面实现全过程标准化。毕业论文从开题、写作指导和答辩都实现了过程规范化,强化了毕业论文的质量控制。

四是学生继续深造拥有良好的基础。全院学生考研率达到20%以上,推免进入研究生阶段的同学非常受双一流建设高校的欢迎。本科生发文数量逐渐增加。

"知行合一、德法兼修"的公法人才培养路径*

赵玎玎　姬亚平　杜国强**

摘　要：学院坚持服务国家重大战略，以"知行合一、德法兼修"为公法人才培养特色，不断推动并持续深化专业建设与教育教学改革；结合专业特点与育人要求，通过校内实践教学、校外实践教学两个环节搭建实践教学体系，淬炼学生的综合素质，促进德智体美劳全面发展；通过多种举措，优化师资队伍建设；加大制度建设力度，积极推进教学质量保障与监控体系建设。

关键词：学院；教育教学；公法人才；人才培养

一　学院基本情况

行政法学院（纪检监察学院）的前身是成立于1988年7月的行政管理（行政法）系，是经国务院批准的全国第一个法学本科行政法专业（系），1999年9月组建为法学三系，2006年10月成立行政法学院。2019年6月，学院加挂纪检监察学院牌子，增设监察法教研室（后更名为纪检监察教研室），努力建设纪检监察一级学科。

经过近36年的建设，行政法学院（纪检监察学院）已经成为以宪法学、行政法学、行政诉讼法学、监察法、党内法规为核心，集教学与

---

* 基金项目：陕西省本科教育教学改革研究重点项目"基于分层次分类型卓越法治人才培养模式创新——以西北政法大学为例"（项目编号：23BZ038）；西北政法大学本科教育教学改革研究项目"基于新文科理念的法学虚拟教研室建设研究与实践：以行政法虚拟教研室为例"（项目编号：XJYB202306）。

** 赵玎玎，西北政法大学行政法学院（纪检监察学院）党委书记、硕士，研究方向：高等教育管理；姬亚平，西北政法大学行政法学院（纪检监察学院）院长、教授、博士，研究方向：高等教育管理、党内法规、行政诉讼法；杜国强，西北政法大学行政法学院（纪检监察学院）副院长、教授、博士，研究方向：高等教育管理、行政组织与行政决策法治化。

科研于一体，本科生和研究生培养并重的、公法特色鲜明、规模较大的专门法学院。

学院设有宪法学、行政法学、行政诉讼法学、纪检监察4个教研室，管理教育立法研究基地（教育部与西北政法大学共建）、检察公益诉讼研究中心（最高人民检察院与西北政法大学共建）、地方政府法治建设研究中心［陕西（高校）哲学社会科学重点研究基地］、法治陕西协同创新研究中心等机构。

学院的宪法与行政法学科为陕西省省级重点学科，行政法学教学团队为省级教学团队，"行政法学"为国家级线上线下混合式一流课程、陕西省课程思政示范课程和教学团队。"行政诉讼法"为陕西省一流课程。

学院现有教职工56人，专业课教师42人，包括教授8人，博士生导师6人，副教授14人，具有博士学位37人。设法学本科专业（行政法学方向）和法学本科专业（纪检监察实验班）。现有本科生1072名，研究生138名。

学院坚持社会主义办学方向，坚持"师资兴院、学生旺院、教学立院、科研强院"的办学理念，以本科教育为主体，大力发展研究生教育，以培养德才兼备、德法兼修，具备依法行政、廉洁从政核心素养的高素质专门人才为根本任务；建设宪法学与行政法学、纪检监察学等多学科相互支撑、协同融合发展的教学型学院。

学院注重培养学生具有浓厚的家国情怀、强烈的社会责任感、深厚的人文底蕴与科学精神、扎实的专业基础、突出的法治实践能力、勇于开拓创新的精神、宽广的国际视野，能利用法学知识对复杂现实进行深入分析、作出科学论证、提炼规律性方法，为建设社会主义法治国家作出贡献。

学院承担着全校法学专业本科生的宪法学、行政法学、行政诉讼法学3门核心课程和监察法学、党内法规学、公务员法学、人权法学、港澳基本法、信访制度概论、国家赔偿法学、廉政学等选修课程的教学任务，承担应用型、复合型卓越法治人才培养的任务。学院与多家党政机关、司法机关和国有企业建立长期合作关系，每年举办干部培训班上百期。

学院围绕着应用型、复合型卓越法治人才培养基地建设，不断进行课程内容体系改革和教学方法探索，大力推进诊所式法学教学，形成了严谨的教风和学风，促进了教学水平与人才培养质量。学院经常性地举办各类学术讲座和学术沙龙，支持学生创办学生学术刊物《知行学刊》，为学生提供科研训练平台。

学院已培养了 32 届（1992—2023）共 6800 余名法学本科生和 29 届（1995—2023）共 700 余名研究生，分布在全国各地的公检法司、党政机关及企事业单位、律所，多数从事党务、行政管理、司法工作，成为各单位的业务骨干，为建设社会主义法治事业贡献力量。

二　加大专业建设和教育教学改革力度

学院坚持服务国家重大战略，满足社会对创新型人才的需求，不断推动并持续深化专业建设与教育教学改革，在完善本科人才培养方案、探索培养德才兼备、德法兼修的高素质法治人才等方面取得了系列进展。

（一）紧密融入全面依法治国和纪检监察体制改革的重大战略部署，设置法学专业（纪检监察实验班），致力于全方位、多方式培养高素质应用型纪检监察专业人才。从 2019 年开始，学院每年在学校法学专业及转专业学生中遴选 30 名左右的学生，目前，已招收三届 90 名学生，为申报纪检监察本科专业打下坚实基础。

（二）重视学生实践能力训练。在法学人才培养方案部分，开设了大量公法类的实务课程，例如宪法案例研习、行政法案例研习、行政诉讼案例研习、行政诉讼实务、政府法务实务、行政法诊所、纪检监察案例研习等。在师资队伍建设部分，积极与相关实务单位进行合作，聘请有丰富实务经验的导师，对师资队伍建设进行结构优化，加强"双师型"教学团队队伍建设；增加模拟法庭、行政法诊所等实践教学内容，学院通过多元的课程内容、多场所的实训实习、丰富的实践竞赛等形式完善协同育人机制，为学生提供全成长周期的实践能力培养机制。学生实务能力得到用人单位普遍肯定。

（三）改善教学方法，持续提高教学质量。学院积极破解传统的"填鸭式"教学方法和教学模式，通过翻转课堂教学法、研究性教学法等多种方式解决法学专业理论与实践教学的脱节现象，采用问题探索、知识建构工具的运用、同伴竞争、基于问题解决的研究、基于项目的个体学习、基于项目的协作学习与知识分享、同伴评价等多种方式，鼓励学生进行研究性学习，关注对学生的过程性评价。"行政法学"获首批国家级线上线下混合式一流课程认定,行政诉讼法学为陕西省线上线下混合式一流课程。

(四)重视课程思政建设,成绩斐然。学院于2021年成立课程思政建设工作小组,印发《行政法学院(纪检监察学院)全面推进课程思政建设工作实施方案》,健全完善党委统一领导、党政齐抓共管的课程思政建设工作机制,构建引领示范、研究培训、教育教学、考核评价于一体的高水平课程思政工作体系,引导专业课教师积极推进课程思政建设各项工作,确保该项工作有组织、有计划、有措施。学院根据本科专业类教学质量国家标准,修订人才培养方案,将课程思政目标全面纳入各门课程大纲,进一步明确课程思政的导入、讲述和总结,实现课程思政有机融入课堂教学,力求每门课都能讲出"思政味"。"行政法学"获批陕西省课程思政示范课程和课程团队,"行政诉讼法学"获批校课程思政示范课程和课程团队。

(五)加大教学资源建设力度。学院重视教材建设,将面向国家、行业领域需求作为教材建设的目标,把法治政府建设和纪检监察实务中的新思维、新做法、新规范纳入专业课程的教材建设。注重公法案例和科研项目的融入,充分体现法治国家建设的要求、法治实务部门的需求、典型工作任务流程、具体操作规范等内容。近五年出版教材五本,姬亚平教授主编的《行政诉讼法》获得2023年陕西省优秀教材成果奖二等奖;行政法学已经形成以教学录像、教学周志、教学大纲、参考书目、配套习题、教学课件为主要构成部分的配套资源以及课外经典论著与学术期刊论文等的配套书目,利用智慧教室网络平台进行了线上资源的持续更新,建成"学银在线"课程,教师与学生可以通过"学习通"平台登录学习与交流,教学效果良好。截至2023年10月30日,点击量达到5073次;先后立项建设9门院级一流课程,为培育校级及以上一流课程打下基础。

三 搭建校内校外实践教学体系,提高育人实效

学院紧扣立德树人根本任务,结合专业特点与育人要求,积极构建实践育人体系,搭建育人平台,通过校内实践教学、校外实践教学两个环节搭建实践教学体系,淬炼学生的综合素质,促进德智体美劳全面发展。

（一）校内实践教学部分

1. 组织包括宪法主题演讲比赛、"学宪法、讲宪法"比赛、公法辩论赛、英文模拟法庭比赛、"服务献爱心，志愿为祖国"公益演讲比赛等校园活动，实现"各专业有赛、人人参赛"，加强学生综合技能的培养。

2. 对毕业论文进行严格管理。学院出台相关制度，严把质量关，对毕业论文的选题、教师指导、论文中期检查、评阅、答辩、成绩评定等各个环节进行规范，使学生在严格管理中成长、因质量提升而受益。

3. 完善创新创业教育体系。学院举办院级"互联网+"大学生创新创业大赛，开展"大学生创新创业大讲堂""就业技能辅导与培训""就业经验交流会""优秀学子报告会""社会实践项目培训会"等活动30多场次，邀请就业指导专家、实务专家、校友、专业教师、优秀学子等进行创新创业政策宣讲、实务技能培训、经验分享与交流，推动学生创新创业。2021—2023年，学院共计有148人申报了大学生创新创业训练项目，185人参加了互联网+大学生创新创业大赛，其中有25项获得省级及以上立项，是较有代表性的成果。

（二）校外实践教学部分

1. 对实习进行全过程管理。学院在每学期末按照人才培养方案制订实习计划，经主管院长审核同意后由教务管理人员录入教学管理系统，并提交审批；学生实习严格按实习计划执行，如遇特殊情况需要更改实习时间、变动实习地点应书面说明原因；在实习中，教学副院长率队进行实习工作督导，询问实习单位对学生表现以及法学课程教学的意见；实习结束后，及时进行实习工作总结和经验交流，评选优秀实习生。

2. 持续进行暑期社会实践。学院以服务为导向，以育人为目的，定期推进实习实践工作。在山阳县司法局和公安局禁毒大队的协助与支持下，赴商洛市山阳县进行脱贫攻坚普法宣传活动，进一步落实法律"进机关、进乡村、进社区、进学校、进企业、进单位"，深入推动普法宣传工作。2023年暑期，学院开展以"禁毒青力量普法振乡村"为主题的暑期社会实践，普及禁毒、动物饲养、邻里关系等法律问题。

四 优化师资队伍

学院目前有专业课教师42人，包括教授8人，博士生导师6人，副教授14人，具有博士学位37人，占教师总数的88%。省级教学名师1人，校级教学名师2人，校级青年教学名师3人。

（一）学院高度重视师德师风建设，把师德师风作为教师队伍建设的第一标准。组织教职工开展政治理论学习、主题实践活动、师德师风宣传、师德专题学习培训等，开展经常性教师思想政治教育和职业道德教育，将参加学习情况纳入教师绩效考核，引导广大教师政治坚定、热爱祖国、潜心育人、关爱学生、言行雅正、学术规范、廉洁自律、奉献社会。

（二）近五年来，学院涌现出一批师德师风先进典型，王周户教授被评为陕西省"十大法治人物"、被授予陕西"五一劳动奖章"，1人被评为西北政法大学师德先进个人，4人被评为西北政法大学课程思政教学标兵、教学骨干，1人被评为优秀党史宣讲人，15位教师获学校师德考核优秀荣誉，9人被评为西北政法大学优秀教师，2人被评为西北政法大学先进工作者，2个教研室被评为教研室先进集体。

（三）激活教研室在教学、科研等方面的功能。学院把基层教学组织建设作为学院本科教育教学目标绩效考核、督导检查、质量评估等工作的重要指标。要求基层教学组织及时将科研优势转化为教学资源，持续优化教育教学内容、创新教育教学方法；定期组织开展教学观摩、集体备课等线上线下活动，为教师提供学术交流合作、资源共建共享平台，推动形成协作互助、氛围融洽、开放共享的基层教学组织文化环境；以实体基层教学组织为依托，拓展教学研究场域，充分利用互联网等信息技术手段，组建多学科交叉融合的跨校、跨地域虚拟教研室，行政法虚拟教研室获批学校虚拟教研室建设试点；以党建引领基层教学组织建设，推动基层党建工作与教育教学深度融合；推动教研室经常性地开展最新的立法解读与研讨，集体研究命题、考试和论文指导，对教师撰写的学术论文进行集体打磨。

（四）打造"青年教师学术沙龙"，提升青年教师的教学能力与"青年教师学术沙龙"对青年教师教学能力的培养，这不仅体现了传统上"传帮带"的特点，而且融合了教学科研激励与自主发展的模式，是一种综合型的教师能力培养机制。

（五）严格执行学校学院的听课制度。学院领导、教研室主任、院教学督导专家等坚持深入教学一线听课。对听课过程中发现的教学能力突出的青年教师，除进行奖励外，还组织全院进行集体教学观摩；对教学过程存在问题的教师，进行及时反馈。

（六）举办教师教学竞赛，以赛促练。学院通过举办教学竞赛的方式促进青年教师成长，弥补在育人经验、教学艺术和教学技巧等方面的欠缺。

（七）通过"请进来、走出去"的方式寻求青年教师教学能力的提高。在"请进来"方面，学院近年先后通过"西北公法工作坊""公法名家大讲堂"等多种方式邀请校内外专家传授法学教学与科研方法，为青年教师教学科研能力提供发展的借鉴。在"走出去"方面，在学校政策支持下，学院继续通过各种方式推动马思洁、张艳等教师攻读学位，提高其专业知识与业务能力。

（八）通过横向课题的合作研究，提高青年教师社会实践能力。学院严格执行学校"教师受聘兼职法律职业岗位"制度，多名老师挂职最高人民法院第六巡回法庭、陕西省纪委监委、陕西省委网信办等单位；通过与地方政府、国有企业的合作，提高青年教师应用理论解决实践问题的能力。

（九）发挥学院科研平台优势。学院现有省部级科研机构4个，院级科研机构2个，陕西高校青年创新团队1个。学院建立以7个教授为带头人的7支研究队伍，针对重大理论与实践问题开展有组织的科研。

（十）突出重点，建设以学术权威、学术骨干、学术新星为阶梯梯队的复合型研究队伍。发挥学术权威与学术骨干对学术新星的引领作用，积极动员年轻教师进行项目申报与论文撰写。强化科研指导，根据学科方向为青年教师确定指导教师，对重点项目申请实行一对一全过程指导。

五年来，学院教师主持各级教研教改项目10项，其中省级1项、校级7项、其他2项；建设各类精品课程8门，其中国家级课程1门，省级课程2门，校级课程5门。发表优秀教研教改论文6篇。承担科研项目共42项，发表论文、出版专著共90篇（部）。

五 积极推进教学质量保障与监控体系建设

(一) 制度机制

学院坚持发展性原则,以不断提升教学质量为目标,遵循高等教育教学规律,将目标管理和过程管理有机结合,并在教学过程中不断健全和完善,建立了以学院领导、教研室实施,全员参与、全程监控的质量保障管理体系。该体系主要包括以下内容。

1. 质量管理制度。学院制定了《行政法学院(纪检监察学院)本科教学督导管理办法》《行政法学院(纪检监察学院)学院领导及教师同行听课制度》《行政法学院(纪检监察学院)教师自评工作制度》《行政法学院(纪检监察学院)学习委员管理制度》等质量管理制度,实现了质量管理的制度供给。

2. 质量保障机构及队伍建设。学院按照学校教学评估中心的要求,完善了教学质量保障的组织机构建设,遴选了学院本科教学督导专家,成立了学院本科教学指导委员会。成立了由党委书记、院长担任组长,相关院领导担任副组长,成员由全体教研室、教务办公室主要负责人组成的内部质量保证体系专家督导领导小组。

3. 党政联席会议专题研究提升本科教学质量工作情况。学院领导观念上高度重视本科教学质量工作,根据《行政法学院(纪检监察学院)党政联席会议制度》的要求,制定《行政法学院(纪检监察学院)党政联席会议专题研究提升本科教学质量工作制度》,明确规定围绕本科教学质量工作的党政联席会议一学期召开两次,根据需要可随时召开,列举了党政联席专题研究讨论决定的主要事项,以高效科学的决策运行机制塑造质量文化。

(二) 督导监控

学院建立日常教学检查与教学评估相结合的教学质量监控制度,对教学进行全过程、多方位的监控。

1. 实行开学初检查、期中检查、期末检查定期检查制度。严格执行定期教学检查制度,检查内容主要有教学计划、教学大纲。开学初检查有教师教学、教学秩序、学生出勤等；期中检查有教学过程、教学质量、教学管理等；期末检查有考试检查，包括期末命题、考务安排、考试巡查等。

2. 实行专项教学检查制度。实践环节教学检查和考试检查，主要检查实习、实验、毕业论文实践环节的规范性、相关材料记录的完整性；试卷命题与评阅是否规范、试卷归档材料是否完整。

3. 毕业论文严监控。按照学校规定，严把毕业论文质量关，质量监控贯穿于选题、审题、开题、论文审核、论文答辩的整个过程，要求毕业论文全文重复率不得超过30%。

4. 采用学生评教制度。学院委托院学生会组织开展了"最受学生欢迎的老师"评比活动，充分体现学生的课堂主体地位，引导教师高质量完成教学任务，积极投身教学创新。

（三）持续改进与成效

近几年以来，学院教学质量明显提升，学生满意度不断提高。在近四年的学校督导评教和三级听课评教中优良率达到100%。在学生评教活动中，学院老师课堂教学的学生满意度保持较高水平。

六 教学改革与发展展望

尽管取得了诸多成就与经验，但学院教学改革还存在思政教育协同联动不够、部分公法类课程内容陈旧、教师对创新创业重视不够、对学生创新创业竞赛参与不够、双师型教师缺乏、虚拟教学和教研活动不足、师资结构有待调整等问题。基于问题，对未来改革与发展展望如下。

第一，做到思政课与专业课协同。学院将深入挖掘专业课程所蕴含的德育因子，充分将思想政治课程理论教育与专业课程有机融合，形成协同发展模式，打通思政教育课上课下的壁垒，把握课堂之上侧重教学育人、课堂之外要侧重实践育人，有效整合课堂内外资源，实现大学思想政治素养以及个人能力的综合发展。

第二，召开专业建设会议，从人才培养目标总体设计与人才知识、能力、素质结构的整体趋势出发，合理地更新与选择课程，对法治实务部门的需求进行调研，以需求为导向设计课程。鼓励教师科研及时反哺教学。学院教师承担课题，学院将建立激励约束机制，引导其能够将研究过程中的收获展现于教材与教学内容中。

第三，在学院内部开展创新创业教育改革思想研讨，让教师充分认识深化创新创业教育改革对卓越法治人才培养的重要意义。积极加强创新创业教育团队、教学名师和优秀青年教师培育；邀请相关法治实务部门和毕业生参与人才培养方案和课程大纲的修订、来学院作报告或讲座，深度参与人才培养；出台学院实务导师管理细则，从入口、出口、日常管理等方面进行约束激励，真正发挥实务导师对于培养卓越法治人才的作用。

第四，形成优质共享的教学资源库。组建跨校教研小组工作机制。定期举行网络教研会议，研讨教学内容和教学方法、探索共建共享的校际协同创新机制，实现互联互通、资源共享。校际课程团队构建。建立由虚拟教研室负责人、联合单位课程负责人、任课教师组成的在线开放课程教学团队。虚拟教研室负责人对专业所有课程的建设进行统筹规划，牵头单位课程负责人对课程的建设情况和建设内容全面负责，各个联合单位课程负责人负责本校的课程资源建设工作，团队成员合理分工，充分发挥经验丰富教师的教学经验和法治实务工作经验优势，打破时空壁垒，实现跨校传、帮、带。课程内容优化及持续改进。在线课程的资源主要包括课程介绍、教学大纲、教学日历、教学PPT课件、自录课程视频、作业题库、试题库、课程论坛、讨论区、答疑区、考试模块等。通过资源建设，实现教学内容的优化、教学模式的创新、课程评价体系的完善。

第五，持之以恒地引进高水平人才和青年教师，打造合理的师资梯队，为专业发展长远筹谋。加强对人才引进工作的领导，正确处理人才引进、培养和使用的关系，努力营造各类人才共同发展的良好局面。加大力度积极引进高职称、高学历教师。克服西北地区的区位劣势，利用会议及与国内其他高校交流的机会，引进公法学领域高层次优秀人才。做好引进人才服务和支撑工作。围绕引进人才实际需要，加强团队建设和制度建设，高质量进行人才培养和科学研究工作。

刑事法学院德法兼修的实践性法科人才培养体系*

谭 堃**

摘 要：实践教学是法科生培养的重要环节，对于培养法科研究生的科研、创新能力和实践能力具有不可替代的作用。目前，我国法科生培养体系中，实践教学仍然是薄弱环节，难以适应复合型人才培养的现实需要。面对当前困境，应当在理论课程与实践课程相融通、第一课堂与第二课堂相配合、课堂平台与社会平台共建设的路径之下，构建以案例课程为基础、实操课程为主体、实训环节为检验的法科研究生实践教学体系，切实提高法科研究生创新能力，以适应实践工作的现实需求。

关键词：法科生；实践教学体系；第二课堂；诊所教学；实践训练

刑事法学院始终坚持以习近平新时代中国特色社会主义思想为指导，认真学习宣传并积极贯彻落实党的二十大精神，深入学习贯彻习近平法治思想和习近平总书记关于教育的重要论述，牢记为党育人、为国育才的初心使命，传承老延大"政治坚定、实事求是、勇于创新、艰苦奋斗"的光荣传统和优良作风，落实立德树人的根本任务。学院以政治建设为统领，以党建引领事业发展，围绕"落实立德树人、坚持核心理念、培养实践人才"的办学理念，建构法学高素质人才培养体系，不断推动学院教育教学事业高质量发展，成效显著。

---

* 基金项目：西北政法大学教学改革研究项目"以'双能力'提升为目标的法科研究生协同育人培养模式创新研究——以刑事案例研习课程为落点"（项目编号：YJKY202306）。

** 谭堃，西北政法大学刑事法学院教授，法学博士，研究方向：中国刑法学、比较刑法学。

一 刑事法学院实践性法科人才培养体系的架构

行胜于言，文辞层面的理论构建，无论是多么伟大和精妙的思想与理论，最终仍要下放至实践的场域去检验理论成果于现实世界的价值。对于本科人才的培养，刑事法学院始终坚持以实践为导向，建构起了以实践课程为核心，以专业实习、校内开庭、第二课堂、学科竞赛、大学生双创为补充的完整实践教学体系。学院为学生提供了形式多样、内容丰富的实践机会，帮助学生更好地将理论学习与实际应用相结合，进而培养学生的实践能力和创新精神。教学实践证明，该教学体系不仅有助于提高学生的综合素质，而且也为学生未来的职业发展奠定了坚实的基础。

（一）实践课程建设配套健全

近年来，刑事法学院强化刑事法学课程体系建设，形成了理论课—案例课—实操课的全流程课程体系。认识乃实践之先导，实践为认识之所归。本课程体系以理论课程为前导，使学生在前期能够积累充足的理论知识。中端以案例课程为辅助，来巩固和强化学生对基础理论知识的认识与理解。最后以实操课程为检验，考查学生在实践中运用理论知识的能力。各类课程之间有机结合、动态融通，以学生的学习效果为导向，适时调整教学方案和教学内容，践行了科学性与教育性相统一的原则。学院开设的主要实践课程有"刑事法诊所""刑事审判实务""法庭论辩""模拟法庭""检察实务""刑事案例研习"等。通过刑事法学课程体系各课程之间的协同创新、改革，在完善刑事法学课程体系建设的同时，力图实现理论课、案例课与实操课在教学过程中的相互配合，夯实学生刑法理论知识基础，并培养其运用理论知识解决现实问题的能力。

在实践课程体系的案例课程中，无论是案例选择，还是对教师和学生的素质要求，均有严格的标准。以《刑事案例研习》为例，经过教学改革后，该课程更加注重促进刑法理论的系统化，培养刑法思维的专业化，领悟鉴定式案例分析的魅力，以期提高学生分析问题的能力，做到理论与实践两手抓，两手都要硬。教学内容在课程实践环节学时开展，由研究生助教配合教师开展具体实施工作，以教师讲授、学生实操、小组研讨为基本方法。所选案例均为源自实践的疑难典型案例，涉及的理论与实践问题也具有代表性、普遍性和典型性；"贤者以其昭昭而使人昭昭"，教师在教学过程中必须熟悉案例涉及的理论问题和法律法规，并能从理论与实践相结合的角度对案例进行深入的分析和论证；作为授课对象的学生也须达到已完整、系统地学习了刑法学和刑事诉讼法学基础理论的水平；在课程讨论中，每位学生也须参与至少两次的讨论，该项学习才能在期末考核中达到合格水平。

在实践课程体系的实操课程中，注重通过丰富多样的实践教学课程来培养学生的实践能力。以"刑事法诊所"为例，该课程每学年秋季学期面向全校法学专业大三学生开设，通过学生报名、课程遴选方式，吸收30名学生参加诊所教学。该课程教学以一个真实的刑事案件作为课程全程学习、模拟的对象，遵循刑事案件办理的流程，模拟演练现实实务操作中的每一个阶段。课程采取头脑风暴、文书写作、课程游戏、模拟法庭等丰富的教学方法，提高课程的实践度和学生的参与度。课程最后以模拟庭审的方式结课，综合考查学生专业知识以及实践操作能力。该课程更加注重培养学生在理论基础上的实践能力，以提高学生的实践水平为宗旨。通过实操训练检验理论知识的学习成效，全面提升法科生的综合能力素养；通过校企、校检、校院合作授课的教学方式，强化课程的实践面向；通过与学科类竞赛相结合，实现以学促赛、以赛促改的良性互动。总体而言，本课程以真实的还原度、学习的高阶度、成果的显著度为基本特点，充分体现了学院实践教学的成效。

（二）第二课堂配合实践教学

刑事法学院在学院党委的指导下，充分发挥和调动院团委、学生会、研究生会等组织的作用，积极组织以校内开庭、模拟法庭竞赛、鉴定式案例分析工作坊、普法宣传等实践教学为内容的第二课堂活动，与第一课堂形成能动互补，极大地拓展了学生的专业能力。

1. 校内开庭活动的实践教学意义。刑事法学院注重学生与庭审的零距离接触，进而推动学校的教育工作与实务部门的实践开展相接轨。因此，我院不断吸纳优质法律实务进校园，达成"学思贯通、知行合一"实践教学目标。其中，邀请西安各地区人民法院在我校开展庭审工作就是一个重要项目，如西安市雁塔区人民法院、西安市蓝田县人民法院，案件类型涵盖了民事、刑事等各类案件。庭审过程庄严肃穆，在场学生们能够直观地感受到法院审理案件的程序之严谨。在庭审结束后，法院审判人员与学生们进行互动，审判长与审判员就学生提出的延伸性法律问题进行答疑解惑，切实提高了学院的实践教学质量。校内开庭的优点显而易见：首先，这种实践教学模式极大地增强了学生们对法律程序的直观认识，有助于他们更好地理解和掌握法律知识；其次，庭审现场庄严肃穆的氛围让学生们深刻感受到法律的威严和不可侵犯性，从而培养学生敬畏法律、遵守法律的意识；再次，通过与审判人员的互动，学生们能够直接接触到法律实务的前沿问题，了解到法律职业的实际情况，这对于学生未来的法律职业生涯具有重要的指导意义；最后，校内开庭对于学院实践教学质量的提高卓有成效，丰富了教学内容，进而为学生们提供了更加全面、深入的法律教育。

2. 鉴定式案例分析活动的教学反哺功能。近年来，源自德国的鉴定式案例分析方法在我国民法、刑法、行政法等实体法教学领域蔚然成风。鉴定式案例分析方法是基于实体法与程序法，从事实分析到规范涵摄，再到法律适用的一种法学教学方法。鉴定式案例分析工作坊开展鉴定式案例分析教学活动，冀希涵养学生从案件事实中发现问题的能力、对争点展开说理论证的能力以及从问题出发深入思考的科研能力。

此外，为鼓励学生将专业理论和法律实务相结合，引导学生在校阶段即能够明晰法科生的人生目标与职业发展方向，做好自身职业规划选择，学院邀请来自法院系统、检察院系统以及律师界的知名校友，以使同学们对法律行业的各种职业有一个更明确的认知，以及对如今法学就业现状有一个清晰的认识，从而对自己的未来职业规划有一个更加清晰的目标。

（三）实习实训工作制度化

刑事法学院历来强调制度建设，为保证实习实训工作的顺利推进，特制定了《本科生专业实习实施细则》《研究生实训工作管理办法》等文件，用于指导本科生专业实习、研究生实训工作。相关制度的内容涉及领导机构、实习分队设置和实习考核等实习实训工作的全过程和各方面。制度创新主要体现在以下方面：第一，实习分队。每年组建10个实习分队，每队8—10人，集中于重点基地实习；每队设指导教师1人，负责全程指导；每队设队长、宣传委员、学习委员、生活委员各1人；实习分队中正式党员超过3人的，应当成立临时党小组，负责所在实习分队的思想政治工作。第二，实习考核。除了按照学校要求提交专业实习鉴定表、实习日志、实习总结、实习成果、调查报告、专题作业等材料以外，还应当在实务导师的指导下完成下列工作，并提交相关证明材料：独立完成司法文书一份，并附实务导师签字；旁听庭审三次，并附庭审记录。实习分队每周学习例会时应当由学习委员记录各成员的学习情况，并形成书面报告。每参加一次学习例会，实习成绩额外加分。另外，实习分队成员在同等条件下可在优秀实习生评选活动中被优先推荐。

通过考核制度的改革与创新，尝试引导学生自觉选择集中实习，并且尽量在公检法部门实习，以期达到专业实习的效果。多年来，刑事法学院重视省际合作交流，持续深化院校共建、检校共建、校企协同，在实习实训基地建设方面进行了宏观运筹与科学谋划，形成了地域分布广泛、实训单位稳定、集中实习率高的实习实训工作新格局。目前，学院长期建设的实习实训基地分布于陕西省、江苏省、浙江省、广东省和黑龙江省等多个省份，我们立足陕西、放眼东南、辐射全国，不断扩展合作地域范围及领域，促进地区间交流，实现南北资源共享、经验互通，积极整合社会各方面优质实践教学资源，鼓励学生深入实践、积累经验，与各方力量形成培养"德法兼修"的高素质法治人才之合力，不断加大实习实训"走出去"力度，创新实践法治人才联合培养新模式。

（四）学科竞赛屡获佳绩

学科竞赛的参与和举办始终是刑事法学院的关注重点，也逐渐形成了具有学院特色的"辩论文化"。在学科竞赛的组织、训练过程中，形成了一套自成体系的培养方式。第一，以课组训。以学院开设的模拟法庭、法庭论辩、刑事法诊所等实操类实践课程为基础，在上课学生中选拔参赛队员，将课程作为学科竞赛的重要载体。第二，以赛促改。通过学科竞赛这一实践活动，来发现实操类实践课程之不足，进而明确改革方向，推动实践课程的进一步完善。第三，赛学结合。将学科竞赛真题以教学案例的形式引入实践课堂，让学生在学习中感受学科竞赛的魅力，在竞赛中体会学习的真意。

近年来，刑事法学院组织、带领西北政法大学代表队在全国大学生模拟法庭竞赛、"理律杯"全国大学生模拟法庭竞赛等全国性重要赛事中屡获佳绩。学科竞赛的优异成绩不仅是专业指导老师辛勤付出的结果，也体现了学生们扎实的法律知识基础和卓越的实践操作能力。进一步说明刑事法学院实践教学体系的育人功能得到了充分的发挥，学生的综合能力得到了全面的强化，法科人才培养的质量有了显著的提升。

（五）创新创业工作扎实推进

大学生创新创业教育受到刑事法学院的一贯重视，将大学生就业工作置于学院工作的重点位置。在人才培养方案中，设置合理的创新创业学分，建立创新创业学分积累与转换制度。积极探索将学生的创新实验开展、论文发表、专利获得和自主创业等实践与科研成果折算为学分积累的模式，并将学生参与课题研究、项目实验等情形认定为积极参与课堂学习活动，以调动学生开展实践与科研活动的积极性。为有意愿有潜质的学生制订创新创业能力培养计划，建立创新创业档案和成绩单，客观记录并量化评价学生开展创新创业活动情况。学院优先支持参与创新创业的学生转入相关专业学习。

学院设立了创新创业奖学金，并在现有相关评优评先项目中合理划分出一定比例用于表彰创新创业的优秀学生。争取学校政策支持，进行弹性学制试点，在将学生的学术创新和创业折算成学分的基础上，通过弹性学制，为学生提前就业、创业提供便利。此外，为襄助学生创业创新，积极开展自主就业，学院专门设立了大创基金，对大学生双创项目予以资助，并取得良好效果。

近年来，刑事法学院本科生参与大学生创新创业竞赛屡获佳绩，学生自主创立、学院重点培育的"法叨叨"品牌逐渐走向独立、自主创业，切实提升了学生的实践能力，也于实践中检验了学院为开展创新创业教育所实施的多项举措之实际能效。

二 刑事法学院实践性法科人才培养体系的特色

（一）实践培养与思政教育相结合

刑事法学院的实践性法科人才培养体系，重视在实践培养的过程中，贯彻思政教育。学院始终将习近平总书记提出的"立德树人，德法兼修，培养大批高素质法治人才"要求作为学院教育教学的根本宗旨。对党政教育之重视,在学院集中实习的相关制度中具体体现为实习分队中正式党员超过3人的,应当成立临时党小组,负责所在实习分队的思想政治工作,做到党的领导不缺位,理论学习不间断。据培养单位反馈,参与学院集中实习项目的学生具备良好的精神风貌和优良的专业素养。这表明学院注重将实践培养与思政教育相结合,在提升实践能力的过程中,兼顾党纪与思政培育,做到工作能力与党性修养的共同提升和全面进步。

学院的集中实习制度中关于成立临时党小组的制度内容,充分展现了学院在学生思政教育方面的整体设计与前瞻谋划,是学院对学生进行政治信仰教育的生动体现。通过成立临时党小组,学院不仅关注学生的专业技能培养,更重视学生的思想政治素质和党性修养的提升。这种将实践培养与思政教育相结合的做法,有助于学生在实习过程中形成正确的价值观,增强社会责任感。临时党小组的成立也有助于加强实习分队的凝聚力和向心力。在实习过程中,学生可能面对各种困难和挑战,而临时成立的党小组能够及时为学生提供思想引领和精神支持。在党组织的关照下,学生们更能拧成一股绳,攻克难题,共同成长。此外,该制度也有助于推动学生党员在实习工作中发挥先锋模范作用,作为正式党员,学生党员在实习中应当以身作则,发挥表率作用,通过成立临时党小组,学生党员可以被更好地组织起来,进而凝聚集体的智慧和力量,为实习分队树立良好的形象,同时也为学院增光添彩。

除此之外,学院将学生的思政教育工作贯穿到人才培养的全过程。学院党委通过召开专题党课、组织支部集体学习等形式引导教师充分挖掘专业课程中的思政元素。支持学院教师参加各级各类思政课讲课比赛、教学创新大赛,组织青年教师参加理论学习培训班,举办学院青年教师"'课程思政'与'思政课程'教学竞赛"等活动,将"课程思政"与"思政课程"纳入一体化管理,统筹发展、协调并进,并取得显著成效。近年来,学院有十余名优秀青年教师在各级各类课程思政教学比赛中取得优异成绩,也正是学院始终重视思政育人之理念的体现。

(二) 实践课程与理论课程相结合

刑事法学院的实践性法科人才培养体系,是在稳固的理论课程学习基础之上,构建相配套的实践性教学模式。理论教学的实际开展表现为教师在课堂上发挥主导作用，以法学学科的知识体系为框架，从法律概念、范畴和基本原理出发，由简到繁、由浅入深，循序渐进地展开理论逻辑讲述，学生们则根据教师的授课思路理解和记忆知识体系。而实践教学则是在专业教师的指导下，以学生为主体，通过高智力投入、创造性实践活动开展以及有针对性的现场体验，理解知识、发展技能、提升能力。法学实践教学不拘泥于课堂内外，也不受书本教材和课型要求的限制，既可以是课堂外实践教学，独立存在于实践课堂，例如模拟法庭、校内开庭与学生在实践单位的集中实习；也可以是课堂内实践教学，存在于基础理论课堂，例如刑事案例研习课程与刑事法诊所课程。

刑事法学院的实践性法科人才培养体系，能够帮助学生了解法律职业的真实状况，培养他们的职业素养和专业精神，通过模拟法庭、校内开庭、法律诊所课等实践活动，学生能够更加深入地了解法律职业的现实要求和挑战。实践性培养体系的价值实际上就是要着手培养学生的实践应用能力，这一培养方案契合了当前社会对应用型法律人才的现实需要，因此，应以培养应用型法律人才这一核心目标为轴心，以传统理论课堂所奠定之基础为依托，同时，以实践课堂为拔高，来实现对学生的提质培优。理论课程与实践课程的结合，对于法学教育而言，具有举足轻重的意义。法学是一门实践性极强的学科，法律的价值唯有从实践中才得以展现。一滴水，能折射太阳光辉；一桩案，能彰显法治道理。仅凭理论学习，学生虽能掌握基本的法律原理和概念，但难以深入理解法律在实际操作中的应用，实践性培养体系则为学生提供了亲身体验法律运作过程的机会，从而使学生更好地理解法律的实际意义。法学教育的目标不仅仅是法律知识的传授，因为法律的生命在于实施。一个人若从事法律职业，但缺乏法律人应有的职业素养，也终会害人害己。因此，于法学教育而言，更重要的是培养学生的法律职业素养，理论与实践的结合也能够增强学生的问题解决能力，学生在实践过程中会遇到各种各样的法律问题，这些问题的解决需要他们运用所学的理论知识进行分析和推理，这个过程不仅能够锻炼学生的思维能力，还可以完善他们面对复杂问题时的应对策略。

（三）本科生培养与研究生培养相结合

刑事法学院的实践性法科人才培养体系，不仅注重本科生教育，也注重研究生的教育，并且将二者进行了有机结合，实现本科生能力与研究生能力的协同提升。目前刑事法学院下设刑法学与刑事诉讼法学的法学硕士点，在刑法学与刑事诉讼法学课程领域，可以实现学院本科生与研究生的协同进步。本科生和研究生学术层次不同、培养模式也存在较大区别，因此实践中本硕教育几乎没有交叉之处，然而在高质量教育体系发展背景之下，本硕学生融合培养具有重要的学术价值。这种融合可以促进学术交流、合作，培养学生的创新思维和科研能力，提升教学质量。特别是对于法科生而言，可以通过与研究生交流学到更为深入的专业知识和研究方法，而研究生则可以通过指导本科生来提高自己的教学和指导能力，同时本科生作为新鲜血液，学术思维的碰撞也能够为学术领域带来新的思维方式和研究方向，进而推动学术文化在本科生与研究生的良性互动中实现创新性发展与创造性转化。

学院开展的刑事案例研习课程是本科教育与研究生教育相结合的典型范例。该课程以刑事案例研习课程为落点，以助教模式展开，由学院的法学研究生担任助教，参与对学院本科生的教学，实现本科生与研究生的共同交流与进步。课程以鉴定式案例分析课为依托，由选拔出的研究生助教带领本科生分步骤和阶段展开学习，总体进程为类型化模板讲授、不同犯罪类型的鉴定式案例研习、科研小组的成果展示以及老师的整体评价和指导。本科生培养与研究生培养相结合的模式，是学院在培养新时代法治人才过程中所做的积极探索之体现。该模式能够使本科生通过与研究生的交流，来熟悉研究生阶段的实际学习模式，以明确自己的深造方向与升学目标。于研究生而言，也能够以助教的形式参与到我院对本科生的教学实践中，通过教学工作的展开来实现教学相长的目标。

（四）以"三全育人"体系赋能学生发展

刑事法学院的实践性法科人才培养体系，以"三全育人"体系实现学生的全方位发展。学院通过分段培养，实现"全程育人"；以专业班主任制度落实"全员育人"；创立"红枫"党员工作站，推进"一站式"学生社区建设，实现"全方位育人"；学院针对不同年级学生的特点和需要，采取了分段培养的方式，开展有针对性的教育活动，实现全程育人，此即刑事法学院的"三全育人"体系。

针对一年级新生，刑事法学院扎实开展新生入学教育，分为"书记院长第一课"和"法科生职业规划指导系列讲座"两大模块。"书记院长

第一课"通过学院领导亲自授课,向新生们介绍学院的历史、文化、教育理念、学科特色等,让新生们对学院有一个全面的了解,同时激发他们对法学的热爱和追求。此外,针对新生,学院也开展职业规划讲座,帮助他们了解法学专业的就业前景、发展方向以及未来可能从事的职业,通过案例分析和职业规划技巧的培训,让新生们明确自己的职业目标和努力方向。

针对大三学生考研升学需求,举办"大学生学业规划指导系列讲座"。随着大三学生逐渐进入专业学习的深入阶段,学院举办学业规划讲座,引导他们根据自己的兴趣和能力,制定科学合理的学业规划。同时,讲座中还会涉及考研升学的相关政策、技巧和经验分享,为有意向继续深造的学生提供有力支持。

针对大四学生,注重就业、升学指导。对于即将毕业的大四学生,一方面,通过举办招聘会、企业宣讲会等活动,为学生提供更多的就业机会;另一方面,学院还会为有意向继续深造的学生提供考研辅导、留学指导等服务,帮助他们实现升学梦想。在大四期间,学院还会开展更深入的职业规划讲座和培训,帮助学生在职业道路上更加明确自己的方向和目标。

三 刑事法学院实践性法科人才培养体系的推广意义

(一) 有利于培养"德法兼修"的高素质法律人才

传统法学教育偏重法律知识传授,对道德教育重视不足,但"徒善不足以为政,徒法不足以自行",人的因素对法律有重要影响。因此,培养德法兼修的法律人才是必要的纠正。法平如水,即公平正义,这是一种具有鲜明文化含义的比喻,它概括了几千年来中国法治文明的精髓。德法兼修的教育能够引导、激励并实现法律职业活动朝着公平正义的方向前行。德法兼修的教育旨在培养法学专业学生的高尚道德品质,在对学生的法律人格进行塑造的同时,更要观照其道德人格的养成,这对于法律的施行和社会秩序的维护至关重要。

刑事法学院通过聚焦"大思政"格局的构建,强化党建引领,不断提高学生党建和思想政治工作的时效性、针对性和实效性,有利于全面提高学生的党性修养，提升学生的道德素质，通过"德法兼修"的育人模式，使学生成为心中有信仰、行动有方向、肩上有担当的新时代高素质法律人才。

（二）有利于解决传统法学教学过程中存在的问题

在传统的法学教学过程中，主要存在学生实务技能欠缺、法律思维训练不足、教学方式单一等问题。学生实务技能欠缺主要体现在从事实务工作后不能及时适应法律实践，因为法科生在学习理论知识之后缺乏实务经验和技能的培养，因而导致其实践能力难以满足我国司法实践对应用型法律人才的需求；法律思维训练不足表现为学生在学习过程中更专注于课本知识的记忆，这是由于在传统法学教学模式中，绝大多数的考察内容以统一的标准答案来呈现，以考试方式引导课程学习，这就使得学生疏于开展法律思维与方法的训练；教学方式单一则呈现为法律课程教学采取的单一的教师课堂讲授方式，学生被动地听课，缺乏自主思考，课堂的互动较少，从而难以培养学生的自主学习和思维创新能力，这种教学方式的课堂氛围也较为沉闷，难以激发学生的积极性和创造性。

刑事法学院实践性法科人才培养体系，以实践课程的开展为核心，以专业实习、校内开庭、第二课堂、学科竞赛、大学生双创为补充，构建起实践性导向的培养体系。学院在确保学生拥有坚实的法学理论基础上，以丰富多样的活动形式为桥梁，使学生能够全面且直接地参与到法律实践中，从而全面提升自身的法律思维能力与实务操作能力，着力培养出一批理实并重、德法兼修，能勇挥法律之利剑，可稳持正义之天平的高素质法治建设人才。

德法兼修、理实并重，打造民商特色育人模式

凤建军　程淑娟　朱　茂　高　桦*

摘　要：西北政法大学民商法学院牢牢把握"立德树人"根本任务，遵循民商法学科发展规律和人才成长规律，突出学科特色，秉持"德法兼修、理实并重"的育人导向。坚持党的全面领导、坚持社会主义办学方向、贯彻落实立德树人根本任务、把立德树人成效作为检验一切工作的根本标准。积极落实新时代思想政治工作体系建设和"三全育人"工作格局。全面贯彻"以本为本""以生为本"，推动人才培养从"以教为中心"向"以学为中心"转变。高度重视一线本科教学工作，紧密围绕人才培养目标，开展专业建设和实践教学，鼓励引导学生全面发展。

关键词：德法兼修；理实并重；民商法学；特色育人模式

民商法学院始终坚持以习近平新时代中国特色社会主义思想为指导，深入贯彻落实习近平法治思想、习近平总书记关于教育的重要论述，牢牢把握"立德树人"根本任务，坚持遵循民商法学科发展规律和人才成长规律，突出民商法学科特色，秉持"德法兼修、理实并重"的育人导向，着力培养具有坚定理想信念、强烈家国情怀、扎实法学功底、卓越法律技能的社会主义法治事业的建设者和接班人。

一　民商法学院基本情况

民商法学院成立于2006年6月。学院设1个法学（民商法学方

---

*　凤建军：西北政法大学民商法学院副院长、副教授、法学博士，研究方向：民商法学；程淑娟：西北政法大学民商法学院院长、教授、法学博士，研究方向：民商法学；朱茂：西北政法大学民商法学院党委书记；高桦：西北政法大学民商法学院教务秘书、教务办科长。

向）本科专业，2个重点学科建设基地（民商法学、民事诉讼法学），4个教研室（民法学、商法学、民事诉讼法学、家事法学）。学院拥有科研平台12个，其中校级2个、院级10个。省级教学团队1个、省级课程思政示范课程和教学团队1个。陕西省法学会民法学研究会、商法学研究会、婚姻家庭法学研究会、民事诉讼法学研究会、破产法学研究会等学会挂靠学院。学院现有教职员工65人，专任教师54人，二级教授1人，三级教授1人，教授13人，副教授22人，讲师14人，博士研究生导师3人，硕士研究生导师36人。具有博士学位40人，高级职称占比64.8%，博士化率74.1%，居学校前列。学院40余人次入选各级人才项目，其中4人次入选国家级人才项目，5人获评"陕西省十大中青年法学家"、2人获评"陕西省十大法治人物"、1人获评"陕西省师德先进个人"、1人获评"陕西省教学名师"、1人入选"省委全面依法治省委员会办公室百名法治建设咨询专家库"、1人入选"陕西高校人文英才支持计划"、2人入选陕西省高校青年杰出人才。1人获评"陕西省五一劳动奖章"、1人获"西安市三八红旗手"。3人入选"长安学者"、2人入选"长安青年学者"、3人入选"长安青年学术骨干"。20余人获评校级教学名师、师德标兵、优秀教师、最受学生欢迎的教师等荣誉称号，是全校入选人才项目层次最高、人数最多的学院之一，也是全校历年本科生、研究生报考人数最多、录取分数最高、招生规模最大的学院。

二 以正确方向指导落实立德树人根本任务

坚持党的全面领导，坚持社会主义办学方向、贯彻落实立德树人根本任务、把立德树人成效作为检验一切工作的根本标准。

学院始终坚持以习近平新时代中国特色社会主义思想为指导，牢牢把握"立德树人"根本任务，全面贯彻党的教育方针，为党育人、为国育才，坚决拥护"两个确立"，坚决做到"两个维护"。严格落实"第一议题"制度，修订和完善学院党政联席会和党委会议事细则，落实会前议题申报、沟通酝酿，会后形成纪要，两个会议议事边界和规则清晰。班子成员下沉联系4个教研室支部，指导监督支部抓党建、促发展。成立10个院设研究机构，并对各个研究所提出政治方向正确、严守政治纪律和政治规矩的要求。坚持全面贯彻党的教育方针，全面推进"一站式"学生社区建设，完成校区学生社区思政工作站、辅导员值班室、学生自习室、党建文化墙、学院文化墙等场地建设，成立"知行"朋辈导师工作坊、"领航"党建工作坊。

充分发挥课程、科研、实践、文化、网络、心理、管理、服务、资助、组织等方面工作的育人功能，挖掘育人要素，完善育人机制，优化评价激励，强化实施保障。打造系列品牌文化活动，在学生中开展：(1)"传承革命精神，凝聚复兴伟力""感悟红色历史，点燃奋斗青春"红色剧本杀等形式新颖的学习活动。打造品牌育人活动，以传承红色基因，形成了《光辉的足迹》《祖国万岁》《永远跟党走》《领航》等大型团体操作品，编排的艺术节舞蹈《橘颂》获得学校第二十九届校园文化艺术节舞蹈大赛一等奖，展现青年学子良好的精神风貌。(2)打造"准律师大赛"实践教学品牌赛事活动，强化学生职业意识、增强学生就业能力。(3)培育形成连续办刊38年不间断的《西部法苑》学生品牌学术期刊，持续提高学生写作能力、增强学生理论修养。(4)组织参与"法律文书写作大赛""案例分析大赛""模拟法庭辩论赛"等学生教学赛事，达到以赛促教、以赛促学、以赛促练的目的。(5)打造"本科生科研训练项目"，专项划拨经费支持学生科研项目，持续训练学生学术素养、增强学生研究能力。

近年来，学院学生获得各类省级以上表彰奖励215人次，在创新创业、科研训练计划等项目中获得校级立项99项、省级立项69项、国家级立项19项，学生参加挑战杯省级获奖10项、校级获奖18项，中国国际"互联网+"省级比赛获奖5项、校级7项，"理律杯"全国高校模拟法庭竞赛冠军1次，"安康杯"征文大赛获奖6项，"盈科杯"准律师大赛获奖5项，学生工作在历次年终考核中均名列全校第一。

三 以新时代思想政治工作体系建设落实"三全育人"目标

(一) 全院教师高度重视、组织机构保障有力

学院成立课程思政与思政课程协同育人工作领导小组，院党委书记、院长任组长，学院班子成员和有关部门主要负责人为领导小组成员，积极探索党建工作、课堂教学、学生管理与立德树人对接融合，充分发挥学院

党组织的政治保障功能。不断完善思政工作体系，构建全员、全程、全方位的"三全育人"格局，努力将教书育人、管理育人、服务育人统筹推进。

（二）教学、管理各环节全面覆盖、多维度融合课程思政

学院形成课程思政研讨会、学习交流会；学院建立课程思政专项经费支持制度，开展院级课程思政专项项目，对参加相关比赛、申请相关课题的教师提供配套经费支持。学院全体教职员工自觉树立育人意识，夯实责任，以德为先，形成辅导员、思政课教师、专业课教师、心理咨询老师、行政管理人员协调互动，将课程思政与思政课程相结合，充分调动全院教职工的工作热情和积极性，让每一位教职员工都参与到学生课程思政工作中，形成"大德育"的工作格局，将育人工作全面贯穿学生学习、成长的全过程，将育人体现在学生全面发展的各环节。

（三）课堂教学与教材修订贯彻课程思政

学院要求每位教师应当加强课程设计、完善教学内容，梳理挖掘专业教学中所蕴含的思想政治教育元素和所承载的思想政治教育功能，做到专业课程与课程思政有机融合。学院通过举办：（1）课程思政建设暨党的二十大精神进课程活动；（2）课程思政建设与习近平法治思想进课堂；（3）弘扬人类命运共同体理念与专业教学内容相融合，实现思想政治教育与知识体系教育的有机统一。同时，在教材自查与修订上，学院全面梳理、自查正在使用教材，并要求已经立项的各门教材必须充分体现课程思政，做到有机融合。

（四）培育课程思政队伍、引导示范课程建设

学院鼓励党员教师率先进行课程教学改革，鼓励引导教师将课程思政与教学改革相结合；学院每学年均举办课程思政教学比赛，累计参加教师30余人次；鼓励专业教师积极申报各层次的课程思政与教学改革相融合的教改项目，全力打造课程思政示范项目，学院累计申报各类项目十余项，其中"民事诉讼法学"获省级课程思政示范课和教学团队立项。

（五）将课程思政与教学评价、考核紧密联系

学院充分重视将教师课堂教学的育人育才表现纳入教师教学质量评价体系，加强课堂教学质量监控，建立和落实课程审核和教案评价制度，突出体现对教师教学中育人内容的考核与评价，完善对教师教案设计中育人内容的规范、引导、评价机制。

（六）积极推动思政教育创新发展

学院连续多年坚持为新生开设"书记第一课""院长第一课"活动，提升"第二课堂"育人质量；构建"一站式"学生社区思政工作站；充分利用学院官方公众号定期推送思政内容；定期举办党建理论专题学习；充分发挥学生社团在文化育人中的作用，将课程思政与校园文化活动有机融合，创造优秀的校园文化，构建全方位"三全育人"工作格局。

四 更新理念，推动人才培养模式转变

全面贯彻"以本为本""以生为本"，推动人才培养从"以教为中心"向"以学为中心"转变。

1. 始终坚持"以本为本"，把本科教育教学放在人才培养的核心地位、教育教学的基础地位，将本科教学作为工作重心和主要抓手。（1）学院对涉及教育教学的重大问题及时列入学院党政联席会议程，讨论落实。（2）学院党政班子高度重视本科教育教学重点工作，领导班子亲自参与专业建设、人才培养方案制定、课程建设、教学监督检查等工作。（3）学院党政一把手及分管领导每学期均能对学院及各教研室教学相关工作情况做不定期检查，并由分管领导进行总结自纠，学院每学期形成本科教学工作总结。（4）通过开展课程思政大赛、课堂教学创新大赛、"精彩一课、课课精彩"示范课比赛、专业学科竞赛，切实提升教师教学能力水平，推进课堂教学改革，加强专业建设交流研讨。

2. 学院坚持将本科教育教学工作作为全院教职工大会的首要议题。每学期召开全院教职工大会，充分实现本科教学教育工作"开学有布置""中期有检查""期末有总结"，学院严格实行教师评优、职称晋升等领域本科教育教学工作重要考核指标。

3. 学院及各教研室能够充分落实本科教育教学各项制度和常规工作。（1）定期对教师教学文件、课程考试材料、实践教学材料、毕业论文及教学时间等进行专项检查，了解学院教学各环节状态，及时发现问题并整改。（2）学院各教研室均能形成稳定的课程教学研讨交流机制，每学期均能召开至少两次课程研讨交流会。（3）学院建立落实老带新"传帮带"机制、交叉听课机制、教学督导等，取长补短、不断提升本科教学质量，形成良好教育氛围。

五　以一线日常教学环节管理促进教学水平与质量

落实院班子成员、教研室主任听课制度，严格监督本科教学实施、教学纪律，提升本科教学质量。分管教学副院长定期召开教研室主任会议，贯彻落实学校、学院对本科教学工作的各项要求。

全院专任教师均能坚持一线本科教学教育工作，其中每位教师每学年为本科生主讲2—3门专业课程；全院专业课教师均能超额完成学校规定的本科教学工作量。全院教师均担任本科生导师，通过每学期不少于两次的集体见面会、个别指导、线上班会等方式发现和解决学生在学习、生活、就业等方面的困难，引导学生树立远大理想，树立积极健康的世界观、人生观、价值观。鼓励教师积极参与教改课题、各类教学比赛，引导专业课教师通过读书会、学术沙龙与研讨会等形式多样的教学环节提升学生学习兴趣，提高教学质量。

夯实日常教学环节。妥善部署本科学年论文写作指导、毕业论文开题、指导、答辩各环节工作。（1）在备课环节，学院持续实行教研室统一集体备课制度，根据教学计划认真排课、备课，教学安排做到提前准备、严格落实、常态检查、及时反馈的有机统一。（2）在课堂教学环节，学院严格执行领导班子成员、教学督导、教研室主任听课、教学信息采集与反馈，教研室研讨交流的教学保障机制。（3）在期末考试环节，学院各教研室统一命题，由资深专家和教学副院长进行审核。（4）在监考环节，学院所有任课老师都积极参与监考过程，加强考风建设，严肃考纪，营造良好考试环境。（5）在评阅和分析试卷环节，教师阅卷公平严谨，标准明确、给分细致合理。

通过"请进来""走出去"的方式强化学生学习理解应用能力、提升本科教学质量。"请进来"主要表现在学院每学期均会邀请省内外知名学者及法官、律师、企业法务高管等实务专家为本科生开展专业讲座;"走出去"主要表现在鼓励教师参加各种教学质量提升培训、学术与教学交流研讨会,由专业课教师带领学生走出校园、走进律所、走进法院与仲裁庭等,开展多种形式的实务课程,不断拓宽教学资源、丰富教学形式、提升教学质量。

六　以明确思路推进专业建设与实践教学

按照"注重养成、加厚基础、拓宽口径、强化实践"的人才培养思路,以及"理实并重、德法兼修"的知识复合型人才培养目标,开展专业建设和实践教学。

(一) 学院始终把一流本科专业建设作为工作核心,全方位、多维度加强专业建设

积极推动课程教材资源开发,打造教学团队,持续推动教育教学改革,大力加强师资队伍建设,开展课程思政、课堂教学创新大赛,积极开展专业学科竞赛,加强专业建设交流研讨,推进课堂教学改革,强化集中实习提升毕业实习质量,推进考试改革激发学习动能,以就业为导向推进创新创业,推进实验室建设,改善实验教学条件,加强教学督导作用机制。

学院依据国家和区域经济社会发展现实需求设置专业方向和特色课程。学院设置民法学、商法学、民事诉讼法学、家事法学四个专业方向和教研室,开设"民法学""商法学""民事诉讼法学""民事强制执行法学"必修课,同时学院开设:合同法理论与实务、担保法理论与实务、侵权法理论与实务、公司法理论与实务、证券法理论与实务、保险法理论与实务、破产法理论与实务、票据法理论与实务、律师公证制度与实务、非诉讼纠纷解决机制(ADR)理论与实务、中国司法制度等理论与实务相结合的实务课程,形成完整的专业课程体系,培养学生的实践能力和实际操作能力。

学院发挥应用复合型特色优势,深化校地、校企合作,主动联合政府、法院、检察院、律所、大型企业和科研机构等社会各方面力量,签署

合作协议，开展广泛合作交流，打造开放式研究和服务平台，学院积极开展"访企拓岗"等活动，主动了解实务人才需求导向，结合行业动态调整专业内容，培育特色鲜明的应用复合型立法课程，进一步增强学生的适应能力和竞争能力，鼓励学有余力的学生在学习本专业课程的同时，根据兴趣修读辅修专业课程，加强培养特色，积极探索联合培养机制。推动学院专业建设与社会发展需求的结合。

（二）学院将实践教学作为本科优秀法治人才培养的重要环节

学院各教研室在专业课理论教学中自觉融入案例教学，通过模拟法庭、准律师辩论赛、家事法诊所、民事案例研习、商法案例研习、民法鉴定式教学诊所、社区法诊所等，以多样化的实践教学方式推动实践育人。

此外，学院将社会实践作为必修课程纳入学院本科生培养方案，力行开拓企业、律所、法院、检察院、仲裁机构、金融机构等多元化社会实践中心，构建以实习实训、专业实践、行业实践、特色创新实践、课程思政实践、第二课堂六个环节为基本框架的实践教学内容体系，形成了由专业理论学习到实践能力培养，再到就业指导的全流程实践教学培养模式。

在实践教学师资方面，学院充分利用民商法学科理论与实践相结合、实务性强、应用性广的特点，高度重视实务人才在实践教学中作用的发挥，将特聘教授与实务导师在实践工作中积累下来的丰富经验充实到实践教学中来，践行"理实并重"的育人理念。近年来，学院从相关的政府实务部门、司法机关、大型律所中聘请了一批热爱教育事业、富有实务经验、具有专业素养的实务专家，已经累计聘请法官、检察官、律师、企业总法律顾问30余人作为学院特聘教授和实务导师；累计为校、院开展专题讲座30余场；与学院教师合作横向课题100余项，课题参加以及论文指导等涉及学院学生200余人次。

同时学院统筹规划、积极拓展实践教学基地，为学生提供更加丰富的实践教学资源。学院与陕西各市、区、县法院、检察院、司法局、城管执法局等司法行政机关建立实践教学基地20余家，与国内、省内知名律师事务所建立合作关系及实践教学基地40余家，其中与北京盈科律师事务所建立科研、教育、实习实训等多元化全方位合作关系。

七 多渠道鼓励引导学生全面发展

鼓励引导学生全面发展，树立崇高理想信念，积极参与教学科研、创新创业、社会实践等各项活动。

"青年兴则国兴，青年强则国强。"中国社会的发展需要一代又一代青年接续奋斗才能实现。学院始终坚守"培养造就一批信念执着、品德优良、知识丰富、本领过硬的高素质法律人才"这一目标，并把对学生进行理想信念和品德修养教育贯穿教育教学全过程。学院通过各类主题党日活动、主题团日活动教育引导广大学生要有坚定的共产主义远大理想和中国特色社会主义共同理想，坚持"四个自信"，勇担民族复兴重任，将社会主义现代化建设不断向前推进。不仅让广大学生抓紧掌握马克思主义的世界观与方法论、积极学习马克思主义中国化最新理论成果，而且激励鞭策学生加强党性修养，学习党的历史、作风和精神。同时，构建师生协同发展的"双主体"教育模式，积极发挥教师模范带头作用，以满足社会发展需要为基础，形成双向互动教育体制机制。

积极鼓励学生参与导师科研项目和学科竞赛。近年来，学院本科生公开发表学术论文 16 篇，在《法制博览》《楚天法治》刊物中发表学术论文 2 篇，在《社会科学》《中国审判》《山西审判》《城市情报》《国际法探索》《时代教育》《深圳青年》《中国财富科技》《河北企业》《数字通信世界》《黑龙江人力资源和社会保障》《技术与市场》刊物中均发表学术论文 1 篇。学院教师指导西北政法大学代表队蝉联 2019 年第十七届"理律杯"全国高校模拟法庭竞赛冠军。3 人获"陕西省大学生自强之星"称号，1 人获"中国大学生自强之星"称号；1 人入选"陕西好青年"，并荣获第十五届中国大学生年度人物提名奖；1 人在全省"长安杯"国家安全知识竞赛中获三等奖。

参加创新创业大赛方面，近三年来，我院获校级立项 37 项、省级立项 24 项、国家级立项 5 项，获第 13 届"挑战杯"陕西省大学生课外学术科技作品竞赛特等奖 2 项、一等奖 1 项、二等奖 4 项、三等奖 2 项，获第七届中国"互联网+"大学生创新创业大赛陕西赛区金奖 1 项、铜奖 7 项，众学子中优秀榜样多，在区域和全国有一定影响力。

八　结语

本科教育是高等教育的关键和基础，本科教育应当始终坚持立德树人、深化改革、以生为本、问题导向和方法创新的基本原则，强化学生中心、产出导向，因材施教，完善人才培养模式，推动人才培养从"以教为中心"向"以学为中心"转变，不断提高人才培养质量。民商法学院将继续一如既往，根据学院实际情况和发展规划，结合各类评价指标体系，在凸显学院创新发展理念和特色育人模式上不断探索前进。

经济法学院"一体多维、双向督导、多元协同"教学质量提升机制研究与实践*

倪 楠 魏 静**

摘　要：西北政法大学经济法学院坚持以习近平新时代中国特色社会主义思想为指导，深入学习习近平总书记关于教育的重要论述，坚持用党的创新理论培根铸魂，认真落实立德树人根本任务，推动思政课程和课程思政同频共振。学院在本科阶段加强顶层设计，构建"一体化"管理和"一体化"考核体系；聚焦教师发展，提升教师师德建设能力、综合素质能力以及内生动力；形成"产—学—研—创"协同育人新平台；培养质量文化，形成"自觉、自省、自律、自查、自纠"的质量提升机制。最终支撑了一流专业、形成了一流课程、打造了一流团队、培养了卓越法律人才，满足了学院特色发展和教学质量提升的双重要求，让"立德树人、德法兼修"的法律人才培养模式充分得到落实。

关键词："一体化"管理；"多维"提升；"双向"督导；"多元"协同

法学教育承担着为法治中国建设培养高素质法治人才的光荣使命，在推进全面依法治国中具有重要地位和作用。① 作为二级学院如何能动地、

---

* 此文源自西北政法大学经济法学院本科教育教学评估自评报告，以及西北政法大学经济法学院省级教学成果"'一体多维、双向督导、多元协同'二级学院教学质量提升机制研究与实践"。自评报告由魏静执笔完成，倪楠、薛亮、肖新喜、李恒参与修改；教学成果由倪楠、魏静主要执笔完成，曹燕、陈娟丽、张琳等参与了该教学成果的论证与实践。

** 倪楠，西北政法大学经济法学院院长、教授、博士生导师；魏静，西北政法大学经济法学院本科教育教学评估领导小组秘书兼办公室主任。

① 参见黄文艺《论党的二十大以来习近平法治思想的新发展》，《法学杂志》2024年第1期。

有效地保障和提升教学质量是当前面临的重大和紧迫任务。但二级学院在落实学校培养目标时遇到教师重科研轻教学、重社会服务轻教学改革；校级督导"督大于导，形式大于内容"；教师综合能力弱，现代教学技术掌握水平不高；思政育人方式方法单一，学生接受效果差等问题的挑战，法学教育质量与国家和市场需求也存在脱节的现象。经济法学院经过七年实践总结采取教学、科研和社会服务一体化管理、一体化考核，通过"多维"机制提升教师能力，构建"双向"督导模式，建立"协同"育人新路径，最终形成"一体多维、双向督导、多元协同"的二级学院教学质量提升机制。其中"一体化"管理是指构建教学、科研、社会服务一体化管理和一体化考核体系，引导教师以本为本。"多维"提升是指构建现代化师资队伍能力提升体系，立标准、建制度、重实践，打造各类教学竞赛，以赛代练、以赛促训、以赛促建，扎实开展各类教师技能培训工作。"双向"督导是指构建以督为基础、以导为核心的"双向"督导新模式，依托校院督导两条主线，既注重"督"的形式，又强调"导"的作用，相互支撑、相互补充。"多元"协同是指打通"产—学—研—创"实现各个环节育人，通过课程育人、活动育人、实践育人、管理育人以及实践基地育人，形成多元协同育人新途径。

一 二级学院在本科教育教学中需要解决的问题

作为实现高校深化改革的关键领域，二级学院是完善大学内部治理、构建现代大学制度的重点，院系治理能力的现代化也是高校提升办学水平的关键。[1] 二级学院作为学校办学方针的落实者，教育教学措施的执行者，需要对本科教学计划进行全面落实；需要组织教师开展高水平的教学工作，确保教学质量；需要充分发挥新时代伟大成就与教学内容相结合，起到教育激励作用。这些工作需要二级学院形成制度规范落实，提供抓手有效落实。同时，还应结合二级学院自身发展需求形成自身办学特色，二级学院需要准确地看到在执行学校教育教学计划时自身存在的短板。

第一，二级学院缺乏落实学校质量体系和质量管理的顶层设计。学院

---

[1] 参见闫建璋、孙姗姗《高校二级学院内部治理模式探析——基于权力配置差异的视角》，《清华大学教育研究》2022年第3期。

教学、科研和社会服务三项考核机制缺乏系统性思维、创新设计，相互独立，治理结构不合理，没有形成对教师的引领，只关注了"量"，而缺少对"质"的把控。

第二，新时代下促进教师专业能力提升的机制欠缺。由于受到经费、人员和渠道的限制，学院习惯性地依靠教师发展中心开展入职教育，缺乏对教学活动执行力、教学学术能力、教学影响力以及课堂思政能力的多维提升途径。

第三，二级学院缺乏夯实学校督导体系的有效举措。在学院落实校级督导的过程中，往往过分注重"督"的形式，忽略"导"的作用，习惯性强调"督"的过程，忽略在"导"中解决实际教学问题。

第四，二级学院缺乏有效的育人途径，导致育人能力不强。课程思政缺乏设计，育人空间被局限在课堂，"产学研创"没有形成合力协同育人，缺乏全过程育人和课程外育人途径。

二　主要内容和教学实践

当前，进入高质量发展新阶段，高校加强自我质量保障和推进质量文化建设成为当务之急。① 经济法学院始终将本科教学作为工作重心和主要抓手，将本科教育教学工作作为教职工大会的首要议题，严把教学质量、聚焦质量文化、实现质量管理与追责，创新性地构建了二级学院质量提升机制。

（一）进行顶层设计，构建"一体化"管理和考核体系

强化顶层设计：学院构建教学、科研、社会服务一体化管理和一体化考核体系，持续改善教学质量。将本科教学工作细化为不同要点进行赋分，完成情况与年底考核绩效、职称评审、师德师风挂钩，引导教师以本为本。

建制度立标准：学院将本科教学质量建设保障纳入基本管理制度，构建院级质量保障体系与运行办法，下发质量保障体系运行图，出台《经

---

① 参见李志义、黎青青、宫文飞《新一轮本科教育教学审核评估中的质量文化》，《高教发展与评估》2024年第2期。

济法学院教学督导管理办法》《经济法学院教学奖励和劳务发放标准管理办法》《经济法学院教学环节组织管理实施方案》等相关本科教学质量保障制度。

学院领导率先垂范，坚持一线本科教育教学工作，坚持教授给本科生授课。所有院领导均担任学院本科生导师，通过每学期不少于两次的集体见面会、个别指导、线上班会等方式发现和解决学生在学习、生活、就业等方面的困难。学院建立健全教材管理工作体系，严格按照《西北政法大学教材管理实施办法》开展教材选用、征订、编写、审核等工作，制定了《经济法（知识产权）学院教材管理实施办法》。在教材选用过程中，做到马工程教材全覆盖。教材选用实施"选用教师—教研室主任—学院主管领导—学院党政负责人"四级审核程序。

监督与处罚：开学前召开教学任务工作会，学期末召开总结会，教研室定期反馈教学问题并及时整改。健全课堂教学标准、课程标准、教学计划，统筹课程进度，高度关注教学质量提升。对于教学好的老师予以表彰，存在问题的及时通报，需要整改的要培训后才能返岗。

学院通过每学期召开的三次全院教职工大会实现本科教育教学工作的"开学工作布置""中期工作检查""期末工作总结"。学院领导全面把控考试命题、监考阅卷工作，妥善部署本科毕业论文开题、指导、答辩工作，严格落实新开课、开新课及跨教研室授课试讲。分管领导不定期召开教研室主任会议、命题工作会议、论文指导工作会议，以贯彻落实学校、学院对本科教学工作的各项要求。构建面向全体学生的"必修+选修"思政课程体系，拓展教学资源、丰富教学形式。

（二）构建"多维"提升机制，全方位助力教师专业能力提升

一维，教学活动执行力提升：立标准，明确教学目标、制定教学任务、下发教学计划、统一教学大纲。举办微课大赛、教案大赛、PPT大赛、创新大赛，将传统教学与现代教学相结合，鼓励教师参加校赛、省赛，以赛代练。

二维，教学学术能力提升：建立虚拟仿真教研室，共享、共建教学资源，定期研讨名师课程和教学方法，相互交流学习，不断提升现代化、智慧化教学水平。建立院级教学改革培育项目支持计划，先后立项30余项，作为校级、省级项目的培育项目。

三维，教学影响力提升：对学校规定动作进行积分，对学院活动实行奖励积分，这些积分构成评选教学名师、优秀教学团队、优秀教研室和学生最喜欢老师的基础支撑。

四维，课堂思政能力提升：集中组织撰写教案、教学大纲，融入思政元素，学院组织集中备课，聘请专家分析、研讨思政元素的典型案例。

（三）构建校院两级"双向"督导模式，实现全过程、多主体、全链条督导

督：学校要求开展教学管理、课堂情况、成绩评定、教学文件、实习组织、材料归档等常规管理的督导检查。

在大学教学及其管理场域，教学督导一直被视为高校教师教学评价的重要方式之一，发挥保障高校教学秩序、促进教学质量提升的重要作用。[①] 学院组建教学督导专家委员会，进一步规范学院教学管理各项工作，发挥督导专家"把脉问诊"的重要作用，不断将特色教学改革工作推向深入。学院制定全院教育教学工作的基本方针、确定全院教育教学工作目标，检查考核全院教育教学工作质量，组织全院教育教学工作重大问题的论证、决策，对有关教研室工作进行检查、指导与考核评价。分管领导按照全院教育教学工作基本方针和工作目标，负责教学组织、指挥工作的具体领导；协助院长完成全院教学工作质量的检查考核和全院性教学工作重大问题的论证、决策。学院每月召开本科教学工作例会，由院领导、各教研室负责人、任课教师和辅导员等参加，交流总结本科教学工作经验，集体研究教学工作中存在的问题，寻求解决措施和办法，提高教学质量。

导：连续六年开展"观摩教学""优秀本科生导师评比""优秀教研室评比"三项活动，"督""导"结合。学院定期开展教学工作会议，总结教学管理工作，探讨教学问题，形成台账，发现问题及时整改。

教学质量评价是检验教学效果是否达到教学目标，督促教师改进教学工作、提升教学质量的重要手段。通过系统完备、科学严谨的教学质量评价，使教师获得客观全面的教学反馈，以便及时调整自己的教学方法和授

---

① 参见叶晓力、夏玲丽、蔡敬民《高校本科教学督导的现状、问题与改进策略》，《中国考试》2003 年第 3 期。

课方式，获得更好的教学效果。① 学院连续三年设计调查问卷，从课堂秩序、教学态度、教学内容、教学方法、学生评教五个方面对课堂教学效果进行全面调查。为切实保证人才培养质量，学院对各个教学主要环节的工作任务进行重新界定，科学制定各主要教学环节质量标准。学院对课前准备、课堂讲授、课外辅导及批改作业、考试考核等方面做了严格要求。学院将在教学监控体系基础上进一步完善听课制度、检查制度、测评制度，并建立质量跟踪、信息公开等制度。听课制度包括院领导听课、教研室主任听课、教师同行相互听课；建立教学质量检查制度，采取教学日常检查、定期检查和专项检查，定期公布教学检查结果等方式；建立质量跟踪制度，由学院对毕业生进行跟踪调查，根据毕业生就业及市场调查的结果，进一步完善人才培养方案；学院教学质量监控部门将监控信息在一定范围公开。

（四）打造"产—学—研—创"协同育人新平台，科学设计，构建司法实务部门协同育人新路径

过程建设：充分发挥"第一课""课堂教学""实践教学"主阵地，将思政元素贯穿其中。第一课主要由师德标兵、学术楷模授课，引导学生树立正确三观；课堂教学聘请实务导师进课堂讲授实践，让学生感受一线工作者的法学信仰；实践教学让学生游学红色基地，用足迹丈量祖国大地，用真心体验全面依法治国成效。同时，鼓励学生参加各类竞赛，以赛代教，以赛提质，以赛育人。

学院坚持用红色文化启智润心，将红色文化资源与社会主义核心价值体系相结合，不断丰富和拓展新时代红色文化教育的内涵，打造高品质校园文化活动，引导青年师生坚定听党话、跟党走。首先，积极利用红色文化课外读物、主题影片等，结合校史校情等因素，拓展红色文化教育辐射面、提高红色文化教育的影响效果。举办阅读分享红色经典的"薪火"读书会，用情景再现的方式学习领会《梁家河——习近平的七年知青岁月》中习近平总书记的家国情怀、人民立场、实干精神，组织学生观看《上甘岭》《港珠澳大桥》等主旋律电影，激发学生的爱国

---

① 参见周光礼《建构中国特色高等教育评价体系》，《教育研究》2023年第8期。

主义热情，收到了良好效果。其次，积极开展校园红色文化活动，除组织诵唱红色歌曲、诵读红色经典外，邀请老红军、老党员等来校进行红色文化专题讲座，用真实经历向学生讲述党史、新中国史，邀请老教授讲述学校的建设史、发展史，讲述经济法各学科的创办史、发展史，使学生的学习感受更具有真实性和感染力，从而促进学生思想政治水平的提高。再次，充分利用爱国主义教育基地、革命博物馆、纪念馆、陈列馆、革命旧址等，在烈士纪念日、清明节等重要时间节点，组织学生开展研学实践、参观学习、志愿服务等实践体验活动，引导学生在实践中锻炼成长、磨炼意志、砥砺品格，追寻红色记忆，传承红色基因。最后，利用信息化手段，充分发挥网络媒体的力量，通过网络平台宣传与推广红色文化，使红色文化教育的开展更加便捷化、常态化，让学生能根据自己的时间安排自主参与、主动学习。

平台建设：在全国共建106个科研教学实习基地，建立以培养能力、思政育人、实习实训计划、科学研究和保障条件为模块的考评机制，对实践基地进行考核、表彰和裁撤。以保障学生的实习质量、思政育人效果和必备的生活条件，最终实现协同育人。

学院与上海市宝山区人民法院、山西省侯马市政府、深圳市光明区人民检察院合作中不断探索协同育人新路径。首先，制定《暑期实习法官、检察官助理（实习生）项目实习手册》，通过举行开班动员会、中期跟进、期末结业仪式等全方位了解实习生的思想动态及能力状况，科学制定法院实习计划。其次，落实实习法官助理（实习生）一对一"实务导师"带教机制，安排资深法官、检察官带领实习生深入参与案件审理，让实习生协助法官、检察官完成庭前阅卷、归纳争议焦点、旁听庭审、起草裁判文书、研究法律实务等工作。再次，依托"专员专讲"平台，充分发挥数据管理专员制度优势，组织实习生参加法院、检察院数据管理专员授课的系列法律实务研习，让实习生深度了解法院、检察院审判前沿工作。从次，在上海组织实习生参观金色炉台和吴淞工业区展示馆，感受宝山从大国重器的"百年沧桑"到工业转型的"伟大涅槃"，探索法治护航宝山"北转型"的新思维。组织实习生参观上海淞沪抗战纪念馆、上海外滩历史纪念馆及中共一大会址及纪念馆，追寻先辈足迹、赓续红色血脉。开展"初心起航"红色研学活动，乘坐"党的诞生地"主题游船，聆听镌刻在浦江两岸的红色历史，感悟上海城市精神。① 在侯马市组织学生参观彭真故居纪念馆，开展"弘扬革命优良传统 传承红色文化基因"专业实践红色研学活动，沉浸式追忆彭真同志艰苦卓绝、波澜壮阔的一生，感悟他为民族解放和新中国诞生，为社会主义革命、建设和改革开放事业以及社会主义法治建设建立的历史功勋。② 最后，学院探索"双导师"机制并共同申报课题、委托研究以及共同举办相关领域的学术会议，用实际行动将法治人才培养的共同责任落实到位。经济法学院近三年与科研院所、企业共建科研实践、实习实训基地，主要与相关单位在重大课题研究、理论指导、学术交流、教学实践、实习等方面开展了合作。为了加强实践实习实训基地管理，学院拟定《经济法（知识产权）学院校外实习基地建设与管理办法》。

（五）构建"融课堂教学、自主学习、实训实践、指导帮扶、文化引领为一体"的创新创业教育体系

组织建设：学院成立由院领导牵头，专任指导教师任学院创新创业基地负责人的创新创业教育工作机制。

高校创新创业教育发展的制度化是使高校创新创业教育获得规则保障、规范支持以及文化认同的过程，其目的指向高校创新创业教育的传播、维持与生产。③ 学院将创新创业教育纳入改革发展重要议事日程，学院定期研究部署创新创业工作，审定工作制度，统筹各类资源，决定重大事项，每年举办"创业大赛"等双创类学生竞赛。学院定期邀请实务部门专家、企业高管、资深创业导师举办创业讲座、沙龙、宣讲和路演，开办了"实务大讲堂"系列课程，邀请各行各业的专家和同学们面对面交流创业经验。为了培养学生的创新创业实践能力和团队协作精神，提高学院创新创业项目申报数量和质量，提升学院创新创业类比赛成绩，学院创新创业教育工作严格执行学校相关规定，具备完整的工作体系，严格流程

---

① 参见胥铁、范航、王之秋《宝法"升级版"院校合作暑期实习项目，我们做了什么》，载澎湃新闻网，https://m.thepaper.cn/baijiahao_24530914。

② 参见中共侯马市委组织部《西北政法大学在校学生来侯实习实训》，载侯马党建网，http://www.houmadj.gov.cn/info/1005/2160.htm。

③ 参见郑雅倩、杨振芳《高校创新创业教育发展的制度化困境及其超越》，《高教探索》2024年第2期。

规范，保证项目遴选及赛事的公平、公正。在创新创业项目申报类工作中，学院通过教学口、学工口积极动员学生参加项目申报。对于项目遴选，认真组织落实，制定项目遴选方案，对遴选结果向学生公布，接受监督，保证工作的公平、公正。在创新创业比赛类工作中，组织了院级"互联网+"创新创业比赛，学院成立了赛事组织机构并设置了专家委员会，成员均为创新创业实务导师，并聘请校外资深专家担任评委，保证比赛的公平性并遵循指导教师回避原则。同时，在每年底的年度考核工作中，对教师参与学生创新创业教育的指导工作进行量化考核，按照考核指标赋分，以考核结果倒推加强教师的指导作用。

（六）坚守底线思维，树立红线意识，不断加强师德师风建设

底线思维：学院始终把提高教师思想政治素质和职业道德水平放在教师队伍建设首位，全面加强和改进师德师风建设，着力建设一支政治素质过硬、业务能力精湛、育人水平高超的高素质专业化创新型教师队伍。

师德师风是教师的职业规范，是教师的职业道德要求，是其深厚的知识修养和文化品位的体现，是教师做好立德树人工作的根本保障。[①] 教师是师德修养的主体，是"以德立身、以德立学、以德施教"的践行者。近年来，学院不断加强师德师风建设，树牢底线思维。首先，聚焦顶层设计，提升师德建设能力。学院高度重视教师师德师风建设工作，压紧压实领导责任，明确学院领导作为学校师德师风建设第一责任人。出台了一系列举措，构建教育、宣传、考核、监督、激励、惩处相结合的师德建设长效机制。学院对新进教师聘任前进行政治把关和师德师风考察，聘任后指派知名教授作为指导教师对其进行教学、科研方面指导，开展师德师风入职教育，举办新教师入职、退休教师荣休、教师节慰问等仪式，树立一批身边的卓越典范，营造"学为人师、行为世范"的良好风尚。其次，学院聚焦教师发展，提升教师综合素质。学院建立和完善教师政治理论学习制度，定期开展政治理论轮训，多举措扎实开展"四史"学习教育，充分利用学校红色文化资源优势，组织教师赴西北人民革命大学旧址等各类红色文化教育基地进行实践研学，开展重走校史路等形式多样的实践活

---

① 参见林崇德《加强师德师风建设必须处理好八个关系》，《中国教育科学》（中英文）2023 年第 5 期。

动，让红色基因融入血脉、沁入心扉。选派优秀青年骨干教师赴党政机关和法治实务部门挂职锻炼，推动教师在实践中充分了解党情、国情、社情、民情。开设"师德第一课"，积极开展全员师德网络培训，组织新入职教师开展入职宣誓，邀请"时代楷模"、全国模范教师等开展师德宣讲，引导教师争做"四有好老师"。完善教师发展工作机制，常态化开展教师发展咨询指导工作，建设教师专业能力提升工作坊，定期开展"科研能力提升""教学技能提升""跨学科研究"等活动，为教师提供培训、咨询、交流等多元服务，全面提升教师业务能力。再次，学院聚焦典型引领，提升教师内生动力。学院积极发掘师德典型，讲好师德故事，发挥榜样激励示范作用。学院建立起多元表彰奖励体系，每年开展"师德先进""最受学生喜欢的老师"等评选表彰活动，充分发挥优秀教师在立德树人中的示范引领作用。组织召开教师节座谈会，举行教职工荣休仪式，举办"优秀教师、先进工作者线上风采展"，常态化宣传优秀教师先进事迹。建设青年博士工作室为教师提供舒适便捷的办公场所。最后，学院聚焦考核监督，提升教师自身修养。学院坚持把师德师风作为评价教师的第一标准，严格落实教师师德考核，将考核结果作为申报人才计划、申报科研项目、学习进修、推优评先等工作的首要条件，对存在师德失范行为的教师按规定严肃处理。

三　本科教学中的创新点

（一）体系创新：创建教学、科研、社会服务"一体化"管理和"一体化"考核体系

重构管理体系：实现顶层设计，通过一体化管理，增强办学主体观念，构建和完善学院内部权力分配、资源分配、管理决策、监督评价等机制程序，树立管理理念、理顺管理结构、建立管理制度、配套运行保障机制，从而保障落实学校总体办学目标。

建立考核体系：将学校教学目标与自身专业特色发展目标相结合，制定一体化考核体系，并据此对影响教师教学、科研和社会服务质量的各种因素和环节进行评估，以此为基础给予教师以专业的绩效评估反馈，激励教师不断提升专业能力，改进绩效水平，夯实学校办学目标。

（二）机制创新：形成"多维"教师能力提升机制

开展多维度提升：开展以教学活动执行力、教学学术能力、教学影响力和课堂思政能力为主的多维度培养路径，激发教师的职业荣誉感，形成一流的教学理论、一流的教学意识、一流的教学行为。其中，教学理论包括态度和知识体系；教学意识包括教学信仰和教学认识；教学行为包括激励、引导、反思和监管。

形成多维度支撑：拓宽进人渠道，加速优化教师配置；通过教师挂职司法部门、政府部门和辅导员岗位，锤炼教师职业，建设双导师发展共同体；大力培养科研团队，反哺教学，向教学研究团队倾斜，发挥领头作用；充分使用学院创收资金，保障教学活动开展，形成有效的资金保障。

（三）路径创新：建立协同育人的新路径

形成新理念：进行科学设计，在入学环节、教学环节和实践环节设置不同的育人目标、育人形式、育人载体，针对不同年级、不同心理需求的学生分别开展学术育人、红色育人和思政育人。

形成新范本：开拓全国各类教学实践基地，要求教学实践基地在建设中必须融入红色元素、加入思政环节，不仅要培养学生技能，更要与学校协同育人，形成"产—学—研—创"协同育人的新范本。

四　实践效果与反响

（一）学生培养质量显著提升

随着教学质量的提升，育人效果明显增强。学院本轮评估期间，获得国家级双创项目立项21项，省部级立项43项，校级立项245项，申报数、立项数连续三年列学校各法学院第一。考研升学人数不断提升，本轮评估期间共计231人升学，年均升学率达22%，位列全校前列，年均十余名学生推免进入北大、清华等A+法学院（校）学习。学生在大学生辩论类竞赛全国获奖两次；知识竞赛类全国获奖三次；征文类全国获奖六次；演讲类全国获奖两次；各类省赛屡创佳绩。

（二）教师综合能力得到明显提升

在学院大量教学活动的支撑下，教师基本功得到加强，青年教师的综合教学能力不断提升，教学研究水平也明显增强。本轮评估期间，教师累计200余人次参加各项教学活动；获省级教改立项3项，校级教改立项21项，立项数比"十二五"期间增长8倍。学院实行培育计划，先后自设院级教改项目30余项。1人入围中国十大青年法学家；1人入围陕西省十大法治人物；1人获陕西省师德标兵；4人当选学校学生最喜欢的教师，其中1人连续三届当选；10人当选校级优秀本科生指导老师，25人当选院级优秀本科生指导老师；1人获校级课堂教学创新大赛二等奖，1人获优秀奖；1人获思政教学标兵荣誉称号；1人获思政教学能手称号；2人获校级PPT大赛二等奖，法学组一等奖。

（三）学院教学成果得到显著增加

通过不断的提质增效，学院连续十次获得学校中期教学检查优秀单位；连续两次获得法治文化季优秀组织奖，连续三次获得优秀单项奖；连续三次获得优秀实习单位。2021年，学院荣获陕西高等学校本科教学管理工作先进集体；2022年，获国家级一流课程两门，省级一流课程四门，校级一流课程十门；获批3部校级特色教材；2022年获陕西省师德建设示范团队。

涉外法治人才培养的创新实践研究

潘俊武　许　珂[*]

摘　要：涉外法治人才培养是新时代推进现代化建设的重要保障，西北政法大学国际法学院以习近平法治思想为统领，积极创新涉外法治人才培养模式。首先，将课程思政贯穿人才培养全过程，建立"三全育人"工作格局。其次，不断强化新文科建设，打造一流涉外法治教学队伍和教学课程，形成以"马工程"教材为主的教材体系，持续整合涉外法治教学资源，不断完善实践教学平台，以"四位一体"为双语培养模式。最后，形成了系统性质量保障体系，创新培养模式成效显著。在发展思路上，学院将继续在习近平法治思想统领下，以涉外法治人才教育培养基地为根基，以国家级涉外法治研究和培养基地为拓展平台，以校级联合培养为事业发展新举措，不断提高法治人才培养质量。

关键词：涉外法治；人才培养；创新模式

2023 年 11 月 27 日，中共中央政治局就加强涉外法治建设进行第十次集体学习。中共中央总书记习近平在主持学习时强调加强涉外法治建设的重要性，特别强调要加强专业人才培养和队伍建设，办好法学教育。[①] 这就要求法学院校以习近平法治思想为指导，积极创新涉外法治人才培养模式，拓展培养途径，提高培养成效，更加精准地服务于中华民族伟大复兴事业。西北政法大学国际法学院始终以习近平法治思想为统领，

---

[*] 潘俊武，西北政法大学国际法学院副院长、教授、法学博士，研究方向：国际法；许珂，西北政法大学国际法学院教务秘书、科研秘书。

[①]《习近平在中共中央政治局第十次集体学习时强调加强涉外法制建设营造有利法治条件和外部环境》，中国政府网：https://www.gov.cn/yaowen/liebiao/202311/content_6917473.htm?menuid=197，访问时间：2024 年 6 月 29 日。

在涉外法治人才培养上不断进行积极探索，并在实践中积累了一些经验，取得了一些成绩。

一　习近平法治思想在涉外法治建设中的统领地位

习近平法治思想在当代中国法治建设中处于统领地位。从实现党和国家长治久安的战略高度，我国涉外法治建设面临一系列重大理论与实践问题。习近平法治思想系统阐述新时代推进涉外法治建设的重要思想与战略部署，高屋建瓴。习近平法治思想展示了全面依法治国的基本方略，形成了内涵丰富、思想深刻的法治思想体系，既有继承又有创新，解决了在涉外法治建设中的基本问题，是指导新时代涉外法治建设的航标。

首先，习近平法治思想明确要求涉外法治建设必须坚持中国特色社会主义法治道路。面对世界各国不同的法治进程，要解决方向和道路问题。既不能完全照抄照搬他国的做法，又不能忽视他国在法治进程中的成功经验。这就需要守正和创新，中国特色社会主义法治道路就是要守得正，守好正了才能够有的放矢，做好创新。

其次，习近平法治思想要求全面推进涉外法治建设。社会主义法治本身是多领域、多方位和多层次的，建设工作也要与之相适应。习近平法治思想的整体性、系统性和协调性形成了推进涉外法治建设的总体思路，保证了涉外法治建设服务于中华民族伟大复兴事业，提升了社会主义现代化国家的建设。

最后，习近平法治思想要求统筹国内法治与涉外法治。统筹国内法治与涉外法治实际上是在统筹中华民族伟大复兴战略全局和世界百年未有之大变局之间的关系。新时代统筹"两个大局"是习近平新时代中国特色社会主义思想的重要组成部分，该论述准确把握中国和世界在发展中的关系。一方面突出中华民族伟大复兴战略中心目标，另一方面以世界百年未有之大变局作为实现这一目标的背景，让我们明白在现在的历史阶段，如何处理中国与世界的关系。① 具体来说，是从维护国家主权、安全、发展

---

① 陈建奇、高祖贵：《新时代统筹"两个大局"重要论述的理论意义与实践价值》，人民网：http：//theory.people.com.cn/n1/2022/1004/c40531-32539336.html，访问时间：2024 年 7 月 1 日。

利益出发，把握国际法治领域的现状和趋势，通过参与国际规则制定，在维护国家主权、尊严及核心利益的前提下，主动构建人类命运共同体。

二 涉外法治人才培养的总体要求

习近平在中共中央政治局第十次集体学习时强调："加强涉外法治建设既是以中国式现代化全面推进强国建设、民族复兴伟业的长远所需，也是推进高水平对外开放、应对外部风险挑战的当务之急。"[1] 由此可见，涉外法治人才培养工作非常急迫，是新时代坚持和完善中国特色社会主义法治体系、提高国家治理体系和治理能力现代化水平、推进和拓展中国式现代化的重要保障。涉外法治人才培养既是中国法治建设的重要组成部分，也是中国法治建设的重要力量，构成涉外法治建设的重要基础，对服务"一带一路"建设、参与全球治理和涉外法治建设、推进国际法新文科建设等都具有十分重要的意义。服务涉外法治建设的法学教育是涉外法治人才培养中基础性、战略性、先导性的工作。

涉外法治人才培养的中心任务是专业人才培养和教师队伍建设。在培养目标上，坚持立德树人、德法兼修，培养出政治立场坚定、专业素质过硬、通晓国际规则、精通涉外法律实务的涉外法治人才。在培养机制方面，必须加强学科建设，完善以实践为导向的培养机制，突出法学教育地位。培养的涉外法治人才既有能力服务于"一带一路"建设，又能够参与全球治理。随着"一带一路"倡议的深入推进，法律服务的重要作用愈加凸显。"一带一路"国家具有不同的政治传统和政治制度，法律制度和法治发展水平差异较大。中国企业已经"走出去"了，需要更加优质的涉外法律服务，需要一批具备全球视野、通晓国际规则、精通涉外法律的涉外法治人才。与此同时，新的全球治理体系和新的国际法治秩序需要构建，需要中国进一步参与国际规则制定的呼声很高。涉外法治人才应该能够参与全球治理工作，不断提升中国在国际事务中的话语权，不断增强中国在世界舞台的影响力。

---

[1] 习近平在中共中央政治局第十次集体学习时的讲话，中国政府网：https://www.gov.cn/yaowen/liebiao/202311/content_6917473.htm，访问时间：2024年7月1日。

三 创新涉外法治人才培养模式

西北政法大学国际法学院是学校的主要涉外人才培养单位,学院始终以习近平法治思想为统领,着力创新涉外法治人才培养机制。通过对法学学科专业领域教育教学改革,致力于构建特色鲜明、面向新时代的涉外法治人才培养体系。

(一) 课程思政贯穿人才培养全过程

1. 指导思想

国际法学院始终坚持以习近平法治思想为指导方针,贯彻落实党和国家对国际法学科发展、涉外法治人才培养的要求,致力于培养学生具备"全球化的视野,法律人的思维",以培养兼具法治民族信仰和国际视野的国际法专业人才为己任。人才培养方案设计和教学课程安排中,国际法学院坚持以党政方针为方向、以国家需要为导向、以本土国情为基础,以法律职业能力为核心,着力培养系统掌握法学专业理论知识和司法实务技能,具备实践能力、创新意识和开拓精神,能够在国家司法机关、行政机关、企事业单位、社会团体从事法律实务和法学教育、研究以及社会管理等工作的高素质专门人才。西北政法大学作为一所既有深厚红色文化底蕴,又肩负为推进全面依法治国培养高素质人才重任的高校,多年来,始终注重传承红色基因,在国际法人才培养中开设有习近平法治思想概论和法律职业伦理专业必修课,同时还开设体现学校特色和红色文化的中华民族共同体概论和中华优秀传统文化两门课程。

2. 建立"三全育人"工作格局

国际法学院建立统一领导、分工明确、重点突出、保障充分的思想政治工作体系。充分贯彻落实学校系列制度文件精神,建立和完善从领导层到教职工层的思想政治工作体系。坚持"教师—学生"两个抓手。在教师方面,强化思想教育和课程思政,培养以具有政治认同、家国情怀、健全爱国主义及改革创新为核心的文化素质,树立宪法法治意识,增进道德修养。在学生方面,通过主题班会、小组活动等调动学生思政学习积极性,及时了解学生思想动态。

国际法学院不断推动思政教育创新发展。利用学院党委公众号、学院公众号及学生会公众号定期推送思政教育动态及思政内容。全面提升"第二课堂"育人质量,将"第二课堂"教育纳入学生综合素质测评之中,充分激发学生参与第二课堂的热情,学院牵头定期组织"校园文化艺术节""乐跑活动""心理素质拓展"等主题活动,并结合学雷锋纪念日、"五一"劳动节、"五四"青年节、国家宪法日等开展丰富的劳动主题教育活动,举办"12·4"普法活动、"西仲杯"国际商事仲裁模拟仲裁庭竞赛、考研政策宣讲暨就业动员会、本科生学业规划指导、学风宣讲及优秀学子报告会等形式灵活多样、内容生动有趣的第二课堂活动,营造丰富多彩的校园文化,将思政教育融入学生学习生活方方面面,使思政教育入脑入心入魂。

国际法学院坚持推动党史学习教育常态化长效化,深入推进"两学一做"学习教育常态化制度化,健全和完善不忘初心、牢记使命的制度,常态化开展"我来讲党史""笃行不怠十年路,踔厉奋发启新程"主题系列活动,不断提升学习实效。严格执行党员领导干部民主生活会、"三会一课"、主题党日和民主评议党员等制度,按规定参加双重组织生活落实到位,紧紧围绕"党建为加快教学研究型高水平大学建设赋能"目标定位,创新开展以"全面嵌入、深度融入,务实创新、创优增效"为主要内容的"双入双创"党建工作模式,开创了一流党建引领保障一流学科建设的良好局面,认真督促班子成员抓好分管领域党建工作,细化教研室主任、党支部书记具体任务,确保"两个责任"落到实处。

(二) 不断强化新文科建设

1. 打造一流涉外法治教学队伍

国际法学院不断打造知识技能强劲、专业本领过硬的高质量教师队伍。深入学习贯彻习近平总书记关于教育的重要论述,坚持立德树人、德法兼修,推进思政育人与专业课教学融会贯通。2023年7月,由陕西省国际法学科"三秦学者"、国家级涉外法治研究培育基地执行主任王瀚教授负责的国际法教师团队获评第二批"陕西省高校黄大年式教师团队",团队成员于2023年5月获西北政法大学"课程思政教学标兵"荣誉称号,团队成员均获得省部级教学成果奖。2022年,一名教师获得陕西省科教文卫系统五一巾帼标兵称号。2020年,两名教师分别荣获学校教学名师和青年教学名师。2020年,国际法学获得校级课程思政示范课程。教师队伍进一步向高质量发展，为学院各项事业发展注入源源动力。

国际法学院始终重视推进优秀教师和青年教师的进修学习工作，注重提升其专业素养、加强国内同行交流、关注涉外法治热点。同时，大力强化学术界与实践界的沟通和信息回馈，积极广泛引导学生跟进理论步伐与国内国际前沿热题，实现学生"学法""践法"双结合。

2. 打造一流涉外法治教学课程

2023年，学院负责的国际私法学和国际经济法学双双获评国家一流课程，国际法学也获评省级一流课程。形成了完整的高水平的国际法课程体系。学院通过修订培养方案，不断强化国际法课程体系。为法学本科学生开设英美合同法学（双语）、海洋法学（双语）、国际投资法学（双语）、国际贸易法学（双语）等涉外性质的法学专业课程，建设了国际法领域教学资源库。在学校支持下，学院与超星、学堂在线和智慧树等网络平台积极合作，开通了西北政法大学网络教学平台，国际私法、国际经济法、国际法学、海洋法学等涉外法学专业课程资料都存储到网络平台上，形成网上资源库。

3. 形成以"马工程"教材为主的教材体系

学校开设的法学专业必修课首先选用"马工程"教材。国际法学、国际经济法学和国际关系史等课程都用了已经出版的"马工程"教材。在没有"马工程"教材的情况下，则会选用全国权威学者主编的教材。例如，国际私法学就选用韩德培教授主编的国际私法。与此同时，学校积极鼓励教师编写自编教材作为补充，海洋法学和英美合同法学两本自编教材已经学校立项，正按计划编写出版。

4. 持续整合涉外法治教学资源

国际法学院对涉外法治教学资源不断进行整合，着力打造符合本校培养计划的教学知识体系。在课程内容上，一方面注重经典案例的权威性，另一方面不断更新"够典型、易理解、合价值、贴生活"的新案例，形成了完备的资源库，建成了包括教案、大纲、PPT、案例研习、习题、名著导读、参考文献、实践环节指导方案等教学资源，并将这些资源广泛应用于教学之中。同时，学院也非常注重线上教学资源的应用，国际经济法学和国际私法学已完成慕课工作，为学生在"学堂在线"平台提供讲授、指导等教学服务，迎合数字时代新情况新变化，满足学生"线上线下同步""手机 iPad 互行"的需求，较好地完成了教学资料网络化的信息搭建。

5. 不断完善实践教学平台

国际法学院一方面开设国际模拟法庭竞赛（双语）、国际法案例研习、国际经济法案例研习和国际私法案例研习等实践课程；另一方面，积极组织学生进行涉外法律文书写作训练、模拟法庭比赛等形式的多种多样的实习实训。同时，学院建设了十余所教育培养实习基地，其中包括各级法院、知名律所和企业。另外，学院还为学生创造国际实习的机会。现已获批国际组织法治人才培养项目，每年选派 5 名学生在国际组织实习。马来西亚梁潘黄律师事务所作为学院海外实习基地，每年接收我院 15 名左右实习学生。

6. 以"四位一体"为双语培养模式

"四位"指的是全英文课堂教学、英文模拟法庭训练、英文法律文书写作训练和参加高端专业学术讲座。"一体"是指立体化教学环境，其目的是实现从单一课程建设到全英文"课程群"的建设转变，从单纯课堂讲授到"四位一体"的培养机制转变，以及从有限教学资源到"立体化"教学资源环境转变，以此来加大涉外班学生的专业英文"接触度"，营造一种"国际化教学"和"国际司法文化"氛围，形成有效的国际化法律人才培养的全新模式。在强化这一培养机制方面，主要突出的手段是参加英语模拟法庭竞赛和双语课。每年组织学生参加至少 4—5 场英语模拟法庭竞赛。所参加的国际性和全国性模拟法庭比赛包括国际航空法模拟法庭赛、威廉·维斯国际商事模拟仲裁庭竞赛、WTO 模拟法庭竞赛、"贸仲杯"国际商事模拟仲裁庭竞赛、国际海洋法模拟法庭竞赛和红十字国际委员会组织的中国大陆地区国际人道法模拟法庭赛。从 2021 年开始，与西安仲裁委合作，每年共同举办"西仲杯"国际商事仲裁模拟仲裁庭竞赛活动。

（三）形成了系统性质量保障体系

学院院长作为教育教学质量的第一责任人，负责主持制定全院教育教学工作的基本方针，确定全院教育教学工作目标，检查考核全院教育教学工作质量，组织全院性教育教学工作重大问题的论证、决策，对有关职能处室工作进行检查、指导与考核评价。主管本科教学的副院长按照全院教育教学工作基本方针和工作目标，负责教学组织、指挥工作的具体领导；协助院长完成全院教学工作质量的检查考核和全院性教学工作重大问题的论证、决策。学院每月召开本科教学工作例会，由院领导、各教研室负责人、任课老师和辅导员等参加，交流总结本科教学工作经验，集体研究教学工作中存在的问题，寻求解决措施和办法，提高教学质量。学院将在教学监控体系基础上进一步完善听课制度、检查制度、测评制度，并建立质量跟踪、信息公开等制度。

四　创新培养模式的成效

在习近平法治思想统领下，西北政法大学涉外法治人才创新模式成效显著。

首先，本科教育的国际化程度得到全面提高。国际法学院是学校涉外法治人才主要培养单位，每年学院出国读研和交流的学生人数逐年上升，到国际组织和涉外律所实习和工作的学生也在不断增加。与此同时，国际法学院持续向社会输出涉外型法律专业人才。近年来，学院向陕西省、广东省、四川省、江苏省、浙江省等地区输出涉外法治人才近千名。学院紧随用人单位及毕业生的跟踪调查，所涉部门涵盖司法系统、律所、民营企业等。经调查，用人单位满意度达95.32%，毕业生满意度达96.56%。

其次，涉外教师队伍不断发展壮大。国际法学院教师中担任全国性学术团体副会长2人、常务理事5人，担任外交部国际法咨询委员会委员、最高人民法院首批涉外商事、海事审判专家库成员各1人，获得陕西省三秦学者特聘岗位教授、陕西省"先进工作者（劳模）"各1人，陕西省"青年法学家（优秀法律工作者）"4人，西北政法大学"长安青年学者"3人、"长安青年学术骨干"1人。形成了老、中、青配备合理的学术梯队。目前，本学科已形成一个省级、两个校级学术创新团队。另外，还有外籍国际法专家每年通过讲座和授课方式加强学生的专业知识。

再次，思政内容进一步融入专业课程。近年来，学院教师团队主持、参与了一系列课程思政课题，形成了基于国际法学课程集群的具有创新性和代表性的思政融合课程。近五年，学院教师团队先后获得4项校级以上"课程思政"示范课程项目立项，1项校级"课程思政"教学名师立项，1项校级"课程思政"教学团队立项。学院先后荣获陕西高校先进基层党组织、陕西省教科文卫体系统"模范职工小家"、西北政法大学师德先进集体、西北政法大学"先进二级党组织"等荣誉称号。

最后，学生涉外实践能力得到很大提高。这一能力在各类全国性比赛中和就业方向上得到了一定的体现。2023年，学院负责的学校代表队在第十二届"中国WTO模拟法庭竞赛（全英文）"中获全国一等奖及"被诉方最佳书状奖"等多个奖项，在第二十一届"贸仲杯"国际商事仲裁模拟仲裁庭辩论赛中获全国二等奖，在中国国际海洋法模拟法庭竞赛中获全国三等奖，在第九届中国国际"互联网+"大学生创新创业大赛陕西赛区和第十四届"挑战杯"陕西省大学生课外学术科技作品竞赛中获多个奖项，1名2024届本科毕业生在第三届全国法科学生写作大赛中荣获一等奖，1名涉外实验班毕业生在顺利考入我校国际法专业硕士研究生后，在实习期间荣获最高人民法院第十二批"优秀法律实习生"称号，并以优异成绩被外交部录用。

五　涉外法治人才培养的未来发展思路

（一）以涉外法治人才教育培养基地为根基

2012年，经教育部批示，学校设立了卓越法律人才培养基地，并成立了"涉外法律人才培养基地实验班"。自实验班成立以来，学院按照学校制定的《"涉外法律人才教育培养基地"的实施方案》稳步推进各项工作。为涉外实验班设置了完备的专业培养方案及其执行措施，对课程体系和教学内容、教学方法、师资队伍建设、教材选用、考核方式、教学实践、学生管理、教学管理等方面进行了一定的改革，以保证"涉外法律人才教育培养基地"的顺利运转，取得了一定的成绩。学院专门为"涉外基地实验班"学生开设国际条约法等8门专业选修课，其中四门是双语课程。2022年在修订本科培养方案中，在法学专业选修课部分专门设立涉外法学教育模块，为学生提供了15门专业选修课程。

（二）以国家级涉外法治研究和培养基地为拓展平台

为贯彻落实党中央、国务院关于加快推进涉外法治人才培养工作的决策部署，根据《教育部关于加快高校涉外法治人才培养的实施意见》，学校充分整合校内现有教学研究力量，于2021年9月成立涉外法治研究中心。中心统筹校内现有国际法研究中心、国家安全研究院、反恐怖主义研究院、丝绸之路区域合作与发展法律研究院、习近平法治思想研究中心、航空法治现代化协同创新中心、民族宗教研究院、教育部南亚研究中心、"一带一路"国际商贸法律研究院等研究机构，优化和重组学校涉外法治研究资源。另外，2023年12月，经中央依法治国办、中央宣传部、外交部、教育部、司法部、商务部六部门批准同意，根据教育部办公厅、中央依法治国办秘书局发布的《关于公布涉外法治人才协同培养创新基地（培育）名单的通知》，西北政法大学入选涉外法治人才协同培养创新基地（培育）。学校与西安仲裁委员会、中国国际经济贸易仲裁委员会等实务部门协同开展基地建设工作，以"涉外立法执法司法人才培养"为总体建设方向，立足陕西自由贸易试验区建设、"一带一路"国际商事法律服务示范区建设等国家战略和区域发展需求，深化人才培养模式改革，加大国际仲裁领域紧缺人才供给力度，加快培养高素质、即战型涉外法治人才。

（三）以校级联合培养为事业发展新举措

经陕西省学术委员会批准，2023年4月，学校开设了西北政法大学与西安外国语大学联合培养的"法学+德语"项目。2024年，又设立了西北政法大学与西安外国语大学联合培养的"法学+俄语"项目。这两个培养项目实施都由国际法学院承担，"法学+德语"联合培养项目已经开始实施。学院为联合培养项目的学生制定了专门的培养方案，整个培养以立德树人为导向，以学生全面发展为核心，培养政治立场坚定、人文底蕴丰厚、掌握法学专业基本理论、具备扎实外语语言基础、适应新时代国家需要的高素质复合型涉外法治人才。

结　语

西北政法大学在涉外法治人才培养上以习近平法治思想为指导，充分发挥红色基因的育人优势，把立德树人融入理想信念教育、思想道德教育、专业知识教育、社会实践教育各环节，并贯穿学科体系、教学体系、教材体系与管理体系。在培养模式中，坚持"走出去"和"引进来"的协同育人机制，立足于学科优势和区位优势，明确特色化的培养目标定位，积极实行"高校+行业""高校+高校"的联合培养方式。突出对学生的实务能力培养，通过模块课程设置，拓宽学生知识的深度与广度，积极培养复合型的涉外法治人才。

面向国家重大战略需求高质量培养安全法治人才

宋海彬　段阳伟*

摘　要：作为集人才培养、学术研究、社会服务、国家智库诸功能于一体的教学科研单位，学院紧紧围绕国家安全法治建设和反恐怖主义工作的特殊需求，整合校内多领域学术力量，拓展同国家安全、反恐怖主义、民族宗教等实务部门的合作渠道，深化人才培养协同创新机制。通过特色专业建设、特色课程建设、特色实践教学建设，取得了卓越的学术发展与智库建设成效。

关键词：国家重大需求；安全法治人才；特色专业；特色课程

西北政法大学长期致力于西北地区经济社会发展、边疆稳定和国家安全所需法学专门人才之训练养成。2016年1月16日，成立反恐怖主义法学院。2019年6月15日，学院加挂国家安全学院牌子，名称变更为反恐怖主义法学院（国家安全学院），2022年5月20日，又变更为国家安全学院（反恐怖主义法学院）。作为集人才培养、学术研究、社会服务、国家智库诸功能于一体的教学科研单位，学院紧紧围绕国家安全法治建设和反恐怖主义工作的特殊需求，整合校内多领域学术力量，拓展同国家安全、反恐怖主义、民族宗教等实务部门的合作渠道，深化人才培养协同创新机制，加大卓越法律人才培养平台实施力度，贯通本—硕—博人才培养层次，力争成为国内国家安全法治建设和反恐怖主义领域的学术高地和人才摇篮。

---

* 宋海彬，西北政法大学国家安全学院副院长、教授，研究方向：法治文化、国家安全法学基础理论；段阳伟，西北政法大学国家安全学院副教授，博士，研究方向：刑法学、反恐刑事政策和国家安全法学。

一 特色专业建设与教育教学改革

(一) 特色专业建设卓有成效

学院下设国家安全法学教研室、反恐怖主义法学教研室和民族法学教研室3个教研室，拥有国家安全法学、反恐怖主义法学和民族法学三个法学二级学科硕士点，并负责法律硕士专业国家安全方向研究生的培养工作；在学校"服务国家特殊需求博士人才项目"中，承担"西北地区民族宗教法律问题研究""国家安全学与非传统安全研究"两个方向的博士研究生培养工作。学院坚持立德树人、德法兼修的人才培养导向，按照"注重养成、加厚基础、拓宽口径、强化实践"人才培养思路，注重理论与实践相结合、国际与国内相结合、全国与区域相结合，紧密契合国家安全重大战略需求，聚焦非传统国家安全、反恐怖主义、民族宗教等领域法治建设，着力培养政治立场坚定，专业知识扎实，实践能力强，综合素质高，复合型、应用型高素质法治人才。

为更好地服务于国家重大战略需求，学院进一步加强新文科建设，积极发掘并整合优势资源，提升我校国家安全法学本科专业建设和人才培养水平。自2021级起开设国家安全法实验班，并专门制定了国家安全法实验班的人才培养方案，大力推进国家级新文科教改项目"多学科交融的国家安全法学专业建设探索与实践"建设。完成了省级教改项目"《中华民族共同体概论》课程思政教育教学研究与实践"结项，并获评"优秀"等级。

学院持续向社会输出国家安全法治人才。近年来，学院向陕西省、新疆维吾尔自治区、西藏自治区、青海省等地区输出专门法治人才，服务国家重大需求和基层社会发展。学院毕业生去向呈现多元化的特征，涵盖国家司法、行政、安全机关，各级各类院校，法律服务机构，各类企业等。近三年学生就业率稳步提升，总体保持在75%左右，就业质量有所提高，其中，升学率提升幅度较大，2023届毕业生升学率为28%，居三年来毕业生升学率首位，特别是硕士研究生就业率逐年提升，保持在85%以上。毕业学生目前就业去向主要分布在国安、公安、检察院、法院、国企、律所等部门。其中，16%的学生考取国安、公检法司、税务等部门公务员，

34%的学生就职于中建、中铁等国有企业和律所等单位,23%的学生考取硕士研究生。学院建立了对社会用人单位和毕业生的跟踪调查机制,定期了解社会用人单位需求和毕业生反馈,并根据反馈信息对培养目标、培养规格、培养方案、教学方法等进行调整及改进。学院对用人单位及毕业生的跟踪调查涵盖党政机关、司法机关、律所、国有企业、民营企业等毕业生就业较为集中的部门,经调查,用人单位满意度达95.46%,毕业生满意度达90.91%。

(二) 推进师资队伍建设

学院长期以来高度重视师德师风建设,坚持把师德师风建设放在工作首位,扎实开展师德师风建设。通过持续深入学习中共中央办公厅、国务院办公厅《关于加强新时代法学教育和法学理论研究的意见》等文件精神,认真对标《新时代高校教师职业行为十项准则》。学院领导班子结合学院情况,一方面始终坚持以习近平法治思想为根本遵循,持续深入学习习近平新时代中国特色社会主义思想,原原本本读原著、悟原理,不断强化思想定力、政治定力,始终在政治立场、政治方向、政治原则、政治道路上同以习近平同志为核心的党中央保持高度一致。坚持学用结合,用以促学,用科学的立场观点批驳各种错误观点和言论,及时澄清身边的各种模糊认识。另一方面始终坚持和加强党的全面领导,立足学院各项工作,发挥学院国家安全法学、反恐怖主义法学、民族法学等特色学科专业优势,扎实做好统筹谋划,进一步提升办学水平和办学能力,有力破解各类发展中难题,推动学院事业高质量发展。

学院坚持把思想政治建设工作贯穿法学教育教学全过程,通过组织课程思政教学竞赛等方式,强化对教师教学的能力培养,通过教研室(党支部)开展主题党日活动、专题党课等各类活动,加强对学院师生的理想信念教育和社会主义核心价值观教育。学院于2022年成立马克思主义宗教学研究中心,承办"三支队伍"培养与宗教中国化学术研讨会,同时开展了系列学术沙龙、讲座等活动,力争将思想政治教育有机融入师资队伍建设、理论研究等人才培养各环节,将师德考核结果作为教师聘任、晋升、奖惩的重要依据。教育引导学院师生做社会主义法治的忠实崇尚者、自觉遵守者、坚定捍卫者。

学院鼓励教师"走出去",积极参与社会工作,强化理论与实践相结合的综合教学能力。近年来，学院教师积极结合自身所学，在校内外开展会议精神辅导报告、专题学术讲座等活动，社会反响良好。与多地实务部门签订"一揽子"合作协议，尤其是与新疆政法委、高院、检察院，兵团政法委、法院、检察院以及乌鲁木齐政法委等多个新疆司法机关，开展全方位合作，签署战略合作协议，选派教师在实务部门挂职锻炼，建立实践教育基地，开展课题调研，打造服务国家战略需求共同体，为本科实践教学，尤其是暑期社会实践活动创造了良好的平台条件。与此同时，聘请多位校外相关实务部门专家作为兼职教授（导师），通过讲座、学术沙龙等方式为本科生进行授课，取得了较好育人效果。

学院组织教师积极开展对外学术交流活动，积极配合各级国际交流合作工作部门，推荐教师从事公派访问学者工作，助力教师培养国际视野，提高教学科研水平。学院青年教师多次参加联合国人权理事会论坛等系列会议，并做主旨发言。

学院鼓励教师开展教学研究，积极参与教学改革与建设，主持各级各类教学教育改革课题，获批教育部专项"国家安全法学"新文科建设项目和校级课程思政示范项目，发表多篇有关教学研究、教学改革的高水平研究成果。

（三）强化本科教学督导，加强质量监督

学院院长作为教育教学质量的第一责任人，负责主持制定全院教育教学工作的基本方针、确定全院教育教学工作目标，组织教育教学工作重大问题的论证、决策，检查考核全院教育教学工作质量。学院每月召开本科教学工作例会，由院领导、各教研室负责人、任课老师和辅导员等参加，交流总结本科教学工作经验，集体研究教学工作中存在的问题，寻求解决措施和办法，提高教学质量。加强教研室建设，使教研室工作规范化、制度化，一般每周举行一次例会，研究讨论教研室的工作，进行业务学习、总结、交流教书育人及教学经验，使教研室的工作有领导、有计划、有组织地进行。

学院大力推进本科教学管理工作制度建设，近年来陆续制定了《教育教学质量保障体系建设与运行办法》《内部质量评估制度》《本科教育课程评估制度》《推进课程思政建设工作方案》《教师自评工作制度》《领导及教师同行听课制度》《本科教学督导管理办法》《教研室主任工作

职责》《教研室主任工作例会制度》《教研室工作细则》《学习委员管理制度》《本科生实习经费管理办法》《推免生综合素质测评加分细则》《就业奖励办法》，以及学院设立的四个社会奖学金（"长安反恐奖学金""红缨奖学金""法望奖学金""弘志奖学金"）的评选和管理办法，初步形成了以制度管人、用制度管权、按制度办事的良好机制。

学院加强专业建设过程管理，夯实本科教学督导职责和课程负责人主体责任，严格落实教研室集体备课制度，同时结合学校中期教学检查工作，学院领导和督导专家积极开展对本科课程的全面听课检查，听课有记录、重反馈、促改进。学院执行高级职称专任教师的本科生授课制度，严格落实学校的本科教学制度规定，规范教学行为，严肃教学纪律。学院坚持以教研室为基本单元，根据教学执行计划由教研室统一安排并落实教学任务、落实集体备课制度，教学安排做到提前准备、严格落实、常态检查、及时反馈的有机统一，按照教学大纲组织教学，统一教学进度、备齐教学档案，通过网上评教、教学检查、督导听课、教学信息采集与反馈等多维度质量监控，及时发现课堂教学中出现的问题并积极进行整改，以确保课堂教学质量不断提升优化。课程考核方面，学院依据学校规定，由课程所属教研室指定教师统一命题，教研室主任、教学副院长进行审核把关；在考试过程中，学院领导全部参加巡考工作，教师全员参与监考工作，严肃认真履职；在评阅和分析试卷环节，教研室按要求组织集体阅卷，评阅试卷规范、公平、严谨。为加强学院考风建设，严肃考纪，营造良好的考试环境，学院组织学生专门召开考试动员大会，强调认真备考、诚信考试的重要性，并组织学生签订诚信考试承诺书，学生考纪考风良好。

二 特色课程建设与安全教育课程思政

（一）不断加强特色课程建设

学院以课程建设为抓手持续推进专业建设，定期召开专业建设、课程建设及人才培养方案修订的专门会议，广泛征求各教研室、课程负责人和专任教师的意见，集体商讨教育教学过程中课程建设、专业建设方面的重要事宜，不断调整优化反恐怖主义法学和国家安全法学两个专业方向的课程设置，定期调整完善本科人才培养方案。

学院坚持以人才培养为根本，不断调整优化课程结构与学分学时分配，既满足了法学本科生专业学习的需要，同时也兼顾了通识教育和实践教育。在课程设置、教学内容、师资队伍等方面都具有较强的交叉性及跨学科特点。近年来，在学院全体教职工及各教学团队的不懈努力下，学院课程在数量和质量上均取得了明显进展。学院积极尝试混合式课程教学探索与实践，实现课程模式多元化发展，授课内容、课程质量不断完善，教学效果良好。

在学院本科培养方案当中，除了教育部统一规定的法学专业必修课程外，还开设有30多门反恐和国家安全领域特有的专业必修课和选修课。针对国家安全法学实验班学生，独立开设4门专业必修课："国家安全概论""非传统安全概论""国家安全法治""国家安全情报学"，7门专业选修课："南亚安全形势""国防安全""公共安全与应急响应""中国国家安全思想史""外国国家安全法律概论""生物安全战略与生物安全法""关键基础设施安全保护"。

学院完成了"国家安全法""中华民族共同体概论"两门校级课程建设的结项验收，进一步加强了"反恐怖主义法""国家安全法""中华民族共同体概论"三门课程"线上线下混合式"教学改革，并着力推进省级"一流课程"申报工作。

（二）强化课程思政教育教学工作

学院党委贯彻落实习近平总书记关于教育的重要论述，坚持把立德树人成效作为检验学校一切工作的根本标准，以理想信念铸魂，构建立德树人导向机制；学院党委坚持以学生发展为中心，构建立德树人育人体系；以提高育人能力为关键，营造以德育人、以德化人、以德育德的氛围，推动立德树人落地见效。学院以思想政治教育为核心，充分发挥学科专业优势和课堂教学"主渠道"作用，坚持课程思政与思政课程同向同行，引导任课教师深入挖掘提炼各门课程中蕴含的思想政治教育元素。学院全部课程均制定了课程思政点与课程思政实施方案，并及时追踪最新时政发展，不断修订完善，着力发挥"课程思政"育人功能。

学院面向全校本科生开设了"国家安全教育""国家安全法概论""中华民族共同体概论""中国共产党的民族理论与政策""中国共产党的

宗教理论与政策""中国民族区域自治法专题研究"等特色课程,促进中华民族共同体意识、民族团结进步意识进教材、进课堂、进头脑。同时,在课程改革、教学改革上协同发力,发挥主课堂教学作用。创新教育教学,引导任课教师深入挖掘提炼各门课程中蕴含的思想政治教育元素,发挥"课程思政"育人功能,强化师生民族团结进步知识体系结构。

(三) 健全"三全育人"体制机制

学院坚持以习近平新时代中国特色社会主义思想为指导,坚持党的全面领导和社会主义办学方向,全面落实立德树人根本任务,牢固树立人才培养中心地位和本科教育教学核心地位,努力培养德智体美劳全面发展的社会主义建设者和接班人。突出党建引领,扎实推进学院"一站式"学生社区建设,组织公寓党员原原本本学习党章、党的二十大报告,学习《习近平新时代中国特色社会主义思想学习纲要》《习近平著作选读》等必读选读书籍,学习习近平总书记最新重要指示批示精神,及时跟进学习习近平总书记最新重要讲话精神,全面在学生公寓区掀起学习热潮;建立社区"笃学自习室",以服务学生为宗旨,定期更新"自习室"书目,营造尊重知识、热爱阅读、奋发向上的校园文化氛围。陆续开展主题教育宣讲、考研经验交流会、爱国卫生运动、国家安全知识、反间防谍、保密知识宣讲、组织观看红色电影、图书分享会、经典品读会等系列体现学院特色教育活动,促进学生"五育并举",全面发展;落实学生党员到"一站式"社区报到制度,建立社区党员信息电子档案,成立工作联系微信群,按楼层设立临时党小组,以学生党员层长作为临时党小组负责人,充分发挥学生党员先锋模范和带头引领作用,切实推动"三全育人"综合改革。

学院严格落实思政课程、课程思政教学,要求学生了解国家的方针、政策和法规,能够自觉遵守宪法和法律;具有良好的思想道德修养、过硬的政治素质与合格的法律职业素养,有敬业品质、专业意识和务实创新精神。智育方面,学院要求学生不仅要掌握法学基本原理,而且同时学习民族、宗教、国际政治等相关学科的基本知识,具备良好的国家安全意识和专业能力,具备就业技能、能够从事与本专业相关或适应其他领域工作的就业能力和创业能力。学院在人才培养中明确要求本科生达到国家规定的大学生体育锻炼合格标准,具备健全心理和强健体魄,鼓励学生积极参与各项体育活动和体育赛事,发扬竞技精神和体育精神。学院积极引导学生树立审美意识，培养审美能力，积极修读学校开设的美育相关课程，在学习生活中以多种灵活多样的方式陶冶情操，发现美、追求美、创造美、体验美。劳动教育方面，结合实践教学和创新创业课程及训练项目，全面提升劳动教育的育人实效。

三　特色实践教学与专业实训教育

（一）理实结合，强化实践教学

学院始终坚持面向国家重大战略需求，积极拓展社会现实需要的实践教学模式，努力实现学生实践能力培养模式创新，积极开拓实践教学基地，将实践教学作为国家安全法治人才培养的重要环节。学院将社会实践作为必修课程纳入人才培养方案，适量增加实践教学课时比重，开展丰富的课程实践教学和暑期社会实践活动，不断提升学生的自主学习及实践创新能力。学院在各专业课程的教学中融入案例教学，通过反转课堂、小组辩论等方式培养学生的综合实践能力。学院领导带队开展"访企拓岗"，召开校企协同育人工作专项会议，并优化各门专业课程的实践教学指导方案，不断拓展增设实习实训基地，给学生提供更多更好的实习实践机会，科学安排并切实组织好本科生的专业实习，形成了由专业理论学习到实践能力培养再到就业的全流程实践教学培养模式，确保专业实习扎实有效。目前，在多方努力下，学院已经在陕西省公安厅反恐总队、新疆驻陕工作组、西安市国保支队、西安市公安局反恐支队、四川省内江市东兴区公安分局、四川省内江市经开区公安分局等十几家单位建立了实践教学基地。

（二）加强"大创"项目育人实践

学院高度重视本科生创新创业教育及训练，结合人才培养方案中的创新创业学分认定，鼓励、引导学生以灵活多样的方式积极参与创新创业教育的相关课程、项目、互联网+大赛及各种学科竞赛。学院连续七届开展"总体国家安全知识竞赛""民族团结进步宣传月""校园文化艺术节""国家安全知识进校园""保密知识培训"等活动，受到了校内外师生、校友和社会的广泛关注。近年来，本科生创新创业项目申报、立项及结项数逐年增加，国家级、省级立项并已结项的创新创业项目共计16项。学院结合专业特色，组织学生开展"国家安全进校园"、暑期调研、社会实践等活动，成立"红色文化宣讲团""国家安全教育宣讲团""红色经典读书会"等社团，为全校新生开展校史宣讲，走进中小学、社区开展国家安全知识宣讲，将所学服务社会。"新疆维吾尔自治区基层干部国家安全法治意识培养与宣讲实践"暑期社会实践团荣获 2023 年全国"三下乡""新疆学子百村行"专项社会实践优秀团队称号；新疆石河子"兵团精神"调研团队撰写的实践报告获"2022 陕西省大中专学生志愿者暑期文化科技卫生'三下乡'社会实践活动优秀调研报告"；"总体国家安全观视域下国家安全资讯交流新媒体建构研究"等调研报告，被评为省级优秀调研报告。

四　学术和智库建设卓有成效

（一）智库建设成效明显

学院扎根西北，胸怀社稷，情系法治，研究平台多元，学术成果扎实，智库建设卓有成效。学院是国家级涉外法治研究培育基地——西北政法大学涉外法治研究中心的主要职能单位之一，拥有 1 个教育部国别与区域研究中心（中南亚研究中心），1 个中联部"一带一路智库联盟"理事单位（民族宗教研究院），1 个中国法学会法治研究基地（反恐怖主义研究院），1 个陕西省哲学社会科学重点研究基地（西北地区社会稳定与国家安全法治研究中心），1 个陕西省委统战部、陕西省民族宗教事务委员会"我国宗教中国化研究基地"（马克思主义宗教学研究中心），1 个中宣部舆情信息直报点。学院注重深入调查研究，积极开展咨政服务，发挥咨政建言智库职能，学院成立 9 年来，上报要报、专报千余篇，获得有关部门一致认可。

（二）学术特色鲜明

学院先后承担国家社科基金项目 13 项，省部级等各类纵向项目 40 余项，出版学术专著 14 部，在《法学》《法律科学》《法学评论》等法学权威与核心期刊以及《国际社会科学研究杂志》等国际期刊上发表中英文论文 200 余篇，在《人民日报》《光明日报》《中国日报》《法治日报》

等报纸发表时评十余篇。学院组织编纂《中国国家安全法教程》《中国反恐怖主义法教程》《反恐刑法》等一系列国家安全、反恐专业教材，在全国该教学领域产生广泛影响。获得各级各类学术成果奖励十余项，其中包括陕西省哲学社会科学优秀成果二等奖和三等奖各 2 项，国家民委社会科学研究成果二等奖和三等奖各 1 项，陕西省政府教学成果特等奖 1 项。

治国理政人才培养的实践探索

侯学华　龚会莲*

摘　要：培养治国理政人才是新时代政治与公共管理学院建设和发展的核心功能。西北政法大学政治与公共管理学院坚持"立德树人""铸魂育人"的办学方针，秉持"服务法治国家建设，助力现代公民成长"办学理念，致力于专业建设与教育教学改革，围绕培养新时代"治国理政人才"创新培养模式，坚持三全育人，推动教师朝着教书育人和家国情怀的职业发展目标有机统一，在人才成长方面聚焦"立场坚定""技能过硬"两个核心素养，在培养方式上坚持理实同修，坚持"理论课堂"与"实践课堂"协同推进，促进治国理政人才综合技能提升。

关键词：教育教学改革；治国理政人才；质量管理；师资队伍

以习近平同志为核心的党中央统揽治国理政大局，站在党和国家事业发展战略全局的高度，为新时代应变局、育新机、开新局、谋复兴汇聚磅礴伟力。结合历史之变、时代之变和世界之变，习近平总书记提出新时代"为党育人，为国育才"的全新育人理念。这是新时代高等学校人才培养和教育教学改革的最高指南。客观来说，当前大学教育普遍重视知识传承、轻视科学创新，普遍存在强调标准化、弱化个性化教育的"科学思想"，高校专业设置、课程体系高度雷同，培养出来的学生存在较大的趋同性，不能满足社会对治国理政人才的专业化、时代化需求。

西北政法大学是一所"法学特色鲜明、多学科协调发展的大学"，通过专业动态调整、深化人才培养模式改革、创新教育教学方法，努力探索

---

* 侯学华，西北政法大学政治与公共管理学院院长、教授、博士，研究方向：政治学理论、公共治理理论、基层社会组织和基层党的建设等；龚会莲，西北政法大学政治与公共管理学院副院长、教授、博士，研究方向：公共政策与地方政府治理。

有利于治国理政人才成长的育人模式。政治与公共管理学院按照学校学科建设、专业调整的总体安排，聚焦"治国理政人才培养"，是国内最早提出治国理政人才培育的专业学院。建院十八年来，围绕政治学与公共管理两个学科"融合发展"，聚焦高层次治国理政人才培养，坚持"三全育人"，坚持"理实同修"，培养高素质治国理政人才，聚焦治国理政的理论素养和实践技能的目标达成，取得了一定的成绩，为党和国家事业实现高质量发展提供了大批后备人才。

一 德育引领：强化"教书"和"育人"有机统一

政治学是关于治国理政的社会科学，公共管理则是关于治国理政的实践及其经验总结的实践科学。治国理政是关于如何管党治党，治理国家、社会，以及执政党如何科学执政的一套系统的方案集成，治国理政思想则是关于一个政党如何治党、治国、治军、治理社会与有效执政的完整的思想体系。

治国理政人才培养首先是一个教师职责重构的复杂过程。西北政法大学政治与公共管理学院自2006年建院以来，始终把师资队伍建设放在首位，坚持以德为先，"以研促教"，强化教师要有高尚的职业道德情操。学院现有一支学历层次较高、学术造诣深厚、教学能力突出的高水平师资队伍：专任教师36人，其中，教授4人，副教授14人；有博士学位的教师30人，博士化率为83.3%。学院成立了师德师风建设委员会，书记、院长担任组长，定期开展师德师风学习教育活动，引导广大教师坚定政治信仰、坚持党的领导、涵养扎实学识、勤修仁爱之心，树立"公共意识""大局意识""全局意识"，坚守三尺讲台，淡泊名利，潜心教书育人。其次，坚持"以研促教"。学院教师近五年来取得科研成果369余项，主持、参与承担国家、省部级科研课题48项，发表CSSCI论文117篇，其中，主持并完成国家社科基金项目6项。学术研究实现了整合、聚焦，主要集中在中国传统政治思想、基层社会治理创新、新时代党的建设理论与实践创新、非传统安全与国际政治合作等前沿领域。学院教师不仅成果丰硕，而且在专业学术组织中具有较大影响，多人兼任中国政治学会常务理事、副秘书长，中国政治学会中国政治思想史研究专业委员会副会长，陕西省政治学会副会长、常务理事等。随着教师学术研究的深化和拓展,专业课讲授有活力,课堂教学生动有趣,学生到课率高、抬头率高、互动频繁。

身教大于言传,要让教育者先受教育。习近平总书记指出:"老师是学生道德修养的镜子。好老师应该取法乎上、见贤思齐,不断提高道德修养,提升人格品质,并把正确的道德观传授给学生。"学院坚持完善"优秀教师"培育的制度建设,立好导向标、用好指挥棒,不断完善融教育、激励、监督、惩处于一体的管理体系,持续优化以职业道德为核心的教师道德情操养成机制,充分利用职称评聘、聘期考核、项目申报、教学评价、年终考核、推优评先、优秀教师评选、绩效分配等激励机制,引导广大教师陶冶道德情操,不断夯实立德树人之"基"。

坚持"第一议题"制度,始终将习近平治国理政思想内化于心、外化于行。学院党委坚持用习近平新时代中国特色社会主义思想武装教师头脑,不断提升理论修养和思想政治素质,筑牢信仰之基,深刻领悟"两个确立",增强"四个意识",坚定"四个自信",做到"两个维护"。将甘为人师作为教师招聘引进、岗位聘任的首要条件,通过条件前置、刚性约束、监督延伸、奖惩结合,着力锻造德才兼备、德能相济、德技双馨的教师队伍。教书更要育人,学院班子、教师支部书记积极下沉学生社区,在教师引领、示范带动下,宿舍矛盾、同学纠纷几乎化于无形,师生聚焦国际政治痛点、政府改革难点、社会发展热点等前沿问题,共同探寻国家治理和公共治理的解决之"道"。

二 思政引领:推动"家国情怀"融入"专业技能"培养过程

坚定理想信念,铸牢立德树人之"魂"。政治与公共管理学院始终把政治建设摆在前面。治国理政人才培养是一个循序渐进的有计划、有组织的培养过程,学院党委始终在入党、评优环节把好政治关,抓好每一次政治学习,纯洁每一个学生的入党动机,在班级学习过程中融入国际时事热点,并将党的立场、大政方针融入学生的日常思政教育。关于为何入党、为何考公、为何考研等涉及学生和教师职业道德教育问题融为一体,是学院行政例会、"书记第一课"、"院长第一课"的主要内容,核心目的是全面贯彻"为党育人"的基本理念,为青年人才成长筑牢思想之基。

强化课程思政建设,以"润物细无声"的方式将习近平新时代中国特色社会主义思想融入专业教学课堂。学院重视教师的政治理论学习与课程思政能力培育，课程思政是将思想政治教育融入课程教学的各环节、各方面，以"隐性思政"的功用，与"显性思政"——思想政治理论课一道，共同构建全课程育人格局。全方位、多渠道、多手段地开展"习近平总书记教育重要论述"等专题培训学习，实现教师队伍思政理论培训全覆盖。学院坚持党委书记、院长听思政课，班子全员听思政课，教研室主任带头听思政课。目前，学院专业教师全员参与课程思政培训，努力建设校级课程思政，"政治学原理""中国政府与政治""社会保障学""比较政治制度""西方国际政治理论""中国外交与周边安全"等专业必修课程实现了全覆盖。在课堂教学过程中，教师结合课堂教学内容系统阐述习近平新时代中国特色社会主义思想，及时将习近平法治思想、外交思想、经济思想、文化思想融入课堂教学章节，起到了培根铸魂的作用。

学院人才培育聚焦家国情怀教育。治国理政人才与其他专业人才的本质区别在于厚植家国情怀于内心深处，将个人与国家命运、时代命运紧密结合起来。党的二十大报告指出，"世界之变、时代之变、历史之变正以前所未有的方式展开"，这是学院人才培养模式变革的前提，也是新时代人才培养需要科学面对的基本课题。学院教师积极回应时代之变与人才培养的模式变化之间的关系，"'课程思政'视域下大学生政治素养培育的研究与实践""党史教育与政治学专业课程思政教学的融合性研究——以《中国政府与政治》为例""高校继续教育构建有效人际互动教学模式研究"相继获得省级教改立项，撰写了《面向基层社会治理的政治学专业本科人才实践教学探索》《历史政治学视域下党史教育与专业教学融合的价值意蕴、优化思路与实践路径》等教改文章，适时探讨时代变革与人才培养模式的内在关系，及时将国家治理方式变化、外交战略调整、基层社会治理等具有时代性的内容纳入新时代治国理政人才培养的教学环节，构建起"爱国—爱党—治国理政实践"的逻辑，厚植于新时代治国理政人才的核心素养。"中国政治思想史""中国政治制度史""中国传统管理哲学"等专业核心课程则重点阐释传统儒家的"修身、齐家、治国、平天下"的入世哲学，强化新时代治国理政人才的担当意识和历史使命感。

三 实践导向：推动"理论课堂"与"实践课堂"的有机融合

治国理政人才培养是一个教师职责重构与课程体系改革交叉进行的复杂过程。政治与公共管理学院强调教师的动态管理和人才培养方案的动态调整，强调理论教学和实践教学的同步改革、有机统一。尤其重视实践育人体系构建和探索，积极引导广大青年全面深入贯彻习近平总书记"用脚步丈量祖国大地，用眼睛发现中国精神，用耳朵倾听人民呼声，用内心感应时代脉搏"的殷切嘱托，在行走中国大地的生动实践中深刻体悟中国式现代化的伟大成就，努力成长为德智体美劳全面发展的社会主义建设者和接班人。①

聚焦治国理政人才培养旨在凸显政治与公共管理学院人才规格的特殊性。这本质上是改变了政治学人才培养的理论导向，推动政治科学研究定量化、人才培养实践化。自建院以来，学院始终坚持"政治学""公共管理学"融合发展，强化人才培养的复合型、应用型特点，聚焦"治国理政人才培养"是学院学科融合发展的顶层设计。根据国家专业人才培养质量标准，学院秉持政治学、法学和公共管理学交叉融合，培养公共治理领域能够解决现实问题的应用型复合人才。目前，学院制定了政治学与行政学、行政管理、劳动与社会保障、公共事业管理和国际政治5个差异化的专业人才培养方案。利用"学院平台课"构建5个专业之间的公共专业基础，紧扣人才培养的"厚基础""宽口径"目标，将"政治学原理""中国政府与政治""管理学原理""社会学""国际政治概论""形式逻辑"等专业基础课作为学院平台课，相互支撑，拓宽治国理政人才的专业理论基础，持续优化课程体系，将"中国优秀传统文化""中华法治文明""美学""四史"类课程作为通识课，进一步拓展了人才培养的人文修养，增设"大学生劳动教育与就业指导"必修课，将劳动教育类课程融入专业人才培养特色。

为突出学院人才培养的应用型特点，学院持续强化实践教学模块，优化综合性应用技能培养。学院高度重视学生实践创新能力的培养，经过

---

① 中国人民大学党委研究生工作部：《在实岗锻炼中学习"治国理政"》，《中国研究生》2023年第11期。

多年的探索和实践，构建了"课堂实践教学、社会实践和专业实习"三位一体、四年不断线的独具特色的新型实践教学体系，明确了各专业实践教学占比，学院所有专业实践教学环节学分占总学分比例均达标。优化实践类课程的设置体系。合理设置实验实习、专业见习环节，以"基层社会管理与创新研究会"的组织形式，鼓励学生跨专业开展假期专业调研，开足开好实践类课程。改革实践类课程设置体系，根据学院办学方向和人才培养目标，学院增设实践类选修课模块，包括"行政职业能力训练""基层社会治理实践调查""公务员管理""数据统计方法与实践""公共管理信息检索与分析""外交案例"等课程，丰富学生知识体系，培养学生自己动手研究问题、解决问题的综合能力。积极开展"以赛促教"，用专业竞赛推动学生实践创新能力，学院持续举办"大学生职业生涯规划大赛""法润社区主题大赛""法治政府知识竞赛""我和我的学院短视频剪辑大赛"等学生力所能及的专业性知识竞赛；同时，组织学生"走出去"，参加"全国大学生公共管理决策模拟大赛""理律杯辩论大赛"等，通过各类竞赛，以赛促学，形成了学院良好的学风，让学生在组织、参与专业活动中锻炼能力，培养公共意识，培育集体主义和团队竞争、合作能力。

四　协同育人：持续扩展治国理政人才培育的系统合力

"以学生为中心"的教学理念逐渐成为构建线上线下融合交互课程体系的核心要素。① "以学生为中心"的人才培养旨在通过重视家庭、社会和学校在人才培养中的综合性价值，从而实现协同育人的综合收益。"以学生为中心"本质是改变教师主体，转化以"人才培养"为中心，促进学生与教师共同提高，真正实现教学相长，"共同受益"，从而推动育人环境和教育服务方式的系统改进。②

"以学生为中心"的教学模式要求尊重学生的个性差异和学习需求。学校深入了解学生的学习需求和兴趣点，有针对性地设计教学内容和

---

① 李琼、杨格丹、李敏辉：《"以学生为中心"的融合交互教学模式研究——以清华大学深圳国际研究生院为例》，《现代教育技术》2021年第10期。

② 王钰、刘惠琴：《研究生国际化培养的实践与思考》，《中国高教研究》2005年第9期。

活动，充分利用社会教育资源，协同育人，促进学生系统学习、高效成长。① 协同育人是一种积极的参与式教育，也是一种新型的以活动性参与扩展学生学习途径，通过参与过程获得知识技能，丰富专业的情感和学术思维，促进学生成才、成长的综合教育过程。

政治与公共管理学院围绕治国理政人才的培养主要在聚焦社会协同育人共同体的构建、第二课堂内容重构等方面，开展以学生为中心的教学改革和实践探索。

坚持多元协同，强化实践教学成效。学院建立了长安区水务局、长安区检察院、长安区法院、长安区医保服务中心、西安市政务服务中心、西安市文化和旅游局、雁塔区政务服务中心、西安人才中心等与政府机构合作的实践教学基地，聘请实务部门的专家、领导为实践教学导师，参与学院的人才培养。专业见习、毕业实习围绕实习、见习内容撰写调研报告、毕业论文，引导学生思考现实问题，培养学生解决现实问题的能力。坚持问题导向，聚焦国家"法治中国""法治政府""法治社会"建设，在专业见习、毕业实习题目设计时，围绕"法治国家、法治政府、法治社会一体推进"的思想，设计相关课题，引导学生理实同修，凸显产教协同、产教融合、科教融汇的育人理念。

坚持以学生为中心，引导学生面向社会，自主探索时代课题。面向基层是学院人才培养的办学导向，根据调研，学院85%左右的学生都有考公务员的就业目标，而且公务员招录岗位基本集中在基层政府职员岗位，因此学院将基层政府治理和基层社会治理作为治国理政人才培养的专业教育内容，形成了"面向基层"治国理政的特点，聚焦基层政府治理和基层社会治理品牌活动打造，构建突出特色、结构合理、优势互补的综合人才培养目标体系，协同推进治国理政人才的时代议题。学院组织学生走进"省—市—县—乡镇"政府学习，调研政府工作的差异主题规划，围绕乡村振兴，组织学生实地调研，探索鄠邑区农民画、华阴老腔、华县皮影、陕北民歌、汉调桄桄等非物质文化遗产的现代转型，在调研过程中学生与非物质文化遗产代表性传承人促膝交谈，探讨文化振兴、人才流失和产业振兴的时代难题，以及地方政府的有效政策供给等。在调研、实习过程

---

① 庞海芍、隋艺、张叶晔编著：《以学生为中心的教学创新：理念与实践》，北京理工大学出版社2021年版，第3页。

中学生系统了解了基层治理各方面的实践困难,理论联系实践,促进了理论知识、调研方法和沟通协调能力,真正实现了协同育人的效果。与此同时,学院开办了"行政能力与职业素养""基层社会治理"两个微专业,进一步聚焦促进人才培养专业技能提升。

五 治国理政:政治与公共管理类人才培养的时代主题

当前,中国面临百年未有之大变局,人才培养必须主动求变,只有立足国情、面向时代、面向世界讲授政治学理论,才能满足新时代治国理政的现实需求。习近平总书记指出,科学回答中国之问,必须对新时代党和国家事业发展面临的一系列重大理论和实践问题进行思考,作出科学判断。这是政治学、公共管理类人才培养的时代之基,唯其如此,才能找准人才培养的历史方位。

习近平新时代中国特色社会主义思想是政治学理论的最新阐释,"中国之治"是习近平治国理政思想的成功实践,也是中国公共管理的最好教材。党的十八大以来,以习近平同志为核心的党中央聚焦"以党的自我革命引领社会革命",提出了"中国式现代化"的一系列原创性治国理政思想,从学理上回答了新时代坚持和发展什么样的中国特色社会主义、怎样坚持和发展中国特色社会主义的重大时代课题,实现了对中国特色社会主义建设规律认识的新跃升;深刻回答了建设什么样的社会主义现代化强国、怎样建设社会主义现代化强国的重大时代课题,进一步指明了中国式现代化道路的新图景;深刻回答了建设什么样的长期执政的马克思主义政党、怎样建设长期执政的马克思主义政党的重大时代课题,指引开辟了管党治党、兴党强党的新境界。这是政治与公共管理学院培养治国理政人才的基本材料,必须通过课题研究、课堂教学、课程思政、社会实践等多元路径加以系统学习、科学讲解。因为,课程思政是一项系统工程,要坚持科学理念,秉持系统思维,科学谋划①,才能润物细无声,达到立德树人的教学效果。

从学院专业建设和人才培养模式改革的实践经验和结果来看,聚焦治

---

① 陆道坤:《课程思政推行中若干核心问题及解决思路——基于专业课程思政的探讨》,《思想理论教育》2018年第3期。

国理政人才培养是贯穿以学为中心的教育教学理念，坚持"为党育人，为国育才"的办学方向，全面推动实现协同育人的教育教学改革，并取得了一定成绩。学院教师康鸿副教授、石海雄博士通过课堂改革被评为"最受学生欢迎的老师"，龚会莲教授、李蔚博士获陕西省教学创新大赛省级奖励，8名教师获校级课堂教学创新大赛奖励，5名教师课程思政教学研究成果获陕西省思想政治工作优秀研究成果二等奖。《面向基层社会治理的政治学专业本科人才实践教学探索》获得陕西省高等教育教学成果奖，《"三融合一提升"：政治学与公共管理类本科生实践创新培养模式探索》《文献导读法赋能行政管理本科专业教学模式改革探究》分别获得教育教学成果奖一、二等奖。近3年，学院教师承担厅局级以上项目18项，资助经费大幅增加。近5年，学院教学团队共获得省、校级一流课程10项，省、校级教改项目21项；获得大学生创新创业训练计划项目110项，其中国家级立项16项，省级立项36项，本科生在校内外刊物上发表论文总计41篇。毕业生对学院的总体满意度在95.56%以上，对教学的满意度在95.38%以上，对生活服务的满意度在94.25%以上；在能力提升方面，近三届毕业生职业能力达成度在92.18%以上，有98.23%以上的学生表示自己在德育素养方面得到了提升。

学院毕业生理论知识扎实，政治素质过硬，深受用人单位好评。学院融通政治学、公共管理两个学科基本理论，课程交叉融合，持续举办学术讲座、"民主协商与基层社会治理高端论坛"、"坚持和发展新时代'枫桥经验'暨基层社会治理创新论坛"、"中国政治学会青年政治学者论坛"等全国性学术活动，拓展学生知识面，激发学生科研创新活力和学术交流能力。50余名同学荣获"暑期三下乡社会实践"优秀个人、优秀论文等表彰，80余名学生积极参与中国—中亚峰会志愿保障服务工作。连续五年，应届毕业生升学率平均为23.6%，其中985、211高校占比为11.25%，初次就业率平均为81%。学院毕业生去向以党政机关、事业单位、国有企业为主，用人单位对学院毕业生的总体满意度为93.74%，其中很满意的比例为89.45%；聘用过本学院应届毕业生的用人单位中，95.72%表示未来愿意继续招聘本学院毕业生。调查显示，学生毕业三年内，有99.23%的人接受过单位提供的岗位技能和专业知识培训，有34.38%的学生获得职位晋升，成为单位业务骨干或后备人才。

培养治国理政人才是西北政法大学政治与公共管理学院人才培养模式

探索的聚焦点，也是教育教学改革的发力点，其本质是围绕"以学生为中心"的专业人才培养模式的重构。传统专业分类及其专业规格在一定程度上与新时代治国理政的实践不匹配，出口狭窄，导致毕业生就业不理想，出现了缓就业、慢就业，学院以"促进学生理想就业"为改革起点，坚持"三全育人"，推动教师朝着教书育人和家国情怀的职业发展目标有机统一，在人才成长方面聚焦"立场坚定""技能过硬"两个核心素养，在培养方式上坚持理实同修，坚持"理论课堂"与"实践课堂"协同推进，促进治国理政人才综合技能提升。

传承红色法治基因　多体联动构建大思政育人体系

鲁　洋　万　芊　刘亚琴*

摘　要：西北政法大学马克思主义学院作为省重点马院，一直以来传承着陕北公学的红色基因，并立足学校法治特色，着力构建大思政育人体系。一是将传承红色基因与发展"法学+"相融合；二是重视顶层设计和组织领导；三是深化教学改革，构建大思政育人平台；四是制定教学质量体系建设与运行办法；五是优化思政教师结构，锻造专业队伍。

关键词：红色法治基因；多体联动；大思政

一　马克思主义学院基本概况

西北政法大学马克思主义学院成立于2009年，是国内最早成立的马克思主义学院之一。2017年，由马克思主义教育研究院更名为马克思主义学院，2018年获批陕西省首批重点建设马克思主义学院，2020年荣获陕西省教育厅师德建设示范团队荣誉称号，2021年经国务院学位委员会批准获马克思主义理论一级学科硕士学位授权点，在西北地区有一定的影响力和知名度。学院下设五个教研室：马克思主义基本原理教研室、中国近现代史纲要教研室、马克思主义中国化教研室、思想道德与法治教研室、形势与政策教研室。学院师资力量雄厚，具有一支职称学历层次高、年龄结构合理、学术研究能力较强的高水平教学科研队伍。学院2004年开始培养思想政治教育专业硕士研究生，目前有马克思主义发展史、马克思主义基本原理、马克思主义中国化研究和思想政治教育四个二

---

* 鲁洋，西北政法大学马克思主义学院副院长、副教授，法学博士，研究方向：思想政治教育；万芊，西北政法大学马克思主义学院助教，硕士，研究方向：马克思主义基本原理；刘亚琴，西北政法大学马克思主义学院助教，硕士，研究方向：思想政治教育理论与实践研究。

级学科，现有在校研究生 80 余人。学院目前有二级教授 2 人、三级教授 1 人，全国模范教师 1 人，陕西"三五人才"1 人、"六个一批"人才 1 人，陕西高校优秀党员 1 人，陕西省教学名师 2 人、校级教学名师 1 人。

二 将传承红色基因与发展"法学+"相融合

马克思主义学院学科特色和优势集中体现为：一是传承红色基因。马克思主义学院传承了 1937 年成立的陕北公学的红色基因，部分学术带头人和学术骨干在中国共产党党史法治人物、延安时期党的建设、红色文化等方面有一定研究实力。二是发展"法学+"。将本学科与法学相依相透，优势互补，在党内法规、廉政文化等领域形成了一定的学术特色。在传承红色基因与发展"法学+"的过程中，近年来学院多位教师获得国家社科基金立项，其中"延安时期中国共产党防范化解重大风险研究"获批国家社科重点项目，《陕甘宁边区法制史概论》获批陕西省高等教育优秀教材一等奖，获批一个省级高校廉政文化研究中心、一个省级高校辅导员示范工作室。

三 重视顶层设计和组织领导

加强党对思想政治理论课建设的领导，是办好思想政治理论课的根本保证。思想政治理论课作为落实立德树人根本任务的关键课程，最根本的是要全面贯彻党的教育方针，解决好培养什么人、怎样培养人、为谁培养人的根本问题。2022 年 4 月 25 日，习近平总书记在中国人民大学考察时强调："思想政治理论课能否在立德树人中发挥应有作用，关键看重视不重视、适应不适应、做得好不好。"①

学校党委高度重视思政课建设，坚持和加强党的全面领导，充分发挥思政课立德树人关键课程作用，围绕国家战略需求培养担当民族复兴大任的时代新人，持续深入推进习近平新时代中国特色社会主义思想"三进"工作。学院党委在队伍建设、经费保障上全力支持学院发展建设，将马克思主义学院建设工作纳入学校"十四五"规划，列入党委和行政的主要

---

① 王易：《让思政课真正成为一门"金课"》，《人民日报》2022 年 9 月 20 日。

议事日程规划。为深入贯彻习近平总书记对加强高校思政课程建设的重要指示，孙国华书记多次来马院调研思政课建设，解决思政课建设中的重难点问题，支持学院各项事业发展。为切实提升思政课堂教学质量，全体校领导深入一线课堂开展听课指导。

近年来，学院通过强化制度和机制建设，保障教学质量，先后制定《马克思主义学院"十四五"发展规划》《马克思主义学院教学管理规定》《马克思主义学院意识形态工作细则》《马克思主义学院本科教学督导制度》《马克思主义学院教师课堂教学规范》《马克思主义学院本科课程考核管理办法》《马克思主义学院集体备课制度》《马克思主义学院听课制度》等一系列制度，确保思政课教学质量。同时，突出以学生为中心的质量文化价值导向，及时为学生答疑释惑，提升学生对思政课的获得感和满意度。

四 深化教学改革，聚焦"两个重点"

（一）树立"以生为本，以学为本"教育理念，创设新型智慧学习空间，构建师生学习共同体

学院充分发挥课堂育人主阵地作用，持续深化教学改革，对传统思政课教学模式进行全面改版升级。近年来，学院以问题导向、目标导向、需求导向、效果导向引导教师创新教学理念、教学内容、教学方法、教学手段和教学评价，创设"五环节"教学法。"五环节"的教学方法是指"导、析、设、明、行"。导，设计课程导入，诱发学生探究之心。析，运用关键词解析法，与学生一起解读，确定讲课的逻辑主线。设，创设相关情境，引出教学内容，引导学生更好地理解所学内容。明，依据学生实际，对教学内容进行生活化解构，引发学生思考、分析和概括，明确主题内涵。行，就是要求学生将课堂所学知识和掌握的方法在课后加以运用，将知识与方法转化为能力，从而提高综合素质和实践技能。"导、析、设、明、行"五个环节在教学过程中的科学设计和合理安排，能有效突破教学重难点，提升教学实效。同时，实现课堂教学由教学者为中心向学习者为中心转变，由教师讲授向教师引导转变，真正突出学生的主体性地位。

学院鼓励教师合理运用现代信息技术，积极投入课堂教学改革与创新实践。我们通过创设"1+N"线上教学创优模式，打造思政线上微课堂，探索"智能+思政"的新型智慧教学模式等，对学生个性、认知能力、素质、技能等方面进行全方位综合性培养，引导学生通过思考、质疑、研究、总结、合作、践行等进行知识能力拓展训练，有效实现思政课教学五个转化。学院还通过建设思政虚拟仿真教学实验室，打造思政课学生学习平台，实现教学内容、教学方式、教学方法、教学评价"配方"合理，使思政课"学生喜欢、终身受益"，成为政治立场坚定、具有法治基因红色基因的德法兼修人才。作为对传统教学的重要补充，思政虚拟仿真教学利用 VR 技术，借助视觉、听觉、触觉等信息的共同作用形成新的教学模式，对无法到达的场地和历史事件进行仿真、还原，吸引学生去探究、实践，以取得更好的教学效果。学习内容主要是国内著名红色景点、纪念馆、革命圣地等，形式为 VR 全景，通过沉浸性、交互性的学习，使理论教学与实践教学并重，激发学生学习兴趣，提高综合能力，输出高素质专业人才。

（二）创新实践教学方式，构建多元立体的大思政育人平台

1."五位一体"的实践课程群

近年来，我们坚持思政课的"党性""政治性""理论性""学术性""思想性"，打造"五位一体"的实践课程群。通过引导学生积极参加各类实践活动，积极探索实践育人的新路径、新方法、新机制。"习近平新时代中国特色社会主义思想概论"侧重于习近平书信诵读，由任课教师引导学生以团队方式进行，包括"阅读书信→诵读书信→讲解书信→探究书信→隔空回信"五个接续环节。"马克思主义基本原理"侧重于经典研读，如"诵经典·悟原理"实践活动；"毛泽东思想和中国特色社会主义理论体系概论"侧重于社会调查，热点分析，促进学生理论联系实际，如开展大学生讲"思政课"活动；"中国近现代史纲要"侧重于红色校史的学习宣传，如"红色校史文化"宣传活动；"思想道德与法治"则侧重于校友先进事迹的挖掘，如"西法大学子追梦青春、奉献最美芳华"系列报道。

2. 切实发挥现场教学在思政课教学中的作用

学院教师积极开展现场教学活动，曾先后带领学生在八路军驻西安办

事处、杨虎城将军陵园、西安事变纪念馆、曲江遗址公园、新农村建设、法治文化素养等基地进行社会调研，也有作为实践教学的系列参访活动，全程陪同并讲解参访陕西历史博物馆、西安博物院、半坡遗址博物馆等。指导学生参与暑期三下乡活动、日常读书会、知识竞赛与演讲比赛、大学生辩论赛、公开讲座等各种团学活动。采取原典阅读、探究式、研讨式、情景教学等综合方法，进行红色家书诵读、云参观等实践教学。通过参观考察，透过现场，回顾历史，使学生能够开阔眼界，提升思想高度，用实践检验真知，了解我们党的革命奋斗史和伟大的精神，探寻党带领人民取得胜利的原因，从而使学生自发地产生强烈的责任感和使命感，也实现了思政课理论教学与社会实践相结合，达到了理性认识与感性认识有机统一的教学效果。

3. 邀请职场行业精英与学生进行面对面交流

为增进对现实社会的感悟和验证所学理论，将现实中最具有闪光点的育人素材和育人资源，更好地用到"思政课"课堂教学之中，使"思政课"更加鲜活、更加生动，我们曾陆续邀请知名企业家、优秀青年企业家、复转军队干部等各行各业的精英，围绕经济文化建设实践、大学生成长成才、人民军队建设等主题，与学生进行了专门的座谈和交流活动，受到了广大学生的喜爱和好评，充分发挥了"大思政"的育人作用。

4. 以"微文化"育人为抓手

学院充分利用"微时代"形成的微博、微信、微视频、微电影、微团课、微党课等"微文化"，结合学校自身具有的红色文化基因，形成了有形、有声、有影、有效的思想政治教育特色。学院联合校团委结合育人工作机制，实时组织开展"微团课"的主题教育活动，通过"微团课"进行主题团日活动、大学生志愿活动、创新创业培训等，提升大学生对人生的思考、对社会的认知、对国家的奉献。同时，学院按照学校党委的统一工作部署，利用"微党课"的有效方式，深入进行以"四史"为主题的思想教育，增强学生的国家安全意识，提升学生对党的波澜壮阔史、对社会主义发展史的深刻理解，帮助学生对社会发展规律的把握，激发学生的爱国爱党爱社会主义的热情。在现实环境中以美育人，以文化人，强化在美育中融汇思想价值引领。学院按照学校制定的文化教育规划纲要，践行社会主义核心价值观引领计划，利用学校的文化底蕴营造红色文化美育氛围，不断创新丰富活动项目和内容，体现出鲜明的时代特征、校园特色和学生特点。

五 重视教学质量体系建设与运行

  为有效保障学院教学质量实施,促进教学管理的规范化和科学性,进一步提高人才培养质量,学院制定了详细的教学质量体系建设与运行办法。学院教学质量监控体系实行院、教研室两级管理,以教研室为基础教学单位、学院为组织实施主体,共同参与全过程管理。一是按照学校下达的工作部署开展教学质量保障工作。二是组织学院领导班子、教学委员会和教学督导组对学院的教学工作进行定期检查和督导。三是对检查过程中发现的问题进行整改。四是定期开展和组织各类集体备课、教学研讨、教学展示、教学比赛等活动。明确教研室在质量保障中的主要职能,主要是根据校院两级相关教学质量保障制度,结合本教研室实际制定相应办法;落实教学过程中各环节的教学质量要求;接受学院教学督导组的检查与指导;持续开展和组织各类集体备课、教学研讨、大纲及教案修订等活动。教学质量保障的主要实施方式包括三种,一是听课制。组织学院领导班子、教学委员会、教学督导和教研室主任完成听课任务;督促教师互相听课。二是检查制。建立教学检查制度。主要包括教学进度、教学材料、试卷命题与阅卷检查等内容。三是评教制。高度重视校院领导、校院教学督导、学生的评教结果。教学质量监控的主要内容包括两种:一是课堂教学质量监控。主要包括教学大纲、课程教案、教学课件、教材、板书、教学手段、教学语言、课程考核等内容。二是实践教学质量监控。主要包括实践报告、实践作业、实践考核等内容。

六 优化思政教师结构,锻造专业队伍

  一是加强师德师风建设。根据教育部《新时代高校教师职业行为十项准则》《关于建立健全高校师德建设长效机制的意见》和学校《西北政法大学师德建设委员会工作章程》等文件要求,结合实际情况,学院制定了《西北政法大学马克思主义学院师德师风考核制度》等制度,同时把师德师风考核纳入年终教师考核体系之中,会同人事处制定了《西北政法大学专职思政课教师准入和退出办法》。把思想政治素质和道德品

质作为必备条件。保证了师德师风建设有抓手，为开展师德师风各项工作提供了制度保障。同时注重对教师的培训教育，一方面注重培训内容，学院坚持将岗前培训和岗位培训相结合，建立了思政课教师轮训和书记、院长讲党课制度，将师德师风相关要求作为这些培训的重要内容之一。组织所有教师教学骨干参加新教材、新教法的轮训，要求所有专职教师参加全国高校思政课教师"周末理论大讲堂"，充分利用好各类集体备课平台，集体研讨，注重学术话语、政治话语和宣传话语的统一，将师德教育摆在教师培养首位，贯穿于学院教师教育教学、学术科研、人才培养的全过程。另一方面及时警示教育，学院通过下发《师德师风建设学习资料汇编》、召开警示教育和师德失范问题自查动员会、集中组织学习师德师风建设材料和师德师风领域典型案例、组织师德师风警示教育活动等，要求所有教师坚守师德师风底线，强化意识形态工作责任制，确保马克思主义学院成为维护主流意识形态的坚强阵地，不断提升学院思政教师队伍师德师风建设的实践成效。学院始终把政治标准作为思想政治理论课教师选聘、考核的首要标准，新任专职教师在具备马克思主义理论相关学科背景博士学位的前提下，原则上应是中共党员。

二是优化教师队伍结构。马克思主义学院按照《新时代高等学校思想政治理论课教师队伍建设规定》《西北政法大学深化关于推进重点马克思主义学院建设实施方案》等文件要求，以"政治要强、情怀要深、思维要新、视野要广、自律要严、人格要正"为指导，逐步优化思政课教师队伍，按照师生比不低于1∶350的标准，近几年来不断"配齐""建强""保障"思政课教师。整合辅导员队伍、文化与价值哲学研究院等资源，教师队伍总数、教授比例、博士比例、青年教师比例等全部符合博士一级点的要求。学院明确了学科首席专家、学术带头人和学术骨干，为进一步做好高层次科研成果获奖、项目申报获批、论文发表等工作创造有利条件。着力做好青年博士选聘工作，鼓励教师在职攻读相关学科博士学位。加强专职教师培训、社会实践、校外挂职、海内外高校进修。实行思政课特聘教授制度，选聘高水平专家担任特聘教授。马克思主义学院在队伍建设上，不断将与思政课教学内容相关的学科遴选优秀教师进行培训后加入思政课教师队伍，专职从事思政课教学；同时不断探索胜任思政课教学的党政管理干部转岗为专职思政课教师，积极推动符合条件的辅导员参与思政教学，鼓励政治素质过硬的相关学科专家转任思政课教师。

三是强化教师能力培训。第一，学院开展多层次的教师能力培训活动，形成校、院、教研室三级教学培训机制，邀请校内外名师、专家，采用专题报告、研讨交流、线上讲座、集中培训、学术沙龙、专题工作坊等形式，帮助教师掌握先进的教育教学理念，着力提升教学改革与教学创新能力。第二，通过举办智慧教学集中研讨培训，帮助教师学会运用信息化教学手段，推动慕课、翻转课堂等新的教学模式，以及互联网教学平台、智慧教学工具、虚拟实验室的广泛使用，着力提升教师信息技术与教学深度融合的意识，实现智慧的教与学。第三，学院制定了完善的青年教师教学能力提升方案，充分发挥教研室及课程团队等基层教学组织作用，通过老教师的传帮带作用，落实青年教师导师制，对新进教师进行教学能力强化培训，从师德师风、教育教学理念、教学模式方法、信息化教学等方面帮助青年教师迅速成长。学院积极选派教师参加校外骨干教师进修班、短期研讨班，统筹安排新任课教师参加教学观摩、课程进修等活动，促进教师了解教育教学前沿和发展动态，针对教学研究与课程建设项目进行专项研讨，促进教师将教学改革成果应用于教学。同时，学院十分重视开阔教师国际视野，发展对外交流，通过在国际知名学术机构从事科研，学习并汲取前沿知识技术。近年来，已有多位教师赴国（境）外交流、访学、参加国际会议、合作研究等。

四是以赛促教树标杆。近年来，学院积极组织教师参与陕西高校思政课教师"大练兵"省级展示活动、陕西省本科课堂教学创新大赛等教学竞赛活动，在以赛促教上下功夫。在全体动员、全员参与、全程练兵的要求下，充分调动全院教师的积极性，把平时练兵与临时比赛有机结合起来，掀起了互相听课、互相比赛、互相学习的热潮。教师通过参加比赛，激发了自身的积极性和创造性，通过与同行之间进行交流、学习和分享，从中汲取经验和启示，不断提升自身的教学水平，推动教育教学的创新和发展。

通过以赛促教，学院树立了一大批优秀教学标杆，激励其他教师向优秀教育工作者看齐，激发其教学热情和创新精神，提升了整个教师队伍的教学水平。目前，学院已累计产生思政课教师"大练兵"省级教学标兵8人，教学能手6人。其中1人获全国第二届思政课教学展示二等奖，2名教师获"陕西省高校教学名师称号"，2名教师入选首届全校最受学生喜爱老师。

近年来，学院围绕"贯彻'3·18'重要讲话精神主题"，总结思政课教学改革成果，先后被教育部、陕西省教育厅官网报道。学院集中优秀师资力量打造思政金课，在纪念习近平总书记"3·18"重要讲话五周年之际，与宣传部联合制作了"贯彻习近平总书记'3·18'重要讲话，展示思政育人成效，讲好思政育人故事"系列微视频共11期，微视频推出后广获好评。学院教师围绕"中国精神""中国价值""中国之治""初心使命""大思政建设"等在《光明日报》《中国社会科学报》《陕西日报》《西安日报》和"学习强国"平台等发表多篇理论宣传文章。打造"立德树人、德法兼修"，特色鲜明，均衡发展的"思想道德与法治"教学队伍，于2022年获得陕西省大思政课建设均衡发展示范高校立项。2018年以来，学院共获立教学改革重点项目4项，一般项目18项。学院积极培育教学成果，自2020年以来共获得省级教学成果二等奖1项，校级教学成果特等奖一项，一等奖2项，二等奖2项。目前建设有省级一流课程1门，校级一流课程2门。学院教师所指导过的多名本科生在"陕西省思政课大练兵"师生团队比赛、陕西省本科课堂教学创新大赛、第六届全国学生"学宪法 讲宪法"比赛、"互联网+"大学生创新创业大赛、学科竞赛、陕西省高校"双百工程"等活动中获佳绩。

以高质量有特色为目标办好公安本科专业

李 莉*

摘 要：以中国式现代化推进中华民族伟大复兴，必须筑牢人才之基。公安高等教育是我国高等教育的重要组成部分，肩负着为党育人、为国育才的重要使命。西北政法大学公安学院作为陕西乃至西部地区公安高等人才的重要培养基地，经过二十余年的实践与探索，已经形成优势学科带动辐射下的特色鲜明、布局合理、科学发展的学科体系。当前，公安高等教育迎来新的发展机遇与挑战，必须在深入学习贯彻落实党的二十大精神上持续用力，构建高质量、有特色的公安高等教育体系，积极回应高等教育发展的时代命题。

关键词：公安学院；高等教育；高质量；实践育人

公安学、公安技术两个一级学科正式列入国家《学位授予与人才培养学科目录（2011年）》，标志着我国公安高等教育迈入了规范发展、创新发展的新阶段。[①] 目前我国有两种主要的公安本科教育途径：一种是以中国人民公安大学、中国刑事警察学院等为代表的公安部或地方公安厅直属的公安院校，专门从事公安本科（专科）教育；另一种是以西南政法大学、西北政法大学等为代表的普通高校开设的公安本科专业，在法学大背景下培养公安专业本科生。公安学院作为西北政法大学下设的二级学院，属于第二种类型，多年来专注于培养公安及公安法学本科和研究生，具备雄厚的公安专业和公共安全法学人才培养以及科学研究能力。公安学院是西北地区重要的公安教育与研究基地。自2000年成立以来，学院坚

---

* 李莉，西北政法大学公安学院副院长、副教授，法律硕士，台湾中正大学访问学者，研究方向：侦查学、禁毒学、司法鉴定学。

① 周定平：《"双万计划"视域下公安院校专业建设的路径选择》，《公安教育》2022年第1期。

持社会主义办学方向，注重高质量有特色的公安本科教育发展，积极探索不同于第一类公安本科院校的发展路径。在学校领导的高度关注和学院全体教职员工的不懈努力下，学院已在教学资源、学科建设、人才培养、服务行业需求和地方经济发展等方面取得了阶段性成果。

一 明确自身发展定位，注重内涵式发展

多年来，西北政法大学公安学院紧紧围绕为党育人、为国育才的初心使命，持续关注时代变化带来的教育改革要求，以社会发展需要为导向开展公安本科专业教育教学活动。学院秉持法学基础、立德树人、服务实战、特色发展的办学理念，重视道德修养与人格塑造的重要性，积极探索公安高等教育教学及实战训练方法，大力推广信息技术运用以更好适应现代化警务新趋势，广泛开展对外交流合作以拓宽国际化视野。学院面向全国公安机关、军队、海关等部门培养高级警务人才，努力打造陕西省新型高素质警务人才和公安法学专业人才培养基地、公安科技创新高端平台、公共安全领域法律问题智库。同时，面向社会培养刑辩、应急救援、公共安全法律等领域专业人才，服务于更高水平的平安中国法治建设。

当前我国公安本科教育仍在摸索阶段，且不同地区、不同院校由于起步及专业侧重点的不同等因素，发展并不均衡。因此，为了充分发挥自身优势并确定发展方向，公安学院强调注重内涵式发展，体现出法学专业的优势与特色。学院坚持"立足陕西，面向全国，服务行业需求和国家地方经济社会发展"的服务发展定位，依托西北政法大学现有法学学科特色和优势，建立了以公安专业为主，工、法等学科门类相互支撑，交叉融合发展的专业体系。经过多年的建设与发展，形成了以侦查学、治安学、刑事科学技术、公共安全法学（法学专业）为特色的专业结构体系。学院坚持以培养高素质人才为根本，课程结构和学分学时分配合理，既满足了公安与公安法学本科生专业学习的需求，又兼顾了通识教育和实践教育。在课程设置、教学内容、师资队伍等方面都具有较强的公安专业特色。党的二十大报告中强调"推进国家安全体系和能力现代化，坚决维护国家安全和社会稳定"，其中第三点指出"提高公共安全治理水平"，明确了我国在坚持法治国家建设过程中，需重视培养公共安全领域的法治人才。2021年，公安学院就在原有公安专业的基础上新增法学（公共安

全法）专业方向，主动适应经济社会和行业发展需求，动态优化学科专业布局，将专业建设与国家重大发展战略相融合，着力打造特色专业，培养创新型、综合型人才。

近几年，学院将招生规模向优势特色专业倾斜，坚持"以质量求生存、以特色谋发展、以品牌创实力"的专业发展理念，将专业建设与国家重大发展战略相融合，着力打造特色专业，培养创新型、综合型人才，加快推进专业内涵发展。

二 坚持实战化导向，构建合理专业学科体系

公安学院坚持全面开放的办学方针，并致力于通过人才强院、不断开阔视野、打开格局来探索一贯追求的高质量公安本科教育之路。近些年，公安学院持续关注人才培育的目标定位、调整人才培养模式、构建并不断完善人才培养体系。努力塑造以公安优势专业为中心、融合法学与工学的独特学科特征，依托学校法学的强大实力作为支撑，遵循习近平新时代中国特色社会主义思想理论的精神指引，深入贯彻习近平总书记关于国家安全、公安工作、教育、科技、人才等系列重要论述精神，忠实践行立德树人理念，紧密围绕着新时期国家安全战略与公安工作的现代化、专业化、职业化要求，探索高质量公安本科专业教学和科学研究体系。

经过不断的摸索与实践，学院现已建成7个专业教研室和1个物证实验中心；有4个本科专业（1个本科专业方向）和2个硕士研究方向；本科专业涵盖法学和工学两个学科门类，在校生人数1029人；2个硕士研究方向分别是：交叉学科警事法学研究方向和司法鉴定学研究方向，在校生人数73人。司法鉴定中心虽单独设立，但中心34名司法鉴定人除4名司法会计鉴定人外均为学院专业教师。司法鉴定中心以服务社会为主，兼教学科研于一身，主要开展文书、痕迹、声像资料、法医临床、法医物证和司法会计六项鉴定业务，年受案量1600余件，教师通过检案，既丰富了教学内容，又提高了业务水平，是学院重要的实践实训基地，同时也是陕西省唯一的司法鉴定人培训基地。

学院现已建设国家级一流课程2门（"侦查措施""刑事案件侦查虚拟仿真综合实验"），国家级特色专业1个（侦查学专业），陕西省特色专业1个（治安学专业），陕西省一流专业2个（侦查学和刑事科学技术

专业），国家级实验室 1 个（公安学院物证实验中心），教育部实验平台 1 个（公安学院虚拟仿真中心）；形成"三个结合、四大模块"的实践教学体系，"三个结合"即基础技能与专业技能、单项训练与综合训练、虚拟仿真与现场实训相结合，"四大模块"即基础知识、专业技能、实习见习、社会实践四个技能训练模块。根据近三年软科中国大学排名统计的数据，西北政法大学公安学院的侦查学专业已成为学院的优势专业，在国内具有一定的影响力（见表1）。

表 1　　　　　　　公安学院 2022—2024 年软科专业排名

专业名称	2022 年		2023 年		2024 年	
	排名层次	排名名次	排名层次	排名名次	排名层次	排名名次
侦查学	B	15	B+	4	B+	8
刑事科学技术	/	/	B	11	B	14
治安学	/	/	B	13	/	/

在学生教育管理中学院凝练优势特色，秉承"继承传统、开拓创新"的工作思路，着力培养具有浓郁爱国奋斗精神底色的西法大公安青年。公安学院学生有担当、敢作为，在学校历次重大活动中能够主动请缨，在疫情期间志愿服务师生、各项学校大型活动保障安全、参与执行社会重大赛事安保工作等方面表现出色。2021 年公安学院学生参与全国第十四届运动会安保工作、2023 年参加中国—中亚峰会安保工作，因素质过硬、纪律严明得到学校和上级部门的表彰。公安学院的国旗护卫队是具有鲜明特色的学生社团品牌，自 2006 年创立以来，始终坚持以护卫国旗为己任，承担着学校日常升旗和各种重大执勤活动。一届又一届国护队员不忘初心，努力以"践行服务集体精神，展示青年学生风采"为宗旨，"严于律己，不辱使命"为自我要求，十多年的风雨无阻、甘于奉献，经过全体"国护人"的不懈努力，已经将"国护队"这一社团组织打造成了独具特色的校园文化，成为西法大校园中一道亮丽的风景，更成为学校在思想政治教育、弘扬学生爱国主义思想方面重要的"第二课堂"。成立至今，国护队已经培养了一大批政治忠诚、作风优良、素质过硬的法治人才，国护队也获得"全国优秀大学生社团""陕西省高校最佳志愿服务组织"等多项荣誉，事迹被《人民日报》、陕西省教育厅等报道，在校内外获得一致

好评。

三 重视实践育人，不断完善多元化协同育人机制

实践育人是新时期高等教育的重要组成部分，也是提高教育工作实效性的重要手段之一。公安学院主动响应这一观念，重视建设多元化实践育人体系，建立校局（企）协同共建机制，构建人才培养规格同商、人才培养方案同订、人才培养过程同育、实验实训环境同享、师资与教官队伍同建的校局（企）"五同"育人共同体，共同促进公安法学理论与警务实战的深度融合，实现资源共享、合作共赢（见图1）。学院先后与西安市公安局、陕西省公安厅森林公安局、西安海关缉私局、广州市公安局、成都市公安局等30余家省内外公安政法单位、企业建立合作关系，签订协同育人协议，建立实习实训基地，联合培养学生的实践实务能力。

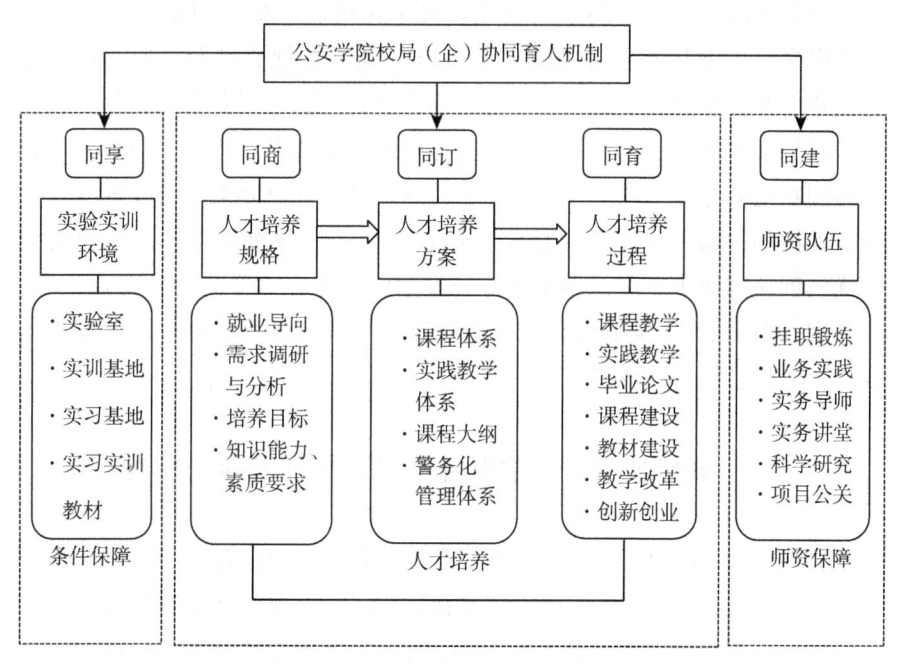

图1 公安学院校局（企）"五同"育人体系

学院不断推进实践教学改革，建设了丰富的实验课程体系，使教学内容更贴近公安工作实际。注重将公安实战技巧转变为实训练习方法，将教

室环境拓展为案件现场，将专业教学内容嵌入其中；注重把公安工作中的实际需求转化为科学研究的目标，以科研成果引领实战；学院瞄准新时期对公安工作的要求，将其中如公安大数据运用、情报分析、舆情控制等问题列入教学规划。现已建设形成包括经典刑事案件、治安案件及司法鉴定案件等案例数据库，同时建设完善学院的专业教材体系和实验实训大纲；鼓励学生参与重大活动的安全保障工作、紧急救灾行动以及稳定局势的工作，以此强化他们的实战经验，并在教学改革上密切配合这些工作，条件允许的情况下实行基于真人实事的实战式教学模式，将公安实战案例和实战需求作为实践课程和实习阶段的评价指标，形成了多元化的评价机制。

公安学院坚持科学研究与教学相结合的教育理念，持续推动大学生创新创业教育走深走实，努力建立更全面的创新创业教育体系，并将其视为教学改革的核心任务之一。学院建立了由院领导、相关部门负责人组成的创新创业教育工作机构，院团委、教务办、实验室、办公室、资料室、学生管理等部门齐抓共管的创新创业教育工作机制。积极构建和完善"普及—提高—拔尖"三个层次的"金字塔"式创新创业培养框架：首先是让创新创业思维和技能成为教学的基本内容，其次是以各类创新创业比赛来激发学生的热情，并对他们的能力进行指导和提升，最后是对那些具有潜在创新创业才能的学生或团体给予特别关注，尤其是对于科技成果转化提供支持和协助。这种三步走的方式旨在打造出一种能自我更新且可持续的优质创新创业生态圈。多年来，公安学院学生在大学生创新创业大赛、互联网+双创大赛、美亚杯电子数据取证大赛、理律杯法律辩论大赛等比赛中都取得了优异的成绩。

四 突出公安与法学融合优势，聚焦差异化发展

2015 年 12 月 8 日，中央编办、人力资源社会保障部、公安部、教育部、财政部、国家公务员局等六部门联合下发《关于公安院校公安专业人才招录培养制度改革的意见》。该意见分为指导思想和基本原则、明确公安院校人才培养定位、严格公安院校招生管理、提高公安院校人才培养质量、规范公安院校公安专业毕业生招录工作、做好特殊公安专业人才定向招录培养工作、加强组织领导和经费保障 7 个部分。尽管此前西北政法大学公安学院历经十五年的不断探索与实践，取得了不俗的成绩，但由于

该意见限制了地方高校公安专业学生参加公安联考的资格，导致公安学院的生源质量和数量不同程度地受到影响。为此，学院积极拓展办学渠道，广泛调研，强化自身优势，坚持走公安高等教育差异化发展之路。

公安学院毫不动摇坚持以习近平总书记在会见全国公安系统英雄模范立功集体表彰大会代表时强调的"对党忠诚、服务人民、执法公正、纪律严明"的总要求作为办学治院的指导方针和人才培养的基本准则。学院专注于公安工作相关的专业领域，以法学一级学科为中心，以"特色建院、人才强院"战略为根本，不断强化侦查学、经济犯罪侦查学、刑事科学技术、治安学等传统优势专业，依托西北政法大学法学优势学科，将公安专业建设与法学优势学科交叉融合，对标《普通高等学校本科专业目录》变化积极筹划开辟新专业。学院立足陕西区位特点，以服务国家安全战略为引领，制定特色专业建设中长期规划，建立从本科到硕士研究生的特色警务人才培养体系，积极引导学生"强基础、重能力、宽口径、多渠道"发展与就业。在西北政法大学领导的关心支持下，学院顺应高等教育改革发展形势，瞄准建设"行业示范、国内一流"的公安与公安法学高等教育目标，坚持以行业需求为导向，以人才培养为中心，全面深化专业建设及教育改革，探索出一条公法深度融合，校局、校企紧密合作，适应行业需要，公安特色鲜明，法学基础雄厚的公安专业高等教育发展新路。

近年来，学院改革发展成效显著，侦查学专业获批国家级特色专业，治安学专业获批陕西省特色专业，侦查学、刑事科学技术专业均获批陕西省一流建设专业，"侦查措施""刑事案件侦查虚拟仿真综合实验"获批国家级一流课程。在此基础上，多年来学院持续向社会输出公安、法律专业型人才。近三年学院本科毕业生共862人，绝大多数学生已落实就业去向，其中有98人继续攻读硕士研究生，14人出国深造，从学生毕业去向统计许多毕业生进入公安、海关、边防和律所等党政机关、国有企业等单位，毕业去向主要集中在陕西等西部省份，服务国家战略重点区域建设和基层就业。

五 以新一轮审核评估为动力，推动教学质量持续提高

2021年2月，教育部印发了《普通高等学校本科教育教学审核评估

实施方案（2021—2025 年）》。新一轮审核评估是全面落实中央教育评价改革的内在需求，是加快构建中国特色高等教育质量保障体系的重要途径，也是促进高等教育高质量发展的现实需要；新一轮审核评估的基本原则指出：紧扣本科教育教学改革主线，落实"以本为本""四个回归"，强化学生中心、产出导向、持续改进，以评估理念引领改革、以评估举措落实改革、以评估标准检验改革，实现高质量内涵式发展。2024 年 5 月，西北政法大学接受教育部新一轮本科教育教学审核评估，作为西北政法大学的二级教学单位，公安学院以此次审核评估为动力，历时一年时间，全面梳理第二类第一种审核评估指标体系（8 个一级指标、27 个二级指标、78 个审核重点），从办学方向和本科地位、培养过程、教学资源与利用、教师队伍、学生发展、质量保障、教学成效、特色发展等方面逐一对标对表，结合公安学院实际，经过多次研讨交流，学院上下明确评估重点要求，确立"以评促改、以评促建、以评促管、以评促强、评建结合、重在建设"的工作指导方针，牢固树立以教学为重心的思想，加强教学基本建设，狠抓教学常规管理，规范教学各个环节，及时发现影响本科教学质量的制约因素，采取针对性措施，即知即改，促进教风学风的进一步转变，不断提升人才培养质量。

通过此次评估，结合评估专家线上线下评估过程中所提出的问题，公安学院既坚定了自身的办学优势与定位，树立了学科专业自信，又精准发现了学院在教学质量保障、师资队伍结构优化、教师科研团队建设以及学生科研创新能力等方面的差距与不足。学院将把评估与发展紧密结合起来，一方面对标国家、行业、经济社会需求不断优化现有专业。紧跟时代步伐，掌握移动互联网、云计算、物联网等新技术对公安行业发展的影响，追踪公安行业发展的最新动态，及时将新技术影响下公安行业的新需求、新知识向专业转化，动态更新现有专业知识体系，及时培育新的专业特色与优势。另一方面积极培育跨学科专业。对标一流公安本科教育，主动打破学科专业壁垒，加强多学科交叉融合，在学科交叉融合中促进复合型人才培养。此外，学院应坚持开放办学理念，多措并举优化教学资源配置。根据学科专业建设重点与倾向调整优化资源配置，拓宽各学科专业的资源共享渠道和完善绩效考评激励机制，制定差异化待遇标准，尊重人才市场规律，优化人才生态环境，破除论资排辈，大胆遴选与引进水平高、技能强的优秀中青年"双师双能型"教师。在多劳多得和绩效激励方面持续深化改革,不断调动教师教学科研投入的积极性。

六　结语

公安学院将以新一轮本科教育教学审核评估为契机,以新时代公安本科教育面临的机遇与挑战、人才强院为内生动力,以全面提升本科教学工作水平为牵引,以人才培养高质量、学科专业有特色、科研成果有影响、社会服务有质效为目标,对标"双一流"公安院校与公安学科建设,不断规范与优化办学行为,全面深化教育教学改革,整体提升学院的核心竞争力。

精英明法承新文科使命　德能并举育复合型人才*

窦　坤　陈　河　孟　超**

摘　要：西北政法大学外国语学院以国家级一流本科专业建设点为依托，以英语专业为核心，践行新文科建设理念，突破传统文科专业间的壁垒，推动学科交叉融合纵深发展，积极开展英语+法律复合型人才培养，推动课程思政与学生实践能力培养，助力国家发展和服务社会。

关键词：新文科；复合型人才；英语

一　外国语学院基本概况

西北政法大学外国语学院是以从事外语（法律英语）教学和研究为主要任务的教学科研单位，学院前身可以追溯到1979年复校时成立的西北政法学院外语教研室。1994年开设英语（法律英语）专业并组建了法律外语系，1995年面向全国招生，是我国第一批拥有法律英语本科专业的院系之一，也是我国重要的英语+法律复合型人才培养基地之一。2006年更名为外国语学院。2013年开设商务英语本科专业，2014年开展翻译硕士专业学位研究生教育，形成了本科+研究生人才培养体系。

学院设有英语（法律英语方向）和商务英语两个本科专业，其中英语（法律英语方向）专业旨在培养具有良好综合素质、扎实外语基本功

---

* 基金项目：2023年西北政法大学本科教育教学改革研究项目"新文科建设背景下的'英语+法律'一流专业人才培养过程与效果研究"（项目编号：XJYZ202316）。本文也得益于学院审核评估自评报告。

** 窦坤，西北政法大学外国语学院院长、教授，研究方向：英语教育、外语教师教育及教育基本理论；陈河，西北政法大学外国语学院副院长、教授，博士在读，研究方向：外语教育学、法律翻译；孟超，西北政法大学外国语学院院长助理、讲师，研究方向：法律翻译、法律语言学。

和专业知识与能力，掌握法学专业基础知识，具有较强创新创业精神和实践能力，适应我国对外交流、法律、经贸、教育等各类涉外涉法行业，对接国家与区域经济社会发展需求的英语+法律复合型人才。

2008年，该专业获批陕西省法律英语精品课程。2010年，获批陕西省特色专业。2014年，入选陕西省英语专业综合改革试点项目。2020年、2021年先后获批省级、国家级一流本科专业建设点。2022—2024年，均在"软科中国大学专业排名"位居省属高校第三；在"校友会中国大学英语专业排名"中并列全省第二。

二 坚持"协同·贯通·融合"，构建一体化的"三全育人"格局

学院始终将思想政治工作体系建设贯穿于学校办学治校和人才培养之中。以部门协同、教育过程贯通、育人内容融合为理念，构建一体化的"三全育人"格局。一是以培根铸魂为核心点，通过学院书记、院长第一课，主题党日、微党课、第二课堂等形式，引导学生学"党的二十大精神""四史""校史"，强化思想价值引领。二是以课程思政为攻坚点，持续推进一流本科课程建设，发挥一流课程示范引领作用，结合实际丰富专业课程的思政内涵，不断拓展课程思政建设方法和途径。三是以德智体美劳"五育"并举为着力点，构建通识教育、思政课程和课程思政、日常管理工作交融贯通的思想政治工作体系，优化总体布局。四是以高质量队伍建设为关键点，打造高素质专业课教师队伍和党务工作队伍，夯实人才基础。五是发挥学院专业优势，与碑林区人民法院、新城区人民法院、西安仲裁委等优质企事业单位共建实践教育基地，加强英语+法律实践实训育人成效。

在思政育人方面，学院以"思政+"为统领，坚持将习近平新时代中国特色社会主义思想融入育人理念，推动各方育人主体同向同行、协作发力，全面推进"三全育人"工作格局建设。聚焦师资队伍建设，实现"全员+育人"。打造专业课教师、本科生导师、辅导员老师"三师一体"的全员师资育人平台。突出课堂主渠道作用，推进"课程+育人"。

学院还积极落实学院党委书记、院长思政课建设第一责任人职责，形成书记、学院讲开学第一课和毕业思政最后一课的思政教育闭环；结合专

业知识与实践运用搭建育人平台，将"英语角""晨读双语学习""红色经典诵读"打造成学院学生思想政治教育的坚强阵地，构建思政教育"第二课堂"，通过举办"颂党史外语配音""译校史、用英语讲校史故事"等比赛，开展"党的二十大报告全文双语学习""习近平文化思想"系列专题学习，引导学生传承红色基因。

三 锚定人才培养规格，主动对接国家社会发展需求

1. 加强课程体系整体设计，优化公共课、专业基础课和专业课比例结构，提高建设规划性、系统性

按照《西北政法大学本科课程建设基本要求及标准》，根据专业人才培养目标和培养模式要求，分析了课程与课程体系在逻辑和结构上的关系，优化了课程体系，整合更新了教学内容，改进了教学方法。

根据学校2022版培养方案的原则意见，加大实践类、创新创业类课程比例，优化选修课课程，进一步整体优化课程体系。在专业基础课、专业必修课中先后加入"法律英语泛读""法律英语基础写作""法律翻译""理解当代中国与外宣翻译"等课程，以突出专业特色，明确教学方向，提升教学质量。调整后2022版英语（法律英语方向）人才培养方案总学分为157分，其中通识必修课程40学分，通识选修课程14学分，专业必修课程59学分，专业选修课程20学分，实践学分由2018版的20学分调整为24学分。

2. 践行新文科建设理念，围绕"培育高水平教学成果"开展教研教改项目建设的举措及实施成效

（1）举措

更新教学理念：积极倡导以学生为中心的教学理念，基于学习产出的（OBE）教育模式，关注学生的个性发展和实践能力培养。每学年通过教学研讨、说课比赛等形式引导教师在教学过程积极开展案例教学、小组讨论等多种以学生为中心的教学方式，鼓励学生主动参与课堂，激发其创新思维。

丰富课程内容：不断优化课程设置，关注"五育并举"，为每门课程设定专人担任课程组组长，鼓励教师以团队协作形式丰富课程内容，注重有机融入思政元素，不仅帮助学生夯实学科知识，还引导树立正确的人生

观及价值观。

加强实践教学建设：依据"体验性+实践性"相结合的教学特点，重点突出学生的自主能力、实践能力及创新能力，构建"课堂实践教学+社会实践+专业实习"实践教学体系，形成"课内+课外""第一课堂+第二课堂""校内+校外"全方位育人模式。以学院品牌特色活动"外语文化节"、英语演讲比赛等为主线，开展"跟着民法典学英语""习近平法治思想"英文征文大赛等实践活动提升学生语言运用能力。与碑林区人民法院、新城区人民法院等法律实务部门共建实践教育基地，发挥外语专业优势，契合对方实际需求，为其在涉外案件审判业务中提供相关法律文件翻译服务。

积极推动教师发展：鼓励教师通过培训、访学等方式不断提高自身的专业素养和教学水平。在学院的支持下，每年为教师提供与教学科研相关培训及会议机会，做到"走出去、引进来"。同时，还鼓励教师参与科研活动和社会服务，将教学与科研相结合，提升教学质量。

不断强化质量监控：按照学院工作安排，积极参与教学质量监控体系的建设，通过定期听课、督导听课等方式对教学质量进行监控。同时，结合学校的学生评价机制，听取学生意见反馈，引导教师及时改进教学方法和手段。

（2）成效

通过上述举措的实施，新文科建设取得了以下成效。

学科建设特色鲜明。在新文科建设理念指引下，持续践行英语+法律复合型人才培养，强调以校本特色将英语语言学习与法律专业知识相结合，培养学生的国际视野和跨文化交流能力，先后成为省级一流专业和国家级一流专业建设点。

课程设置日趋完善。专业核心课程体系完全依据《普通高等学校本科专业类教学质量国家标准》中的要求进行设置，强化理论基础，确保本专业学生夯实理论基础，专业核心课均符合国家标准。先后对22门课程的课程描述、课程大纲及相关教案进行了更新。

同时，学院积极将课程思政融入课程教学，践行课程育人目标。目前，共计21门课程系统地将课程思政贯穿教学始终。此外，还制定了辅修专业人才培养方案以及微专业培养方案。学科建设取得长足进步，传统学科得到了更新和优化，形成了师生为"点"、课程（教学）为

"线"、学校与社会为"面"的课程、思政建设格局，确保所有教师和所有课程都积极承担育人职责，确保各门课程的思政教学目标有机融入教学计划，与思政课程同向同行为特色的学科体系。

教学成果丰富多样。先后建设"基础英语"（现名"综合英语"）、"法律英语"等2门省级精品课程，7门省级、校级一流课程。荣获省部级教学科研奖励10余项，获批省、校级教学改革研究项目20余项。积极开展科学研究，及时将科研成果反哺教学。法律英语领域的研究立项国家社科基金项目2项，立项省部级科研项目20余项，出版专著、译著10余部，编写法律英语相关教材1部。30余篇教研论文发表在国内有影响力的学术期刊上，在较大范围进行了学术思想的交流，起到了示范推广作用。

学生的综合素质和实践能力得到有效提升。教学改革有效提升了学生参与教学活动的积极性，学生给予教学较大肯定，评教结果连年95分以上。学生在"全国法律英语大赛"等专业竞赛中屡获殊荣。获国家级奖项11项、省部级竞赛奖48项，有效提升了语言运用能力。就业情况良好，就业率连年90%以上，用人单位好评率达95%。每年有近30%的本科毕业生进入中国政法大学等"双一流"高校继续深造。

四 凸显复合型特色实践教学，拓展教学方式与内容

2023年学院面向全校开办了英语（法律英语）辅修专业。开办辅修专业的目标是助力学生成为高级复合型人才，增加其就业、考研、考证、出国的竞争力，培养具有扎实英语语言基本功和专业知识与能力的应用型、复合型高素质人才。辅修专业面向本校学生，招收的新生要求达到学校相关规定。英语（法律英语）辅修专业学制为两年，修满56学分，授予在校本科生英语辅修专业文学学士学位证书。

积极开办辅修专业和微专业。贯彻"精外语，懂法律，晓商务，善思辨"的培养理念，服务校本需求、个体需求、行业需求，旨在培养熟练掌握法律英语、国际商务、跨文化沟通等相关理论知识和实践技能，兼具家国情怀和国际视野，适应新时代要求的应用型复合型涉外人才。微专业面向本校学生，招收的新生要求达到学校相关规定。法律英语（法商方向）微专业学制为两年，修满22学分，由教务处颁发学校认证的微专

业修读证书。

学院辅修专业和微专业的开办为培养适应国家经济社会发展，促进学科专业间交叉融合和高素质复合型人才，以及丰富本校学生知识结构体系，增强学生就业竞争力做出了积极贡献。

强化提升学生实践能力。学院实践教学体系紧紧围绕"高素质应用型"人才培养目标，以社会发展对人才的要求为背景，以基本能力训练为基础，以综合素质培养为核心，以创新教育为主线，积极建设、完善基于能力培养的实践教学体系，着力培养学生的专业实践能力、科学研究能力；学生的创新思维、培养学生创新能力，实践教学学分占总学分比例为15.2%。

实践教学是教学工作的重要组成部分，是理论教学的继续、扩展和深化。学院高度重视实践教学工作，注重实践教学内容的更新，着力建立与理论教学相平等的相对独立的实践教学体系，经过几年的探索与实践，已经形成了较为完善的实践教学体系。主要包括：课内实践环节和课外实践环节。课内实践环节包括教学实践环节、翻译实践环节；课外实践环节包括军事训练、各类学科竞赛、创新创业项目、专业证书、学术报告、社会实践、社会调研、专业见习、专业实习等环节。

学院实习实训基地通过多年的建设，已具备了较好的条件，基本满足了专业实践教学需要。学院采取校企合作的实践教学模式，推进产学研密切合作。在校内外企、事业单位建立学生实践、实训教学基地，让学生在专业实习、专业见习的过程中，能直接参与行业企业的各个实践环节，较好地培养了学生的实践能力。到目前为止，共在校外建立实习、实训基地15个，基本满足了本院实习教学的需要，实习实训效果良好。

五 突出师德师风第一标准，营造教师发展良好生态

学院成立有师德建设工作组，由学院党政领导班子、学术委员会代表、教研室主任代表、党支部书记代表、教师代表、组织员及行政秘书组成。在岗位聘用、职称评审、教学科研奖励、学生评教等各个方面，把师德师风作为评价教师的第一标准。同时，组织教师通过各种途径进行政治学习，提高政治素质，严守师德规范。通过政治学习，思想素质不断提高，无论何时何地都有坚定的政治立场，清醒的政治头脑，正确的政治观

点，敏锐的政治洞察力，在思想上言行上和党中央保持着高度的一致。站在坚决反对邪教、崇尚科学的前列，坚信党的领导，紧跟党的路线，坚守在教书育人岗位上，对教师职业道德牢记在心，并严格用其规范自己的言行，用以指导教育教学工作。

学院每年组织教师认真学习《新时代高校教师职业行为十项准则》、师德楷模先进事迹，同时，培树本院师德典型，大力宣传典型的先进事迹和先进经验，提高优秀教师的影响力和示范性。充分发挥广大教职工的积极性、主动性、创造性，把师德建设与教职工个人发展结合起来，增强教职工自我教育、自我完善、自我提高的自觉性，为教职工的全面发展创设良好的外部环境。通过学院组织的各类讲座和培训，提高教师思想政治素质、业务能力、育人水平、创新能力，建设一支政治素质过硬、业务能力精湛、育人水平高超的高素质专业化创新型高校教师队伍。培训工作注重理论教学与实践教学相结合，尤其是加强教师实践教学能力的训练，切实提高教师的综合能力和素质。基层教学组织通过教学活动，进行教师教学技能、教学知识体系更新、教学与科研相融合、课程思政教学设计等一系列的教学研讨和交流，提升教师教书育人能力。

近年来，学院以促进学生知识、能力、素质协调发展，培养学生实践能力和创新精神为目标，把教学内容与课程体系改革作为完善人才培养方案的主要落脚点，教授、副教授带头积极开展教学研究并取得明显成效。教师在国家级、省级和校级各类教学竞赛获奖40余人次，指导我校千余名学生在全国大学生竞赛中分获特等奖、一等奖、二等奖和三等奖。

教师的科研项目不仅为学生提供了实践操作和参与科研的机会，使学生能够将理论知识应用于实际问题的解决中，而且通过参与项目，能够培养学生的科研兴趣，提高研究能力和创新思维，同时教师也能够通过学生的新鲜视角和活力，为项目带来新的灵感和动力。这种互动促进了学术知识的传承与创新，加强了教育与实践的结合，实现了提高学生的综合素质和提升科研效果的双赢局面。

近年学院还加大了对中青年骨干教师成长发展的支持力度，着力培养具有创新能力和发展潜力的中青年学术学科带头人和中青年骨干教师，保证我院各学科、专业的可持续发展与教学科研水平的稳步提高，具体举措包括：

（1）健全完善青年教师培养新机制。将青年教师培养纳入教学科研团队建设规划，增强青年教师的归属感，帮助其找准目标、快速成才；协助学校深入实施青年教师导师制，加强过程管理，完善考核机制，将导师制作为教师业务工作的重要组成部分，将考核结果与教师资格认定、职务初聘直接挂钩。

（2）加快"博士化"进程实施力度。鼓励、引导教师到国内外重点高校优势专业攻读博士，近三年有5名教师在职取得博士学位，另有十余名教师博士在读，有效改善了教师队伍学历学缘结构。

（3）加大教师出国课程进修项目实施力度。提高教师国际学术背景，依托国家留学基金委访问学者、西部项目、青年骨干进修项目，选派了近10名具有较强创新能力、较大发展潜力的中青年教师出国进修深造。

六 构建学院质量保障体系，建设独具特色的校园质量文化

（一）质量保障体系日趋完善

学院高度重视教学质量标准建设，形成了一套可操作的管理制度，包括各重要教学环节管理办法和要求。例如，学院本科课程教学大纲编写要求、教学任务管理规则、教研活动及集体备课制度、听课制度、教师调停课管理办法、课程考核办法、本科毕业设计（论文）管理规定、本科生实习管理办法、语言实验中心开放管理办法、教材管理实施办法等。同时，学院设有督导组，负责本科教学各个环节的监督和检查。

学院质量保障体系包括质量管理体系、教学目标体系、教学质量监控体系、信息反馈体系、教学资源保障体系和教学质量激励体系。质量管理体系和教学目标体系由党政负责人、教学副院长、教务秘书及系部、教研室主任组成，负责本院教学的决策及日常运行。教学质量监控体系由党政负责人、督导组、师生共同构成，负责常规教学检查、听课检查、同行评价、学生评教等工作。信息反馈体系主要由教学副院长、教务秘书、系部、教研室主任、教学信息员等组成，负责收集、分析和反馈各类教学信息。教学资源保障体系由党政联席会、教学工作委员会、行政办公室、学工办公室、实验室、各系部等组成，负责教学资源保障、教风学风建设等。

教学质量激励体系包括奖励和惩罚，根据学校的激励竞争机制，对

教学工作作出评价并进行奖惩，具体举措如下。

（1）学院加强考风建设，出台了加强考试的管理规定，严肃考试纪律的制度文件，并执行良好。

在日常教学中，学院一直把考风考纪和学风建设作为首要工作来抓。第一，周密安排，做好考试服务保障。第二，严明纪律，加强诚信考试教育。第三，强化巡查，维护考试公平诚信。长期以来，学院高度重视考风学风建设工作，通过规范考试组织、加强巡考、交叉监考、严格处理等措施，有效遏制了考试舞弊现象，以严肃的考风促进严谨的学风建设，取得了良好效果。

（2）学院加强过程性考核与结果性考核有机结合，能力与知识考核并重的多元化学业考核评价体系。

为树立"以学生为中心、成果导向、持续改进"的理念，加强学习过程管理，加强考试管理，严格过程考核，健全能力与知识考核并重的多元化学业考核评价体系。学院持续推进过程性考核与结果性考核有机结合的课程考核方法改革。

（3）学院对毕业论文选题、开题、答辩等环节按照学校相关要求进行全过程管理，严把毕业出口关。

为确保教学质量，进一步建立和完善评估工作的长效机制。学院对教学中的各个环节不定期地开展自我评估。其中包括日常教学检查评估工作和专项检查评估工作。以教学委员会、督导组、学生信息员及教学管理人员为主体，以教学检查、师生座谈、同行评教、听课、教学督查、学生评教、教学信息员信息反馈、巡考等为手段，对日常教学运行情况、课堂教学情况、实践教学、毕业论文等教学环节进行监控，以各类各级教学会议及个别通知等为反馈渠道，建立了较为完善的教学质量监控体系，形成了全员参与的良好氛围。

通过监控及时发现问题，提出改进意见，将教学质量评价结果与教师晋级、评先、考核挂钩。将自我评估中发现的薄弱环节重点整改，并变成下一年教学工作改进的重点。随着评估的日益常态化，自我评估已成为学院进一步改进教学工作、提高教学质量的重要手段。2017年，英语专业以良好的成绩通过了教育部审核评估。

（二）质量建设成效显著

通过自我评估与质量监控，及时发现问题并采取有效措施，取得明显效果。第一，增强了教师的质量意识。通过在考核、绩效分配、晋级等方面对教学效果的要求，有效地增强了教师的质量意识，对于各类信息的反馈谦虚接受，教学态度更加端正，教学过程更加认真，如论文、试卷的检查中可看到逐年规范，已经不再出现原则性错误，历年未出现教学事故。第二，促进了学风建设。通过评估评比，及时发现存在的问题，有针对性地加以解决。如我院学生参与各类竞赛多，但参加创新创业项目较少，对此我院加大投入，鼓励学生参与各类创新创业活动，有效地提高了学生学习的兴趣。第三，提高了教学质量。通过"四课行动"等质量监控，及时发现问题并加以解决。通过课堂教学质量评估，保障了课堂教学质量；通过对实习实践环节计划、检查、总结的强化，有效保障了实习实践的质量；通过对毕业论文开题、中期检查、答辩等环节的监控，有效提高了毕业论文质量，使该项工作更好地结合实际，培养学生解决问题的能力。

"学科融合、文理艺交叉、实践贯通"的卓越新闻传播人才培养

潘 龙 陈 琦 岳 雯[*]

摘 要：西北政法大学新闻传播学院成立于2003年，学院的新闻教育可以追溯到1947年老延大开设的新闻班。近年来，学院依托学校法学教育的优势资源，以马克思主义新闻观为引领，在全媒体时代持续培养"学科融合、文理艺交叉、实践贯通"的传媒人才。学院结合教育部新一轮教育教学审核评估重点指标，构建了全媒体时代卓越新闻传播人才培养模式，从人才培养过程、教师队伍发展、学生综合素质培养和教学成效等方面取得了显著进展。

关键词：卓越培养；学科融合；协同育人

一 学院历史沿革与发展现状

西北政法大学新闻教育可以追溯到陕北公学的新闻课和此后由陕北公学等八校合并的延安大学在1947年开设的新闻班。1959年，学校新闻专业正式获批成立，是西北地区最早的新闻专业。2003年，西北政法大学新闻传播学院正式成立。学院现拥有新闻传播学一级学科硕士学位授予权（下设4个二级学科授权点）和新闻与传播专业硕士学位（MJC）授予权，其中，"法制新闻与传媒法"和"网络政治传播学"是西北地区最早设立的具有鲜明学科交叉特色的硕士学位授权点。学院设有新闻学、编辑出版学、网络与新媒体、广播电视编导和戏剧影视文学5个本科专业。其中，新闻学专业获批国家级一流专业建设点，编辑出版学、

---

[*] 潘龙，西北政法大学新闻传播学院教务秘书，工学硕士，研究方向：本科教育教学管理；陈琦，西北政法大学新闻传播学院教学副院长，文学博士，研究方向：传播学；岳雯，西北政法大学新闻传播学院教务秘书，文学硕士，研究方向：广播电视学。

广播电视编导和戏剧影视文学三个专业获批省级一流专业建设点。

学院依托学校法学教育的优势资源，坚持服务国家与社会发展、区域经济与行业需求的办学方向，遵循"法治信仰、中国立场、国际视野、平民情怀"的育人理念，按照"通晓新闻、熟悉法律、注重素养"的人才培养定位，强调人才的特色发展。培养具有马克思主义新闻观、社会主义法治理念与社会责任意识，具备扎实的新闻传播学理论功底、熟练的新闻传播实践技能与一定的法学专业功底，富有人文情怀、创新意识与国际化视野，在全媒体时代能够适应媒介融合需求的德才兼备的高素质、应用型、复合型新闻传媒专业人才。

二 "三融通"卓越新闻传播人才培养

近年来，依据两版《意见》①中对卓越新闻传播人才培养目标的表述，基于融媒时代发展对传媒人才的要求和学校传媒人才培养的特色，学院确定了以"政治坚定为前提、人文素养为驱动、创新意识为引领、专业能力为基础、法新结合为特色"的目标，以学科融合、文理艺交叉、实践贯通为思路，以马克思主义新闻观为引领，从培养目标、课程体系、培养手段、实践平台等多方面进行改革，构建了全媒体知识与信息技术应用融通、法学与新闻学融通、专业教育与创新创业教育融通的卓越传媒人才培养模式。该模式确立了以"立场信念坚定，作风素质过硬"为基石，以"全媒化复合型专家型知识储备"为支柱，以"适应媒体深度融合和行业创新发展"为旨归的"基石牢固+支柱坚实+指归明确"人才培养思路，将"三融通"贯穿新闻传播人才培养过程，为学生提供综合性的、个性化的学习体验。

（一）基于"技能+知识+职业精神教育"三位一体理念，完善培养方案修订

学院在符合国家对各专业人才培养目标和培养规格基本要求的基础

---

① 两版《意见》分别是：2013年教育部、中宣部的《关于加强高校新闻传播院系师资队伍建设实施卓越新闻传播人才教育培养计划的意见》和2018年教育部、中宣部的《关于提高高校新闻传播人才培养能力实施卓越新闻传播人才教育培养计划2.0的意见》。

上，根据学校人才培养目标总体定位，充分吸收高等教育教学改革的新思想、新方案、新成果，全面落实以"学生中心、产出导向、持续改进"为核心的 OBE 育人理念，遵循学生认知规律，服务国家发展和社会需要，科学设定本科人才培养目标，以"课程思政"为抓手，深化本科教育教学改革，将立德树人融入学生培养的各个环节，强化价值引领，将培育和践行社会主义核心价值观融入人才培养全过程。注重从培养学生德、智、体、美、劳全面发展以及知识、能力、素质全方位提升出发，充分考虑未来经济社会的发展对人才培养的要求，结合学院人才培养的优势和特色，持续优化课程体系和实践教学框架，按照技能教育、知识教育和职业精神教育三位一体的理念，培养"新闻+法学+艺术"复合人才，持续完善各专业的人才培养方案修订。

（二）综合"新文科"建设理念与媒体融合时代发展趋势，加强专业发展建设

学院全面贯彻落实"立德树人"根本任务，响应建设法治国家、贯彻落实总体国家安全观等国家战略，以马克思主义新闻观为引领，综合"新文科"建设理念与媒体融合时代发展趋势，对照国家卓越新闻人才 2.0 计划的要求，不断加强专业建设。新闻学专业入选国家级一流本科专业建设点，编辑出版学、广播电视编导和戏剧影视文学三个专业入选省级一流本科专业建设点。学院对照一流专业建设标准，持续推进一流专业建设，推进专业内涵式发展，强化一流本科专业的示范引领作用，努力实现学院所有专业整体建设水平和人才培养质量的全面提升。

1. 探索"三全育人"工作体系。学院拓展现有"入学教育+课程思政+专业教学+社会实践"红色文化育人体系，搭建大思政平台，将理想信念教育贯穿学生成长全过程；积极推动课堂革命，依托信息技术、融媒体技术创新教学方法手段，变传统课堂讲授为多方参与的开放教学系统，提升学生主体地位；加强学习过程管理，有效激发学习兴趣和潜能，探索多元化课程考核方式。

2. 以"新文科"理念为指导，持续优化人才培养体系。学院坚持以学生发展为中心，在达到本科教学质量国家标准的基础上，按照注重养成、加厚基础、拓宽口径、强化实践的思路，搭建"文理艺"结合的课程体系，积极开展产教融合与国际交流，不断创新学科体系、课程体系；

加强国际交流合作，积极引进国内外高端学者，与境内外高水平大学相关专业建立师生定期互访交流的合作机制，着力培养熟悉"一带一路"国家文化传统和传播法规的高素质专门新闻人才。

3. 持续强化实践教学建设协同育人机制。学院增加新媒体、大数据、人工智能、虚拟现实、生物传感等技术在实践教学中的应用，从平台技术构架、内容生成和分享体系方面重塑实践教学环节，通过数字资源开发、学生自主生产等措施不断扩充实践教学资源库，打造以能力培养为导向、适应新媒体行业发展需求的实践教学模式。引进文理交叉背景的师资力量，完善教师、业界高水平人才双向交流机制与协同创新机制，提高育人效能。

4. 加强专业教学质量保障体系建设。学院坚持"质量为先"的原则，大力加强质量保障体系建设。建立了以人才培养目标为依据，以人才培养方案为基础，以日常教学规范为准则，涵盖本专业教学活动全过程的质量标准体系。制定了各教学环节管理制度，建立了二级教学督导组织，形成了涵盖教学计划、教学运行、质量监控、基本建设、管理组织及管理研究等各环节的系统有效的教学管理制度体系。

（三）"以学生为中心、教师为主导"，革新教学理念，完善课程体系

学院以"以学生为中心、教师为主导"的教学理念，不断探索新的教学方式，主动推进混合式教学改革，引导学生自我管理，提高自主学习能力和学习效率。学院注重理论教学与实践操作相结合，推动学生从被动接受转为主动探索和学习，在授课中增加案例分析、小组讨论、项目式学习等环节，让学生在做中学、学中做。鼓励教师进行以学为中心的课堂教学观察，通过心得体会分享、教学反思等方式，深入理解学生的学习需求，不断调整教学策略，确保教学活动更加贴近学生的学习实际。

学院在大传播理念的基础上，按照淡化专业界限、拓宽专业口径、贴近媒体实践、注重结构优化的原则对新闻传播类和艺术学类专业的课程资源进行重新整合，构建核心课程群，并压缩原有的同媒介实践已有距离的部分课程，增加各专业共同开设的专业平台课，提高体现媒介融合前沿知识与技能的系列化课程和文化创意类课程的比重，增加帮助学生个性化发展的模块课，逐步形成专业平台课—专业核心课—专业模块课相结合的课

程体系。学院每年根据人才培养需求和课程教学效果，在全院遴选确定课程建设立项，课程建设质量由课程组—学院教学委员会—学校专家评审组三层把关，强调一流课程的建、用、学、管相结合，注重课程资源的使用实效，根据课程教学评价与反馈进一步优化课程资源，自2021年以来共有14门课程获批省级或校级一流课程。

（四）建设产学研结合的立体化实践实训体系，打造卓越新闻传播人才的核心竞争力

学院响应媒介融合时代的行业发展需求，以培养具有自强自主精神与创新创业意识，德智体美劳全面发展的高质量、复合型人才为导向，高度重视学生的实践育人工作。通过多种手段，提供覆盖校园媒体实训平台、校内外媒介技能与应用大赛、企业实习实训、社会服务项目、创新创业实践等多层次多种类的实践形式，建设产学研结合的立体化实践实训体系，打造卓越新闻传播人才的核心竞争力，取得了较为显著的成效，受到了国内主流媒体的广泛报道与主管部门的大力推介，产生了广泛辐射示范效应。

学院积极整合政府、企业以及国内外各类资源，依托全国各级政法机关单位与团体组织，联合各级新闻媒体单位，联合省内外高校、研究院以及全国各类企业，与国家统计局中国统计信息服务中心、DCKD德中艺术设计交流协会、陕西高级人民法院、陕西省民族宗教事务委员会、陕西省法学会传媒法治研究会、人民网、新华网、陕西融媒体中心、西安市社会科学院、陕西省延安市融媒体中心、厦门大学中国式现代化法律文化传播学社、四川电影电视学院等超过50家单位共同创建实践育人实训基地。

学院在扎实推进各类实践育人活动过程中，着力打造并形成了系列实践育人活动品牌。一是打造各类竞赛活动品牌，连续二十二年举办在全省高校范围内极具品牌效应和影响力的主持人大赛，鼓励学生自主创办的《闻新周报》《西法大radio》等校园媒体实践平台，多年连续开展新闻采访、配音摄影大赛等各类专业技能竞赛，开设卓越新闻传播人才创新实验班和卓越法新复合型人才创新实验班等；二是打造社会实践活动品牌，依托校内外社会实践基地，强化思想政治理论课的社会实践教学，连续多年开展暑期社会实践团队活动，组织学生赴全国各地开展"三下乡""红色之旅"等社会实践工作，积极开展社会调研、文化下乡、科技支农、公益服务以及文化传播等大学生专项社会实践活动,进一步提升学生的历史使命感和社会责任感;三是打造工作坊教学实验品牌,长期组织开设"3DMAX""3D 摄像技术""H5 交互式新闻内容制作"等前沿媒介技能专业进阶工作坊,在工作坊教学中,通过案例研讨、项目研讨等方式,营造开放氛围,提升学生对前沿知识的熟悉程度和自主学习的能力。

(五) 探索产学合作协同育人机制,打造与业界接轨教学研究生态

学院借助省重点哲学社会科学研究基地、省委网信办共建陕西网络舆情研究中心、西安市社科院共建社会治理与信息传播协同创新研究基地、西北政法大学网络政治传播研究中心等科研平台,汇聚科研资源,广泛开展科教协同育人,打造"前沿讲座+论文工作坊+科研项目+创新实践+智库服务"的本科生科研能力培养模式。本科生参与的创新实践项目获得中央政法委、共青团中央团、河北省政府等单位的表彰和推广,多篇报告获得相关部门的认可和采纳。学院不断探索产学合作协同育人机制,拓宽协同育人主体类型,打造法治新闻人才培养共同体,深化合作培养机制,形成了多方协同育人的良好态势。学院将合作单位由媒体扩展到政宣部门、技术公司、研究机构,共建"智库中心+实训基地+众创空间+国际实习项目"一体化创新平台与多样化创新项目,打造与业界接轨、与国际接轨的教学研究生态。学院构建了"政法院校新闻学院+法学会及研究中心+法治新闻媒体+政法委、网信办及法检宣传部门"的特色人才培养共同体。构建了"培养方案提需求—教学过程享资源—实习就业供岗位—工作表现检质量"各方全流程参与的"培养—反馈"环形路径,形成了以促进校外导师有效指导为突破口的长效培养机制。

三 适应"互联网+"教学需要的省级"双中心"现代传播实验室

学院现代传播实验中心跨越学校南北两个校区,总面积达 3000 平方米,建设投入达 3000 万元,被评为"陕西省级实验教学示范中心"和"陕西省虚拟仿真实验教学中心"。建有新闻摄影实验室、全景演播厅、新媒体创意实验室、融媒体指挥中心实验室、XR 元宇宙演播厅等各类专业实验室。拥有 4K 高清摄像机、全景照相机、无人机、便携式导播台等

等各类前沿仪器设备。

学院依托现代传播实验中心成立了"跨媒体协同创作实践基地""戏剧影视专业实践基地",建设了西法大融媒体平台、虚拟仿真教学平台、大数据科研教学平台,汇聚并集成教学案例、教学素材、教学数据等教学资源。通过加强政产学研合作,建成西部高校首个"元宇宙内容生产基地""AIGC智能普法基地""3D与新媒体影视创作基地"等教学资源生产平台。能够满足学院各专业实践实训活动,平均实验教学年人时数为17000,为学生自主实验提供了丰富资源。

四 弘扬高尚师德,提升职业素养,打造专业团队

(一) 把师德师风作为评价教师的第一标准

学院始终坚持把教师思想政治建设放在首位,把师德师风作为评价教师的第一标准,充分发挥学院党委的政治核心作用,在教师引进、课程建设、教材选用、学术活动等重大问题上严把政治关,把握好政治原则、政治立场、政治方向。学院制定了《教师党支部政治理论学习计划》,开展习近平新时代中国特色社会主义思想系统化、常态化学习,重点加强习近平总书记关于教育的重要论述的学习。制定了《师德师风考核办法》《师德师风建设实施方案》等,明确在综合考评、职务评聘、评优奖励中实行师德失范一票否决制。组织专题学习了《新时代高校教师职业行为十项准则》和《陕西省高校教师师德失范行为处理办法》,印发《师德师风学习资料汇编》,组织开展了多种形式的师德师风学习教育。

(二) 全面提升教师教学能力、科研能力、信息技术应用能力

近年来,学院全面坚持教育创新,确立符合时代发展要求的教育思想和教育观念,改革教育教学方式和方法,坚持用改革和发展的观点编制学科专业建设规划,着眼于未来现代传播技术发展,立足社会需求来研究学院学科专业的发展,不断提升学院教师的育人能力和水平。学院通过教学观摩、教学比赛、学术沙龙等形式,建设专业内学术交流平台,增强教师间的沟通与合作,鼓励教师不断掌握现代教育技术,创新教学方法,提高教学效果。依托学院公共平台课打造课程团队,以老带新,落实授课AB

角制度，实现教师资源赓续不断。学院鼓励教师短期培训、继续深造和学术交流，支持教师积极参加专业、行业领域的研讨会和论坛，邀请国内外知名学者和业界专家到校开设讲座，聘请中国新闻奖等行业最高奖得主担任实务导师和兼职教授，将行业先进经验及时补充进教学内容。依托立格联盟、长安联盟等教育共同体，广泛开展新闻传播学院的交流合作。持续改进教师的管理服务工作，营造开放、包容、创新的工作氛围，探索和改进绩效考核方法，制定科学、公正、透明的绩效考核标准，涵盖教学效果、科研产出、社会服务等多个维度，建立同行评价和学生评价机制，不断激发教师教学科研等各项工作活力，着力提高学院整体教育教学质量。

学院积极推进以赛促教，近年来学院教师先后荣获学校第二届、第三届课程思政大赛一等奖，并被授予"西北政法大学课程思政教学标兵"称号；荣获学校第三届教师教学创新大赛二、三等奖，陕西省第四届本科高校课堂教学创新大赛优秀奖和第五届教师教学创新大赛三等奖。学院辅导员先后荣获暑期"三下乡"活动省级先进个人，学校暑期社会实践优秀指导教师、校级优秀辅导员，陕西省第二届高校学生心理健康教育课程教学大赛三等奖，"形势与政策"讲课比赛一、三等奖等奖项。

自 2021 年以来，学院教师发表论文 318 篇，其中 SSCI 来源期刊 1 篇，CSSCI 来源期刊 70 篇，C 扩 7 篇；科研获奖 37 项，省级科研获奖 7 项；出版专著、教材 16 部；获批纵向科研项目 27 项，其中国家级 2 项，省部级 14 项；签订横向项目 79 项；获批省教学成果奖一等奖 2 项，省级、校级教改项目 26 项；"陕西高校优秀教材"二等奖 1 项，陕西省哲学社会科学、司法部、中国法学会等省部级优秀科研成果奖一等奖、二等奖、三等奖共 8 项。

五 贯彻"立德树人"根本任务，全面提升学生综合素质培养

（一）加强学生理想信念培养

学院严格落实立德树人根本任务，坚守为党育人、为国育才使命，着力提升学生理想信念和品德修养，努力培养堪当民族复兴大任的时代新人，用心、用情、用力开展学生工作，主要举措有：

1. 守正创新，铸魂育人。学院深入学习贯彻党的二十大精神和

习近平总书记关于教育的重要论述，开展了庆祝共青团成立100周年系列活动和"学习二十大 奋进新征程"学习宣传贯彻党的二十大精神教育系列活动；结合新闻传播专业学生特点、围绕学生工作关键节点，对学生开展特色鲜明、吸引力强的思想政治教育。

2. 以赛促学，活动育人。成功举办多届西北政法大学主持人大赛、团支部风采大赛、电子竞技大赛，举办优秀学生表彰大会、读书交流总结暨表彰大会等学生参与度高、喜闻乐见的校园文化活动。

3. 五育并举，德育为先。学院深入开展学生爱国卫生运动和劳动教育，努力培养德智体美劳全面发展的社会主义建设者和接班人。以庆祝建校85周年为契机，开展校史校情教育，提升学生爱校荣校意识；主动占领网络思想政治教育阵地，以青蒲工作室为基础，积极探索行之有效的网络育人新模式，进一步构建网络育人新阵地。

（二）推进学风建设，促进优良学风稳步形成

学院多措并举、全面系统推进学风建设，教育学生端正学习态度、明确学习目的、遵守学习纪律，促进优良学风的稳步形成。教育引导广大同学爱国、励志、求真、力行。严抓常规教学管理、教学质量，课程思政基本覆盖，课程体系稳步建设，教学活动守常拓新，教材建设顺利推进，实践教学创新发展，实习组织继续加强，学生教育纵深推进，与优良的教风、学风相互促进，积极营造良好的育人氛围，全面提高教学质量和人才培养质量。学院每周定期开展学生工作专项会议、查课、走访学生宿舍等工作，全年进宿舍百余次，查课百余次，逐步形成了"思政教育、党建、团学、资助、心理、网络、安全、学风"等为一体的育人格局。

（三）探索学生成长增值评价

1. 重视学生学习体验。为学习宣传贯彻党的二十大精神，营造良好的校园阅读氛围，学院多次举办读书系列主题活动以及"阅·思·享"读书沙龙特色活动，有效地激发了学生的读书热情，推进了学习型组织建设，营造了书香校园氛围；为缓解学生对英语四六级考试的焦虑，营造良好的英语学习环境，学院多次举办"我和四六级有个约"英语学习打卡活动，激发学生备战英语四六级考试的热情，提高学生自学效率，为进一步加强学院优良学风建设、丰富校园文化生活添砖加瓦。

2. 重视学生自我发展能力。学院连续二十二年举办的西北政法大学主持人大赛是学院最具影响力的品牌学生文化活动之一，大赛突出了学院实践与学习相结合的特点，赢得了学校师生、陕西省各高校及电视台等单位的一致肯定；学院积极动员学生参与"挑战杯"大学生课外学术科技作品竞赛等相关竞赛，激发团员青年们参与竞赛的热情，提高大家的积极性和主动性，营造勇于挑战的良好竞赛氛围。

3. 重视学生职业发展能力。为引领学生明确未来发展方向及就业规划，树立正确的学习观、发展观、就业观，提高学习积极性与工作自主性，推动自身多维能力协调发展，学院每年开展"就业引航"系列活动。

（四）追求卓越，硕果累累

自 2021 年以来，学院本科生获省级及以上各类学科竞赛奖励 81 人；以第一作者、通讯作者在公开发行期刊发表论文 40 篇；获批国家发明专利 28 项；获省级以上艺术展演、体育竞赛参赛奖项 30 项。在创新创业类比赛中，学院本科生近三年共获 98 项互联网+作品和 115 项其他创新创业类比赛奖项，包括大学生创新创业项目、挑战杯、三创赛、秦创营等。其中国家级项目学生数 51 人、省部级学生数 166 人、校级学生数 349 人。

六 卓越新闻传播人才培养路径下的教学成效

为实现卓越新闻传播人才培养目标，学院构建了一系列紧扣使命、发挥优势、凸显特色的建设路径。

1. 固本培元，在价值塑造、素养培育的基础上求变创新，改革课程体系与实践体系，夯实学生专业基础。以马克思主义新闻观为引领，综合开展多维度的实践活动，注重学生社会责任感、创新精神和实践能力的培养。注重知识连接与课堂实训、专业实习、社会实践的贯通，培养学生社会责任感，构建贯通课堂实训—校园媒体—专业大赛—社会调研—合办节目—社会服务—专业实习—创新创业的完整实践教学链条。

2. 跨学科构筑"法新结合"人才培养特色与竞争力。学院以学科建设引领教学，拥有西北地区唯一的法治新闻与传媒法硕士点与网络政治传播硕士点，通过联合法学学科建立培养平台，实施人才培养方案的项目化。与法学院共同开设近 10 门课程，选拔新闻传播学专业、法学专业优秀学生组建卓越新闻传播人才实验班、法新复合人才实验班。

3. 协同育人，产出导向，主动对接社会与行业发展需求，开展社会服务项目，提升学生创新实践能力。学院以课内课外、校内校外、政府企业、国内国外等多种资源融合为支撑，与多个部门单位进行了合作，构建了跨领域、跨地域的协同育人机制，弥补了校园教育开放性、多元性不足的短板。

4. 依托"一带一路"倡议，建设海外实习基地，打造特色化海外实习项目，拓宽学生国际视野。通过开设国际化课程，培养学生的中国立场、国际视野，鼓励学生访学交流。通过建立海外实习基地，提升学生向世界传播中国形象的实践创新能力。组织五批学生赴德参与"一带一路"共建国家的调研采访，拓宽学生的国际传播视野与提高实践能力，提升讲好中国故事、传播好中国声音的能力。

在以上培养路径下，近三年来各类校园全媒体实践能力培养平台全年生产作品逾千条；三届毕业生团队完成40余部纪录片、剧情片；各项技能大赛培育优秀作品超百部；"主持人大赛"为省市级广播电视台等媒体直接输送20余位优秀学生；"半壁山镇借助新媒体提升基层党建与社会公共服务"项目获团中央表彰；《庄严的审判》《汉吏张汤》等师生原创剧目获省级奖项，公演产生良好社会反响；学生升学比例持续提高；毕业生升学满意度、学生对学习与成长的满意度和用人单位的满意度长期保持高比例；一线城市企事业单位就业人数逐年增加。

结　语

在今后的本科教育教学工作中，学院将以目标更具体、能力规格更高、实践导向更鲜明的具有"家国情怀、国际视野、高素质、全媒化、复合型、专家型"人才为培养目标，努力培养"信念执着、品德优良、知识丰富、本领过硬"，有气魄、敢担当、能干事的卓越新闻传播人才。

"法商融合 思政育人"的本科教育教学发展路径及改进策略[*]

李晓宁 赵 参 冯 颖[**]

摘 要：在本科教育教学审核评估中，商学院（管理学院）坚持"以评促建、以评促改、以评促管、以评促强"，在师资队伍、教学资源、教学过程、学生发展、教学管理及质量保障方面等开辟了有效的发展路径，同时形成了两方面的特色优势：一是以一流专业建设为引领，突出法管结合，打造法商融合人才；二是依托学科竞赛，立足专业优势，思政育人成效显著。但是，学院在提高教师教学水平、强化协同育人成效、加强教学管理与质量监控、深化专业建设力度等方面需要进一步完善改进。

关键词：本科教育教学；人才培养；教学质量

一 引言

西北政法大学商学院（管理学院）前身可以追溯到1940年中国共产党在民主革命时期创办的陕甘宁边区行政学院财政经济系。随后，历经西安政法学院经济系、西安政治经济学院经济系、西北政法学院政治理论系、西北政法学院经贸系、西北政法大学经济管理学院等多个发展阶段，直至2014年商学院从原经济管理学院分离出来成为独立学院，2019年学校又为商学院加挂了"管理学院"牌子，目前商学院与管理学院合署

---

[*] 基金项目：2024年西北政法大学本科教育教学改革研究专项项目"基于审核评估整改的二级学院本科教学质量保障体系优化研究"（项目编号：XJXBZ202402）。

[**] 李晓宁，西北政法大学商学院（管理学院）院长、教授，经济学博士，研究方向：社会保障理论与政策、人力资源开发和劳动关系管理、民生审计；赵参，西北政法大学商学院（管理学院）书记；冯颖，西北政法大学商学院（管理学院）副院长、教授，管理学博士，研究方向：资源经济与环境管理、土地资源可持续利用、资源环境审计等。

办公。

截至2023年年底，学院有教职工88人，在籍在校学生1670人，其中本科生1126人，硕士研究生544人。学院拥有公共管理一级学科，下设形成"7+2"学科专业体系，分别是行政管理、教育经济与管理、社会保障、土地资源管理、审计学、数字治理、应急管理7个学术学位硕士授权点，以及审计（Maud）、公共管理（MPA）2个专业学位硕士授权点。在本科层面，学院构建了"5个一流专业+1个新设专业"的专业布局；其中，电子商务及法律、财务管理专业为国家级一流本科专业建设点，电子商务及法律专业也在"软科中国大学专业排名"中连续三年排名第一，层次为A+；市场营销、人力资源管理、审计学专业为省级一流本科专业建设点；跨境电子商务是新设专业，于2023年获批并开始招生。

自建院以来，商学院秉持凝聚合力、共谋发展的理念，以学科建设为龙头，聚焦本科教育基础地位，全面落实"以本为本"，根据"以评促建、以评促改、以评促管、以评促强"的新要求，从师资队伍、教学资源、教学过程、学生发展、教学管理及质量保障等方面开辟发展路径，取得了长足进步并形成特色优势。

二 提升师资队伍的教学科研能力

（一）加强师资队伍和师德师风建设

近年来，学院不断加强师资队伍建设和师德师风建设，高学历与高级职称教师数量稳步增长，教学科研相长效果明显，教师队伍质量显著提升，为高质量的本科教育教学奠定了坚实基础。

目前，学院拥有一支治学严谨、成果卓著、结构合理，具有较高教学水平和学术影响力的师资团队，有教职工88人，其中教授12人，副教授26人，讲师36人，教辅及行政人员14人，教师博士化率超过70%。教师队伍中有教育部专业教学指导委员会委员1名，陕西省教指委委员2名，担任省级学会常务理事以上学术职务教师15名。教师获得多项人才荣誉称号，其中有陕西省科技新星4人，省级教学名师2人，省级师德先进个人1人，省特支计划教学名师1人，省杰出青年人才1人，甘肃飞天学者1人；校级教学名师2人，校长安学者4人、长安青年学者2人、长安青年学术骨干 7 人。近五年，教师承担了国家级、省部级等纵向科研课题 150 余项，获得 13 项省部级以上教学科研成果奖。学院在全校教学单位目标责任考核中连年稳居首位，连续四年考核结果均为优秀。

坚持思想铸魂、价值导向、党建引领原则，通过师德师风专项教育培训和宣传，切实推进师风师德建设。坚持把师德师风作为评价教师的第一标准，实行师德"一票否决"制度和新入职教师师德承诺制度，党支部书记对新入职教师进行"一对一"谈话，不断推动师德建设常态化、长效化。此外，通过挖掘教书育人、师德师风典型人物事迹等，引导青年教师树立正确的职业理想。

（二）提升教师教学核心能力

通过"外引内培"强化教师队伍建设，聘请和柔性引进青年博士、知名专家学者充实教学队伍，鼓励教师短期进修或外出访学。近三年，学院从国内外知名高校引进 4 名优秀博士，每年选送 2—3 名中青年教师出国访学或国内深造，聘任西安交通大学管理学院葛京、美国奥本大学张耀启等担任客座和兼职教授，同时聘任 37 名实务经验丰富的企业经理人或行业专家担任实务导师，极大地提高了教师团队的教学实力。

鼓励教师开展教育教学改革或探索教学新模式。动员教授、副教授带头进行教研教改考改创新，以教育教学改革带动教学创新成果的涌现。近五年，全院教师获批各类教革项目 38 项，其中省级教改项目 4 项；获得教学成果奖 13 项，其中省级教学成果奖 5 项；获得课堂创新大赛奖 13 项，其中省级课堂创新大赛奖 2 项；与企业共建教育部产学研项目 6 项，发表教学改革类论文 60 余篇。

组织教师参加全国性教学研讨和专业培训，安排新教师参加系统的入职培训；经常性开展基层教学组织交流活动，落实互听课制度；定期开展名师示范课、研究型教学观摩、教学技能竞赛、课程思政公开课等教学活动；开展课程资源建设、课堂教学创新、多媒体课件设计等培训，促进教师教育教学能力提升。

（三）增强教师科研创新能力

督促教师积极申报科研项目，鼓励教师将科研成果转化为教学资源，或者将科研项目作为教育教学创新驱动点，以实现教研相长。近五年，全院教师主持各类纵向科研项目157项，其中国家级课题7项、省部级课题37项、厅局级课题69项；教师以第一作者身份发表论文533篇，在SSCI二区、CSSCI核心期刊发表C1类以上高水平论文38篇、北核以上论文170多篇，出版学术专著17部；同时，教师获得省部级以上科研奖励8项、厅局级科研奖励23项；学院青年学术创新团队成果丰硕，在全校13支创新团队考评中获得第一名。

自建院以来，连续主办八届全国风险与危机管理学术研讨会，每届参会人数在200人左右，相继出版《风险与危机管理研究》学术研究辑刊7部，"风险与危机管理研究中心"于2021年获批省级哲学社会科学研究基地。联合东吴大学承办5届"海峡两岸财务审计与法治会计学术研讨会"。加强对外学术交流，组织教师参加全国审计专业联盟年会、全国电子商务及法律专业联盟年会、中国管理科学年会等专业或学术研讨会，不断邀请国内知名学者为师生开展学术讲座。

本着"统筹协调、服务需求、校企合作、协同育人"的原则，学院坚持以产出为导向，以新文科建设为抓手，通过政府、企业、高校多主体协同育人的产教融合机制，提升教师教学能力和产学研用能力；同时，鼓励教师主动承担企业委托的横向课题，推动科教融合发展。近五年，教师共主持横向课题136项，大大促进了高校教育和产业行业联动发展。

(四) 促进教师投入与发展

制定教学团队长期建设规划，建立由资深教授担任负责人的教学团队，要求所有教授、副教授给本科生上课。据统计，教授为本科生授课年均达到99学时，副教授年均为147学时。完善本科生导师制，督促教师全程参与本科教学环节，如指导本科生学年论文、毕业论文，以及指导学生参加挑战杯、创新创业、社会实践、社团活动、竞赛展演等系列活动。

建立以"十个一"为目标任务的系部工作考核机制，要求各系部主任在月度例会上汇报"十个一"目标任务进展情况，年末系部评优也以此作为奖惩依据，由此推动基层教学组织开展教学科研活动。定期开展教研室集体备课、教学观摩、教学研讨等，要求各系部加强与其他高校基层教学组织联络，例如我院电子商务系是教育部电子商务专业虚拟教研室第一批成员单位，积极参与了虚拟教研室建设的系列活动。

注重加强"双师双能型"教师队伍建设，现有"双师双能型"教师

13 人。鼓励教师参与实践锻炼，动员教师到企事业单位或政府部门挂职。近五年来，学院先后有 12 名教师到陕西省应急管理厅、审计署西安特派办、陕西省审计厅、校审计处等职能部门挂职。

三 加大教学资源平台的充分利用

（一）加强教学基础设施建设

牢固树立本科教育的核心地位，持续提升本科教育教学经费投入，将各项资源优先配置到本科教育教学上，积极推进现代信息技术与教育教学深度融合，加强优质教学资源建设与共享，发挥国家级、省级在线精品课程共享、优质教学资源示范的引领作用。

当前，学院各项基本教学设施齐全，图书资料丰富，实验室建设较为先进，能够较好地保证本科教育教学开展。学院资料室拥有 2 万余册专业图书资料，有 3000 平方米左右、硬件设施齐全的计算机实验室与经济管理虚拟仿真实验室（省级虚拟仿真实验教学示范中心），另有电子商务直播虚拟仿真实验室、大数据审计实验室，其中大数据审计实验室于 2023 年获得"陕西省高等学校重点实验室"称号。学院持续加强教学投入和设施维护，购买了中国工商管理案例数据库、中国公共管理案例数据库等 24 套电子数据库及专业教学软件等，并积极争取社会捐赠，保证实验教学平稳运行。

（二）校企协同构建育人平台

围绕本科人才培养定位，深入开展合作培养、合作共育、合作开发等模式。学院与审计署西安特派办、陕西省审计厅、陕西延长石油（集团）有限责任公司、益友会计师事务所等 66 家单位签署实习基地共建协议，有效拓展培养平台，使学生享有更多社会资源。近五年，有 13 项企业开发教学案例获奖，来自企业实务领域的毕业论文选题有 1109 项，约占毕业论文总数的 68%。

依托雨课堂、慕课（MOOC）和超星平台建设了一批大规模在线开放课程及其他网络课程资源，在课堂教学中加强教学互动，教学效果较好。鼓励教师在服务企业的同时，将课题服务成果转化为教育教学资源，或者通过高质量服务获得政府委托课题，促进社会各界对本科教育教学的充分支持。

四 夯实人才培养过程的重点环节

（一）基于 OBE 理念不断完善人才培养方案

将"学生中心、成果导向、持续改进"的理念融入人才培养方案，实施"四年大调、两年小调、每年微调"的动态调整机制，保证人才培养方案充分反映社会需求。根据市场调研结果，从产出导向重构课程体系，明确各专业相关课程的关联度，细化毕业要求达成矩阵。例如，人力资源管理专业以 SPHRI、ACI 资格认证为导向，审计学专业嵌入 ACCA 主要考试科目的课程教学，财务管理专业嵌入 CPA 课程，以此推动学生全面参与相关执业考试。另外，在人才培养方案中为每个专业设置 10 门左右的法学课程，强化"法商融合、法管结合"的特色优势，夯实"精商明法"型人才培养的基础。

定期召开师生座谈会或到实习就业单位调研，征求有关专业人才培养方案修订意见，设计人才培养的最优方案。在人才培养方案中，实践学分占总学分比例接近 30%；严格执行《商学院课外 10 学分认定与管理办法》，要求学生制订课外学习计划，积极参加校内各种学术或实务讲座、学科竞赛、创新创业训练计划、文体和公益活动等，取得相应的课外附加学分。

（二）多措并举推进一流本科专业建设

以一流本科专业建设为龙头，积极推动课程建设、教材资源开发，打造高水平教学团队，开展课程思政建设和课堂教学创新，深化教育教学改革，组织开展学科专业竞赛，加强专业建设交流研讨，强化集中实习实训等，促进一流本科专业高质量发展。近五年，学院成功获批 2 个国家级和 3 个省级一流本科专业建设点，除跨境电子商务（新设专业）外，其余专业均在软科排名 B+以上。成功打造 4 个省级以上高水平教学团队，推动电子商务及法律、网络调查与数据整合分析、绩效管理等 27 门课程开展线上线下混合式一流本科课程建设，其中建成国家级一流课程 1 门、省级一流课程3门、校级一流课程12门。通过以赛带教、以赛带学提高学生实践能力培养，学生在各类学科专业赛事中获得校级以上奖励百余项。

开展专业优化布局及动态调整，实施专业预警退出机制。2021年，学院开始实施工商管理大类招生，经过两届学生的专业分流，市场营销专业因未达到最低开班人数而被自然淘汰；同时，根据市场调研，积极申报跨境电子商务新专业，于2023年成功获批并于当年开始招生，至此阶段性地完成了专业的动态优化调整。学院还面向全校本科生开设审计学专业辅修以及市场营销、数据分析及应用两个微专业招生培养，健全专业梯队建设。

（三）以学为中心推动课堂教学革命

督促教师将主要精力投入教学资源建设和课堂教学中来，推动课堂教学革命，尽量避免"满堂灌"，使教师由教学的主导者转变为引导者，使学生真正成为学习主体。督促教师在课堂多开展启发式、讨论式、研究型教学，提升学生自学能力、思辨能力、创新能力和应用能力。结合MOOC、超星平台、雨课堂等在线开放课程，通过引入优质教学资源和自主开发线上资源，鼓励教师开展线上线下混合式教学。目前，90%以上的教师利用各种线上资源进行授课，使教学质量大大提升。

（四）对外协同构建实践教学体系

坚持以能力培养为导向，确保本科教育实践教学具有连续性，构建以课程实验（实训）、专业实践、特色创新实践、课程思政实践、第二课堂等环节为基本框架的实践教学体系，实现理论教学和实践教学的协调与贯通。推动政企校三方协同合作，充分利用实践育人资源，积极拓展校外实习实训基地。通过实习实训基地强化学生实习的专业对口性，为学生实习实践能力的提升提供了保障。学院每年的集中实习率保持在70%以上，多次获得学校实习实践优秀单位。

（五）不断完善创新创业教育体系

积极开展双创教育，面向全校学生开展"大学生创新创业基础""创新创业训练""职业生涯管理"等必修课，培养学生的创新创业意识和创新创业能力。实施"导师+项目+团队"创新创业工作机制，利用实验室、实习实践基地等平台支撑学生开展创新创业训练、成果孵化。加强创新创业基地建设，构建大学生创新创业训练计划体系，指导学生参加创新创业竞赛。2017 年学院获批为陕西省高等学校创新创业教育改革试点学院，2019 年又获批为陕西高校创新创业研究与培训基地。自 2020 年以来，成功立项创新创业类项目 382 项，覆盖学生 2000 余人次，涉及指导教师 700 余人次。持续开展 SYB 创新创业培训，至今已培训学生 4000 余人。

五 塑造学生全面发展的有力措施

（一）培养学生做红色基因传承者

充分发挥学校红色文化资源的育人作用，教育引导学生坚定政治立场、树立远大理想。学院书记、院长带头讲"开学第一课"，宣讲习近平新时代中国特色社会主义思想和党的二十大精神，宣讲党史和红色校史，激励学生自觉传承学校红色基因。充分挖掘各专业课程中的思政元素、红色因素，注重用前沿知识、数据对比、历史人物事迹，增强学生的爱国主义精神，涵养家国情怀，增添学习动力。依托学院公众号开设"榜样力量"专栏，发挥网络和新媒体育人功能，营造了积极向上的育人氛围。

（二）培养学生做新时代奋进者

坚持发扬艰苦奋斗、勇于创新的优良传统，加强学风教风作风建设，使师生展现出良好精神风貌。学院制定加强作风建设八项措施、师德师风"五个坚持"要求，把作风建设落实到细处。通过学生党支部、一站式学生社区，定期与学生座谈，选聘学业导师、成长导师常态化指导学生，及时为学生排忧解难。通过专业导论、主题班会、职业生涯规划比赛、专家校友讲座等活动，加强职业生涯规划教育，帮助学生规划大学生活和职业定位。

持续开展晨读晨练系列活动、"学业互助"活动、新老生交流会等，传承好习惯、好做法、好学风。开展志愿服务、学业帮扶、宿舍公约评比等活动，引导学生励志上进。承办全校优秀学子报告会，大力宣传先进典型，发挥朋辈作用，形成育人合力。2023 年，在校学生社区工作创新案例评选中,学院获得"十佳案例"2篇、"优秀案例"15篇。

(三) 培养学生做高素质专业人才

实施工商管理大类招生培养,注重对学生整体知识体系的构建。在打牢专业知识的基础之上,努力拓宽学生知识面,引导学生积极参加社团活动,注重学生的综合素质培养,促进学生全面发展。经过严格规范的系统培养,使学生专业能力突出、实践能力良好,在未来能担重任、挑大梁。90%以上本科毕业生能获得国家认可的职业资格证书。

加强劳动教育,坚持用劳动塑人,增强价值认同,磨砺坚韧品质。学院党委、团委、学生会组建青年志愿者服务队,在迎新及各类创新创业大赛、学科竞赛中完成2000余人次志愿者服务工作,尤其是110名学生服务中亚峰会和"十四运"得到举办方的好评和赞许。开展校园爱国卫生运动和学雷锋活动,设立"勤工助学义岗""志愿服务先锋岗",帮助学生树立正确的劳动观,养成崇尚劳动、尊重劳动的良好习惯。

六 构建教学管理及质量保障的制度体系

(一) 严格落实教学管理制度

制定系统的教学管理制度,确保本科教学工作平稳有序进行。对于教师而言,首先要求教师做好授课的充分准备,制定详细的教学计划和课程大纲,严格按照教学大纲和教学计划开展教学。其次,建立有效的课堂管理制度,要求教师严抓课堂纪律,确保学生能够专心听讲。再次,定期开展中期教学检查,全面发现教学工作的不足,并采取针对性的改进措施。自2018年以来,商学院连续八次在全校中期教学检查评比中获得优秀,受到大家的一致好评。最后,严格落实本科生导师制度,强化专业教师对学生的学业指导、就业指导及生活指导,提高人才培养质量。

针对学生而言,加强学生学业管理,健全学生学习过程监测、评估与反馈机制。建立学业考核多元评价体系,使过程性考核与结果性考核有机结合;出台《商学院本科课程考核管理办法》,加强考试管理,严肃考试纪律,端正考风考纪。建立健全学业预警制度,定期通报和提示学生学业进展情况。严把毕业出口关,出台《商学院本科生毕业设计(论文)工作管理办法》，建立大学生毕业设计（论文）管理系统，加强过程化管理。

（二）完善教学质量保障体系

构建常态化的教学质量考评体系，形成了教学质量监控机制。建立涵盖教师、学生、院级领导、教学督导、教学管理人员，共同参与、全方位、多层次的教学质量监控体系；落实校院两级教学督导机制，除教务处安排的1名校级教学督导外，学院还选聘了7名资深教授作为院级教学督导；通过课堂听课、中期教学检查、考试巡视、试卷查阅、教学评比等工作，对全院教学情况和考风考纪进行全面监督，对教师教学效果做出综合评价。

七 形成独树一帜的特色发展优势

（一）以一流专业建设为引领，突出法管结合，打造法商融合人才

在一流专业建设过程中，利用本校法学资源，坚持"法管结合"的人才培养路径，构建较为完整的法商融合课程体系。首先在各专业的人才培养方案中，分别设置"基础法学""商事法学""合规法学"等法学模块，开设了"民法""合同法"等10门左右法学课程，并着力研发"电子商务纠纷解决""审计经典案例分析""劳动关系与劳动法""网络社区治理"等20余门法商交融课程。通过课程学习为学生灌输明道尊法的规则意识，又为学生教授实用的法商专业技能，充分体现"精商明法"的人才培养目标。

除了课程设置外，学院又相继出版了《电子商务安全管理》《网络社区》《网络调查与数据整合》《电子商务法律法规》《国家治理与审计法律制度》等多部法商管理类教材，以及出版合规商务研究论丛系列专著，对教学产生了良好的促进作用。同时，积极探索线上+线下、理论+实务、课堂+课外"三联动"教学方式，强调商业规则与法律规则的融合培养。例如，"企业劳动关系管理"实务课围绕陕西省劳动人事争议仲裁院巡回庭审理的一起劳动争议案件开展，让学生全程观摩劳动争议仲裁庭审；又如，邀请省委网信办、商务厅专家参与"网络社区治

理"课程考核评价等。

正是依托"法管结合"的人才培养路径，才使得"法商融合"的人才培养成效显著增强，人才竞争力不断提升。近年来，学生就业率、升学率继续保持高位，就业率连续八年全校第一，用人单位对毕业生的满意度达到95%，学生对教学工作的满意度超过93%。

（二）依托学科竞赛，立足专业优势，思政育人成效显著

学院发挥学科专业优势，坚持"优势互补、资源共享、协同育人、互惠多赢、共同发展"的原则，推动"一专业一赛事"，要求每个本科专业至少主办1项省级或组织学生参与1项国家级重要赛事。例如，市场营销专业主办全省高校营销策划大赛、人力资源管理专业组织学生参加全国模拟谈判（集体协商）大赛等，电子商务及法律专业主办省"三创赛"等，以此促进学生将理论与实践相结合，强化学生实践创新能力培养。

自建院以来，学院承办全国模拟谈判（集体协商）大赛1次，全省高校营销策划大赛7次，每年组织学生参加全国审计精英挑战赛、中国"互联网+"大学生创新创业大赛、全国大学生电子商务"创新 创意 创业"挑战赛、"福斯特"财税技能大赛、ERP沙盘模拟经营大赛、法律知识竞赛、模拟法庭比赛、案例分析大赛等多项比赛，取得了令人瞩目的成绩。近五年，"以赛带教，以赛促学"效果突出，学生在各类全国学科竞赛中获得一等奖20余项，学校多次获"优秀组织单位"称号。

以学科竞赛为抓手，通过理实并重将思政育人贯穿于实践教学全过程。例如，受陕西省委教育工委委托，以教育扶贫和红色育人为目的连续七年承办"双百工程"全省高校创意营销策划大赛，每年有40多所省内高校参与，帮助山阳等地化解旅游发展难题或解决红色旅游市场推广难题。另外，组织学生持续开展农村电商调研等，"山阳中村镇中蜂养殖""外出务工集体谈判"等调研成果被当地政府采纳应用，并受到团中央和省委教育工委多次表彰。

这种学科竞赛形式的教育帮扶及思政育人成效显著。陕西省教育厅网站以"传承红色基因打造特色育人模式""西北政法大学借脱贫攻坚打造思政育人大课堂"为题报道；《陕西日报》以"让第二课堂成为立德树人重要抓手""一张陕西教育扶贫的成绩单"为题多次报道学院以专业竞赛

助力教育扶贫;《光明日报》以"传承红色文化传统 打造特色育人模式"为题、《中国教育报》以"强化学科竞赛 助推一流专业建设"为题报道;同时许多大赛成果得到了省乡村振兴局、商洛市及山阳县的高度认可和采纳,育人成效也得到了陕西省教育厅的充分肯定。

《西北高教评论》稿约

《西北高教评论》是由西北政法大学主办、中国社会科学出版社出版的以高等教育研究为主的学术刊物,每年出版两卷。

宗旨:恪守科学性、实践性、创新性、开放性原则,紧密围绕高等教育发展中的理论和实践问题,努力探索高等教育规律,研究发展趋势,把握难点热点,为提高高等教育质量和水平服务,为繁荣陕西省、西北地区和我国高等教育科学研究服务。

主要栏目:本刊主要面向高校教师、高等教育管理者、高等教育专业研究人员。主要栏目设置:[高教理论]、[高教发展]、[高校教学]、[高教管理]、[比较研究]、[高等教育资讯]等栏目。

本刊致力于搭建高水平的学术探讨平台,所有来稿均以学术价值为用稿标准。

稿件规范:
(1) 中英文题目及作者姓名。标题尽量确切、简洁;
(2) 中英文摘要(不超过300字);中英文关键词(3—5个);
(3) 作者简介(含姓名、工作单位、职务职称、学历学位、研究方向、通信地址、邮政编码、联系电话、电子邮箱)。如果来稿系作者承担的省级以上科研基金项目,请注明项目来源、名称和编号;
(4) 正文不低于8000字,鼓励深度长文;
(5) 注释及参考文献一律采用当页脚注方式。注释:是对文内某一特定内容的进一步解释或补充说明。用圈码标注序号,采用当页脚注每页重新编号形式。著作类包括序号,著者:《书名》,出版社出版年,起止页码。论文类包括序号,作者:《题目》,《报刊名》出版日期或期号。

不采用文末参考文献。

《西北高教评论》编辑部联系方式：

刊社地址：	西安市西长安街558号，西北政法大学长安校区，行政楼A座319室
信箱：	西安市西长安街558号西北政法大学长安校区80号邮箱（710122）
联系电话：	029-88182798
联系人：	宋老师　郭老师
电子邮箱：	xbgjpl@126.com
网址：	http://nwher.nwupl.cn
微信号	